# 語用學與《左傳》外交賦詩

陳致宏◎著

# 語用學與《左傳》外交賦詩

## 目　　錄

序　張高評 教授 …………………………………………1

自　序……………………………………………………4

第一章 緒　論 …………………………………………1

　第一節、研究現況與論題提出 ………………………1

　第二節、研究範圍與資料取材 ………………………6

　第三節、研究觀點 ……………………………………11

　第四節、預期成果 ……………………………………13


第二章 語用學及《左傳》外交辭令概論 ………………15

　第一節、語用學概說 …………………………………15

　一、語用學之定義與研究範圍 ………………………16

　二、本文運用的語用學觀念 …………………………20

　（一）、語　境 ………………………………………20

　（二）、言語行為 ……………………………………26

　　1、言語行為的定義 ………………………………26

　　2、間接言語行為理論 ……………………………28

　（三）、合作原則與會話含意 ………………………31

　　1、合作原則 ………………………………………31

　　2、會話含意 ………………………………………32

　第二節、春秋外交行人概論 …………………………37

　一、行人的定義 ………………………………………39

　二、行人之職掌 ………………………………………48

三、行人之修養、待遇與保障 …………………58

第三節、《左傳》外交辭令概說 …………………61

一、外交辭令的定義 …………………62

二、外交辭令之種類 …………………63

（一）、依辭令性質而言 …………………63

（二）、依表達方式而言 …………………66

（三）、依辭令說服內容而言 …………70

三、外交辭令之謀畫 …………………73

（一）、辭令謀畫之原則 …………………73

（二）、辭令謀畫之方式 …………………79

四、外交辭令之功能 …………………82

【本章小結】…………………84

第三章 語用學與《左傳》外交賦詩 …………87

第一節、《左傳》外交賦詩概說 …………90

一、《左傳》外交賦詩分析表 …………90

二、外交賦詩之定義、起源與種類 …………99

（一）、何謂外交賦詩 …………………99

（二）、外交賦詩之起源 …………………101

（三）、外交賦詩之性質與種類 …………104

1、藉賦詩進行外交 …………………106

2、藉賦詩言志者 …………………115

（四）、外交賦詩之運用 …………………118

1、運用之場合 …………………118

2、運用之方式 …………………120

（1）、取義方式 …………………121

（2）、賦詩方式 ……………………………… 147

（五）、外交賦詩之功能 …………………………151

第二節、間接言語行爲與《左傳》外交賦詩 ……………161

一、《左傳》外交賦詩是間接言語行爲之一 ………163

二、言外之意是間接言語行爲交際之主要信息內容 186

第三節、語境與《左傳》外交賦詩 ……………………197

一、語境對賦詩之限定作用 ………………… 198

二、語境爲外交賦詩言外之意判讀的基礎 ……… 210

【本章小結】…………………………………228


第四章 結　　論 ……………………………………231


【參 考 書 目】………………………………239


【附錄：《左傳》外交辭令表】………………………251

3

# 序

左氏著傳，其貌多方，百世之下，有其一體，皆足名家。學者執簡以求，率得所欲，若武庫焉，無所不有：研經者尙其義，錄往者　其事，考世者證其變，好兵者襲其謀，摛文者模其辭。故讀四部必自五經始，而五經之鈐鍵在《左傳》；學者能以《左傳》爲津筏，而旁推交通之，則經學明，史學明，子學明，文學明。

上列論點，見筆者二十年前所撰《左傳導讀》。《左傳》號稱大經，全文十八萬字，「自天地人物，以及古今典故，鬼神情狀，無不綜核」，所以筆者所言，乃是宏觀概論，並未一一指實。試翻檢中央研究院林慶彰博士所編《經學研究論著目錄》、《日本研究經學論著目錄》諸書，《左傳》研究之琳琅滿目，正可見《左傳》一書之輝麗萬有，眾美並蓄。筆者撰有〈左傳學研究之現況與趨向〉，足以窺其涯略。

就《左傳》之經學研究而言，文本探討，無論質量皆嫌不足。自清末民初章太炎、劉師培二大古文家以來，針對《左傳》文本作宏觀而全面之經學研究者，並不多見，即單篇散論之成果，亦十分有限。再者，《左傳》與五經之因緣，尤其跟《春秋》經之關係，除公羊學派今文學家續彈「不傳《春秋》」之老調外，論著亦少。歷代《春秋》學史之研究，近二十年來已趨向冷落，十分可惜。宋、元、清之《春秋》學，尤其是《左傳》學，數量最多，品質最佳，大多是未經開發之學術處女地，值得用心投入。

歷史學界看待《左傳》，大多認定爲研究上古史之史料，配合二重證據，以建構上古史。較少從史學觀點或方法解讀《左傳》，即使有，也不夠宏觀與全面。這方面之成果闕如，將影響

1

有關《左傳》之經學、思想與文學之研究。從思想角度研究《左傳》，臺灣學者已作開創工作，成果可觀。值得再接再厲，作更深更廣之研討，此乃《左傳》研究目前開發最少、潛力最富之領域。如果我們能夠借鏡華嚴宗「理事不礙」之啓示，對《左傳》文本多作義理之詮釋，「詳人之所略，重人之所輕」，將可開啓出一片研究之新天地。

有關「《春秋》書法」之指涉，宋代以來學界多沿襲公羊家「微言大義」之解讀，純粹指思想內容之意涵，而未及其他。而錢鍾書《管錐編》獨排眾議，宣稱《春秋》書法即後代之修辭學、辭章學。筆者折衷舊論與錢說，會通義理與辭章，以詮釋《春秋》書法，撰有〈春秋書法與宋代詩學〉、〈方苞義法與春秋書法〉二文，將《春秋》書法、史家筆法、文章義法會通為一，以之說經解傳，講史談文，要皆順理成章，得其肯綮。此一經學、史學、文學之會通研究，印證科際整合之必要性與可行性。在《春秋》學研究方法論上，值得嘗試與推廣。

「上帝如果一隻手拿著現成的真理，一隻手拿著尋求真理的方法，我寧願選擇尋求真理的方法」，萊辛的名言，對於經學研究很有啓發作用。史學有史學方法論、哲學有哲學研究法、文學也有文學研究法；唯獨經學，長期以來，並未建構明確的研究方法或方法論，以協助學界尋求經學真理，不無遺憾。學術研究成果之卓越不凡，取決於選題新、資料新、方法新、見解新，四者有其一，皆屬難能可貴。尤其研究方法之新穎獨特，更堪稱「點鐵成金」妙手，最有助於真理之尋訪與追求。縱然面對舊資料，假如能夠運用新方法，也必然可以獲得嶄新之結論，精湛之成果。

陳君致宏，篤實仁厚，能潛心致力於學。高雄中山大學畢業後，考上本校碩士班，為挑戰好逸惡勞之人性，乃不隨重今輕古

之流俗，毅然從余問學，矢志攻讀《春秋左氏傳》。致宏於《左傳》素有雅好，頗有心得。余以通經致用爲儒者之志業，方今國事如蜩，兩岸談判陷入膠著，書生報國唯有學術，遂以「《左傳》外交辭令之研究」論題，勉其從事。當時，余正主編《宋代文學研究叢刊》，爲追求成果卓越，曾以材料生新、方法獨特、觀點殊異三事自勉勉人，方法獨特尤所注意。余治《春秋》、《左傳》，即以方法獨特、觀點殊異，作爲斯學研究之倡導。陳君深以爲然，遂運用語用學詮釋《左傳》之外交辭令，會通語言學原理與史傳文學文本，作科際整合之研究，賦古典以新貌，落實經學現代化。書成，都三十萬言，獲本校文學碩士學位。余嘉其治學之勤快，成果之豐碩，乃勉其出版流傳，以就教於學者方家。爲篇幅所限，書分兩冊，其一稱爲《語用學與左傳外交賦詩》，其一命爲《語用學與左傳外交辭令》。適萬卷樓圖書公司有「優良論文」出版系列，特爲推薦。

今秋，致宏以厚實學養考入本系博士班，名列狀元。研究計劃爲《左傳說話藝術之研究》，視外交辭令之探討更爲廣大，更近實用。余勉其選擇新觀點，運用新方法，以解讀舊文獻，詮釋老問題。知此道也，一切學問研究自有創意與發明。書出有日，爰誌數語如上，是爲序。

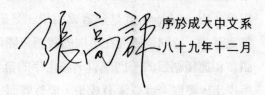

張高評 序於成大中文系
八十九年十二月

3

# 自　序

　　經學是中國傳統學術中重要的一環，傳統經學之研究經過學者不斷努力，至今已有相當的成績。就整體研究現況而言，今後經學的研究必須朝向新視野、新觀點來尋求突破。秉持此一理念，本書運用語用學觀點，對《左傳》外交賦詩進行新的詮釋與探討。以下就本書各章內容及運用之觀點略作說明。

　　本書第一章首先說明目前《左傳》相關研究之情況，進而指出有關《左傳》文學與語言學之研究，仍有開發空間。並陳述新視野、新觀點對研究傳統典籍之必要性。並說明本文的研究範圍、資料取材及所能獲致的成果。

　　第二章則針對本書兩大關鍵語「語用學」及「《左傳》外交辭令」分別進行解析論述。就語言學角度而言，《左傳》外交辭令其性質是一種言語交際行為。在言語交際過程中，有些語言現象不單純是語言本身的問題，並且牽涉到使用語言的人及語言使用的環境，想要正確地解釋這些現象，則必須借助語用學。本書主要運用語用學角度來討論《左傳》中所載之外交辭令，分析外交辭令的交際過程與交際結果。語用學（Pragmatics）就是語言實用學。是研究特定情景中的特定話語，特別是研究在不同的言語交際環境下，如何理解語言和運用語言的一門學科。語用學的自 1930 年代為學者所提出，發展至今雖漸有成果，但整體而言，仍是有待進一步探討的學術領域。

4

外交辭令就是外交場合進行交際時所運用的一套語言系統。《左傳》外交辭令依性質可別為外交辭令、外交應對與外交術語三類；其表達方式主要有對話、書面與賦詩三種。而外交辭令的說服內容，主要有文化、利益、形勢、邏輯與情感五大觀點。整體而言，《左傳》外交辭令是經過事前詳細規畫，強調說服效果的一種特殊言語交際行為，欲深入探討《左傳》外交辭令交際之情況，借鏡語用學觀點進行詮釋，是必要且可行的方式。

論及《左傳》外交辭令，必會聯想到外交賦詩。關於《左傳》外交賦詩相關問題的討論，歷來學者多有論述，本書在前人論述成果之外，另由語用學角度來討論《左傳》外交賦詩。

外交賦詩是春秋時期一種特殊的外交辭令。即運用選賦某詩或某詩之某章，以間接、委婉的方式表述言外之意，並藉以進行交際與溝通的一種特殊方式。有關《左傳》外交賦詩之探討，前輩學者成果斐然，本文擬由語用學中「語境」及「間接言語行為」兩觀點，對《左傳》外交賦詩進行新的詮釋。在論述過程中，對於春秋外交賦詩之起源、性質、種類及運用之場合、取義之方式等問題，亦有所探討。

除外交賦詩以外，《左傳》外交辭令實際交際的情況與成敗，以及文化制約對外交辭令謀畫、表達與交際之影響等問題，亦是探論《左傳》外交辭令的重點。有關外交賦詩之外的相關論題，請見「語用學與《左傳》外交辭令」一書。

本書爲作者碩士論文之一部分，因篇幅之故，分論文爲兩冊，一冊名曰「語用學與《左傳》外交賦詩」，內容主要針對外交賦詩之相關問題進行探討。另冊名曰「語用學與《左傳》外交辭令」，內容主要由言語交際角度與文化制約觀點，來討論《左傳》外交辭令。兩書主要由語用學角度對《左傳》之外交賦詩與外交辭令進行討論，讀者欲觀全貌，可合而參之。本書因一分爲二之故，難免有疏漏不密之處，尚祈見諒。

　　書末附表整理《左傳》中所記載的外交辭令，提供對此領域有興趣之讀者參考。

　　本書的出版，要感謝指導教授張高評老師的提攜、鼓勵與指導。周虎林老師、葉政欣老師的批評指正，使本書能有所成。廖美玉老師、陳昌明老師、廖國棟老師、趙飛鵬老師、林耀潾老師等師長的批評指正，使本書更爲完備。此外，萬卷樓圖書公司梁錦興總經理、李冀燕主編及其他工作人員的幫助，以及學妹劍心的幫忙校稿與諸多學友的關心，都是本書能夠順利出版的重要因素。

　　感謝父、母、妹妹多年來的鼓勵與支持，還有外公、外婆及諸多親友的鼓勵。

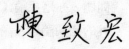

庚辰仲冬　成大

6

# 第一章 緒 論

## 第一節、研究現況與論題提出

語用學（Pragmatics）即語言實用學。是研究特定情景中的特定話語，特別是研究在不同的語言交際環境下，如何理解語言和運用語言的一門學科。

外交辭令是指春秋時期外交行人於外交場合中所運用的一套特殊語言符號系統。外交辭令之特性在於強調辭令的說服性，要求辭令達成預定之外交目標，具有強烈的目的性。《左傳》外交辭令之性質，屬於言語交際之一類。討論外交辭令之表達、傳播與接受，西方語用學是可資借鏡的觀念。

對於《左傳》外交辭令之探討，歷來學者著述多著重於辭令特色與修辭技巧之討論，至於外交辭令之說服觀點及其背後之文化因素等，則較少著墨。本文「詳人之所略，略人之已詳」，擬由語用學角度對《左傳》外交賦詩進行新的解析與詮釋。

## 一、研究現況

《左傳》全書凡十九萬六千餘字（含《春秋》），唐代稱爲「大經」。內容豐富，文辭典麗，是中國先秦時期重要

的典籍。欲了解春秋時期之歷史、社會、文化與思想發展等，《左傳》是重要的資料。《左傳》之研究向爲中國學術研究的重點之一。考其研究之現況，大體有以下四個角度：經學角度、史學角度，文學角度及語言學角度。

《左傳》爲十三經之一，由經學角度來探討，是中國傳統學術致力之焦點。前輩學者研究成果斐然，主要研究觀點大體包括經學史、經學思想、經義發微等角度。

史學的角度，主要視《左傳》爲歷史資料，運用歷史的眼光對《左傳》進行研究。史學角度又可分爲傳統史學角度與現代社會科學角度兩方向。傳統史學角度以《左傳》爲編年體之祖，研究《左傳》在中國歷史學上之意義，如研究其中之官制、禮制等。現代社會科學角度則視《左傳》爲保存春秋時期社會經濟之珍貴史料，結合現代社會科學如經濟學、社會學、人類學、天文學及二重證據等，研究《左傳》資料中所反映出春秋當時之社會各層面的歷史現象與意義。

而文學角度則視《左傳》爲繼《尚書》之後中國散文之初祖，針對《左傳》之文學價值與意義進行探討[1]，文學角度之研究，進一步可探討文章義法、文學修辭之問題[2]，近年，因西方學術漸爲學者所接受，遂有運用西方文學理論、

---

[1] 如張高評《左傳文學價值》、《左傳之文韜》等，即爲此類研究之代表。

[2] 如張高評《左傳文章義法撢微》（臺北：文史哲出版社，民國71年10月初版）。

解釋學等觀點研究《左傳》之專著[3]。

語言學角度，是指將《左傳》視爲保存先秦語言運用情況之資料，對其進行語法、句法、詞彙等之語言學分析[4]，另有由文化語言學角度進行探討者[5]。

整體而言，對於《左傳》之研究，學者多運用傳統史學與文學之觀點進行，由語言學角度切入者則以大陸、香港地區爲多，臺灣學者或見單篇論文探討《左傳》與語言學之關係者，但未見專著討論[6]。又有關《左傳》外交辭令之研究，學者多著重於賦詩引詩，及辭令修辭與語言特色之探討，對於外交辭令的實際交際較少觸及。

## 二、論題提出

《左傳》中的辭令主要分爲對內諫說與對外外交辭令兩種[7]。其中外交辭令尤其具有有相當重要性。試觀《左傳》

---

[3] 如張素卿《敘事與解勢—左傳經解研究》，（臺北：書林出版公司，1998 年 4 月一版）。

[4] 例如：管燮初《左傳句法研究》，（合肥：安徽教育出版社，1994 年 12 月第一版）、張文國《左傳名詞研究》，（北京：中國社會科學出版社，1998 年 12 月第一版）等。

[5] 如申小龍《中國句型文化》，（長春：東北師範大學出版社，1988 年 11 月第一版），即以《左傳》爲材料，由分析左傳主題句、施事句、關係句等句法進一步探討漢語句型語民族語言心理之關係。

[6] 詳見書末所附參考書目。

[7] 沈玉成 劉寧 著《春秋左傳學史稿》，（江蘇古籍出版社，1992 年 6 月第一1版），頁 100。

之內容，主要有兩大部分，一爲敘事，一爲辭令[8]，而此兩部分往往相輔相成。劉知幾《史通・載言》：「逮左氏爲書，不遵古法，言之與事，同在傳中。然而言事相兼，煩省合理，故使讀者尋繹不倦，覽諷忘疲。」[9]指出言與事是《左傳》內容的兩大部分。

　　錢穆先生對於中國古代歷史之記載，亦提出「言事並重」之看法，並舉《左傳》爲證。徐復觀先生亦曾提出《左傳》一書的特質，乃「以史傳經」，即運用敘事之方式，對春秋大義進行闡釋。指出《左傳》敘事遠較《公羊傳》、《穀梁傳》詳細，且除單純記事外，對於辭令言談之載錄亦十分重視。總而言之，言與事是構成歷史的兩大要件，《左傳》內容正是以言與事爲記錄主體。

　　春秋時期周王室式微，改由霸主號令諸侯，而霸主之威信主要建立在外交盟會上。因此外交在春秋時期國際政治上，有著舉足輕重的影響。各諸侯國對於外交工作皆投入相當心力，設有「行人」一職，專司外交事務之處理。語言是行人進行外交交際與溝通時運用的主要媒介，外交辭令就是外交場合所運用的特殊語言符號系統。這一語言符號系統因其涉及內容與場合之特殊，而有別於一般的語言體系。

　　《左傳》外交辭令向爲歷代學者所關注與稱揚，《左傳》

---

[8] 宋・真德秀《文章正宗》分文章爲四，敘事、辭令即佔其中之二。
[9] 唐・劉知幾 撰、清・浦起龍 釋《史通通釋》，（臺北：里仁

襄公二十五年與襄公三十一年分別記載孔子與叔向對子產
外交辭令之盛贊[10]。唐劉知幾《史通》是盛贊《左傳》辭令
之精妙，清代桐城古文家、浙東史學家等亦對《左傳》外交
辭令多所贊譽。總之，《左傳》外交辭令是目前《左傳》研
究中較少觸及又極具研究價值者。

　　目前關於《左傳》外交辭令的研究觀點，多以傳統經學、
史學觀點為主。或有由語言角度切入者，但多就修辭技巧層
面進行探討[11]。學術論文寫作貴在創新，所謂創新是指新材

---

書局，民國 82 年 6 月出版），頁 34。

[10] 魯襄公二十一年，鄭子展、子產侵陳，子產以外交辭令說服晉
國接受鄭國獻捷。孔子曰：「《志》有之：『言以足志，文以
足言。』不言，誰知其志？言之無文，行而不遠。晉為伯，鄭
入陳，非文辭不為功，慎辭哉！」魯襄公三十一年，子產壞晉
館垣，晉使士文伯讓之，子產以外交辭令使晉侯見鄭伯。《左
傳》載叔向曰：「辭之不可以已也如是夫！子產有辭，諸侯賴
之，若之何其釋辭也？詩曰『辭之輯矣，民之協矣；辭之繹矣，
民之莫矣』，其知之矣。」

[11] 以下羅列目前有關《左傳》外交辭令相關研究現況：
◎臺灣地區論文：1、李新霖〈春秋左氏傳行人外交辭令研究〉
（《台北工專學報・第二十二期》，民國 78 年 3 月，頁 441 至
460。）
◎大陸地區論文：1、沈松勤〈試論左傳的行人辭令〉（《杭州
大學學報》（哲學社會科學版）1983 年第 1 期，頁 137 至 142。）
2、劉焱〈左傳外交辭令描寫探析〉（《安徽大學學報》，1983
年第 3 期，頁 101。）3、溫洪隆、涂光雍〈左傳的外交辭令〉
（《先秦兩漢魏晉南北朝文學攬勝》武漢：湖北教育出版社，1988
年 3 月，頁 56 至 60。）4、李醒華〈左傳外交辭令的特色〉（《語
文輔導》1988 年第 1、2 期合刊，頁 49 至 53。）5、尹雪梅〈試
論左傳的行人辭令〉（《天津大學學報》（社會科學版），1989
年第 1 期，頁 72 至 74。）6、王守謙〈略論左傳中行人與行人

料、新視野、新方法。《左傳》外交辭令是一種語言的運用，分析其基本性質，可以說是一種言語交際（特殊的言語交際）。因此，欲深入討論《左傳》外交辭令，語用學是可借鏡的一門學科。基於上述理由，本文嘗試運用語用學觀念對《左傳》外交辭令進行新的探討。又因出版篇幅所限，本書僅針對外交賦詩一部分，進行解析與探討。其餘相關外交辭令請見「語用學與《左傳》外交辭令」。

## 第二節、研究範圍與資料取材

以下分別說明本文研究範圍與資料取材。

### 一、研究範圍

本文主要以《左傳》中所記載之外交辭令爲主要討論範圍[12]。《左傳》外交辭令凡二百三十六則，依其性質可別爲

---

辭令〉（《松遼學刊》（社會科學版），1990 年第 2 期，頁 83 至 86 轉 112。）7、劉中頊〈左傳中「行人辭令的語言特色」〉（《長沙水電師院學報》（社科版），1990 年第 2 期，頁 121 至 126。）8、黃樣興〈試論左傳的婉辭〉（《運城師專學報》，1987 年第 3 期，頁 35 至 39 轉 43。）9、蔣 寅〈左傳和戰國策說辭的比較研究—兼論春秋戰國兩種不同的文化背景與美學趨向〉（《大連師範學院學報》（社科版），1987 年第 2 期，頁 23 至 32。）10、郭 丹〈《左傳》行人辭令之修辭藝術研究〉（《第一屆中國修辭學學術研討會論文集》，1999 年 6 月，頁 461 至 480。）以上列出與本文論題密切相關者。

[12] 經詳細點讀《左傳》後，析得行人外交辭令計二百三十六見。

外交辭令、外交應對與外交術語等三類。外交辭令是指經國家正式指派，負有外交任務之辭令。外交應對則是外交辭令之外，於一般例行外交場合之應對。外交術語則是指於外交交際過程中所使用的特殊特定的專業用語，如盟辭、載書、請戰、稱謂等特定用語與辭彙。本文主要以外交辭令爲探討對象，旁及外交應對與外交術語。

歸納《左傳》外交辭令，其中具有外交目的，涉及交際成敗者，共一百二十九則。交際成功者一百零七則，交際失敗者計二十二則。

在探討《左傳》外交辭令之前，有一基本問題必須說明，即《左傳》中所載之外交辭令記載之依據、其內容的真實度的問題。欲探討此一問題，首先要瞭解《左傳》一書的性質。暫且不論今古文經學之爭論，就《左傳》編年體例所載內容而言，其無疑是一部史書。中國是一重視歷史的民族，歷史的記載與傳承是十分神聖的事，《左傳》既然具有史書的性質，則其所載具有一定的可信度。在史書編纂方法中，有所謂「歷史想像」，即歷史編纂者將自己置於歷史情境中，由此想像歷史事件發生當時的情況[13]。

---

依其性質，可別爲外交辭令、外交應對、外交術語三部分；就表達方式而論，主要有對話、賦詩、書信三方式。就辭令說服內容而言，可別爲文化觀點、利益觀點、形勢觀點、邏輯觀點與情感觀點等。相關論述請見「語用學與《左傳》外交辭令」。

[13] 杜維運《史學方法論》，（臺北：三民書局，民國 84 年 9 月），

　　讀者或有疑問《左傳》所載言談對話，是否亦是一種「歷史想像」？錢鍾書《管錐編》中提及《左傳》中的言談對話成分，「蓋非記言也，乃代言也。」記言與代言之分別，大致如下：記言是指依實記錄的言語辭令；代言是指歷史想像的言語辭令。其云「左氏設身處地，依傍性格身分，假之喉舌，想當然耳。」[14]蓋因言談之間，惟當事人可知，非有記錄者隨侍。史學家欲記之，不得已，只好運用「歷史想像」的方式，盡可能的如實記錄。需要說明的是，雖然是「歷史想像」，但亦出於相關旁證資料，經過合理推敲後所得。雖非現場對話之記錄，但亦不出其大概。

　　正如錢鍾書所云，歷史事件發生時，有時史官並未在旁記錄。因此史學家記載此事時，「每須遙體人情，懸想事勢，設身局中，潛心腔內，忖之度之，以揣以摩，庶幾入情合理。」[15]必須說明的是，代言雖非當時所言，但史書首重「實錄」，史家雖未能參與其事，但在記載時，仍時刻以入情合理為準則，以歷史想像配合相關史料，還原最接近史實的言談內容。因此，《左傳》所載言談辭令仍有其一定的可信度，至少是有所依據而生，非憑空想像而來。

　　此外，外交場合是國家重要場合，外交辭令內容關係國

---

頁 197。

[14] 錢鍾書《管錐編 第一冊》，（臺北：書林出版社，民國 79 年 8 月），頁 165。

[15] 錢鍾書《管錐編 第一冊》，頁 166。

家命運，史官記載時自然更加謹慎，未有依憑，不敢妄言。
《左傳・僖公七年》載國君參加會盟時，史官隨行記錄之事：
「夫諸侯之會，其德刑禮義，無國不記。」此外，外交場合
之言談與所訂之盟約，攸關國家存亡，行人一言一行皆代表
國家。因此，有關外交場合之辭令亦多有專人負責記錄。

　　總而言之，《左傳》外交辭令中，或許有若干部分是史
家運用「歷史想像」揣情度勢所爲，但在先秦典籍今存有限
的前提下，《左傳》中所保存的對話言談，當視爲對先秦語
言運用研究重要且珍貴的材料。語言是無形的文字，文字是
無聲的語言，文字與語言實一體兩面，密不可分。要言之，
語言以要保存記載，則須透過文字爲媒介，運用文字來記載
語言，《左傳》外交辭令即是如此。雖然在記載的過程中，
難免有載記者的主觀融入，但大體而言，《左傳》被大多數
學者承認爲歷史著作，文字之運用與史料之剪裁，存在一定
的標準，其中雖不乏「歷史想像」的成分，但整體而言，《左
傳》所載之外交辭令，仍有其一定的可信度，正如劉知幾所
言，「雖有討論潤色，終不失其梗概者也」。加上今存先秦
資料有限，欲探究先秦語言運用情況，《左傳》中所保存之
對話與言談，可謂是十分珍貴之資料。


二、資料取材

　　本文之研究資料可略分爲原典資料與學者專著二大

類，分別說明如下。

## 1、原典資料：

原典資料部分又包含兩部分，一爲與《左傳》外交辭令相關之典籍資料；一爲與語用學相關之資料。本文在《左傳》外交辭令相關資料取材版本上，以藝文印書館《十三經注疏》爲主，參考楊伯峻《春秋左傳注》、竹添光鴻《左傳會箋》，三書相互配合。

《十三經注疏》爲今日經學研究上較完備之典籍，一方面因其年代較早，另方面因其有注有疏，便於理解。雖有若干舛誤，但仍爲今日研究經學之依據。楊氏《春秋左傳注》運用考古出土資料對《左傳》進行解讀，有其相當成果，注解精要不煩亦有參考性。日人竹添光鴻所著《左傳會箋》，對於經文之箋注較爲合理，且有獨特之見解，亦值得參考。此外，歷代經學家對《左傳》之研究成果亦爲資料取材來源，如《通志堂經解》中《春秋》、《左傳》之資料，而以《春秋會要》、《春秋大事表》、《左傳事緯》、《左傳紀事本末》等爲主。

其他相關資料，如、《論語》、《國語》、《越絕書》、《戰國策》、《竹書紀年》及先秦諸子如《荀子》《韓非子》《墨子》《鬼谷子》等，亦博采以爲佐輔。

語用學部分，如索緒爾《普通語言學教材》，奧斯汀《How

To Do Things With Words》，塞爾、萊斯及李維斯陀關於結
構語言學之論述，亦時加借鏡，有助於解讀文本。

## 2、學者專著：

　　學者專著部分，包含三部分：一爲學者對《左傳》相關
問題之研究成果[16]；另爲學者對語用學相關領域之研究結論
[17]。此外，傳播學、符號學等對於本文之研究亦有可借鏡處，
可作爲詮釋文本之參考[18]。其三，各大學研究所博、碩士論
文，亦有一定的參考價值。

## 第三節、研究觀點

### 一、研究觀點

　　本文研究觀點主要由語用學角度切入，探討《左傳》所
載外交辭令。

---

[16] 《左傳》一直是中國經學史上重要的典籍，學者對其之研究成
　　果斐然。關於學者對《左傳》之研究，可參考林慶彰先生所編
　　《經學研究論著目錄 1912-1987》、《經學研究論著目錄
　　1988-1992》。
[17] 關於語用學之研究，以國外及大陸學者居多，如：何自然《語
　　用學概論》、何兆熊《語用學概要》、劉煥輝《言語交際與交
　　際語言》、索振羽《語用學教程》等。詳見參考書目。
[18] 如張錦華《傳播符號學理論》、張秀蓉《口語傳播概論》、關
　　紹箕《中國傳播理論》等。詳見參考書目。

西方語言學興起於 1930 至 1940 年代。發展至今，蔚爲大國。言語環境影響語言意義是不容置疑的事實。一句相同的辭令，置於不同之語言環境中，則有不同之含意，給聽者不同之感受。外交辭令是語言的實際運用，欲對《左傳》外交辭令之實際交際過程，有更深層之瞭解，則須先對雙方外交辭令運用當時之語言環境有所瞭解。本文嘗試結合西方語用學、語境、言語行爲等觀點，來探討《左傳》外交辭令。借鏡西方語用、語境的觀念來分析《左傳》外交辭令，冀能對《左傳》外交辭令之表達與溝通，作明確而系統之分析。運用西方理論以討論中國典籍，理論的適用性是必須注意的要點，過分牽強將流於套用。

本書主要運用語用學中「語境」及「言語行爲」兩觀念，由言語交際的角度，對《左傳》外交賦詩進行探討。


## 二、理論操作的適用性

運用西方理論以探討中國傳統典籍。有利有弊。其利在於能由新角度、新視野對中國傳統典籍作新的探討與分析。有助於對典籍的更深入了解。但在運用之間，其弊亦見。由於西方理論與中國典籍間有文化上的隔閡與思維上的差異。因此在運用西方理論探討中國典籍過程中，往往會發生格格不入的情況。若硬要套用西方理論，則會爲理論框架所

限。

語用學觀念在語言運用時，即存在於語言運用之間。語
用學觀念早已存在中國語言思想中，只是未有學者進行全面
完整的系統整合。二十世紀中葉，西方語言學者對語言的實
際運用進行系統性的探討與整理。歸納得出「語境」「言語
行為」「合作原則」「會話含意」「禮貌原則」等語用學觀
念。對於人類語言使用的研究產生重大的影響與貢獻。

欲說明西方語用學理論是否適合用來解析《左傳》外交
辭令，除對語用學理論的基本介紹外，實際運用理論來解
釋、驗證《左傳》外交辭令是必要且最適當的方式。透過大
量例子的分析與討論，將可說明語用學與《左傳》外交賦詩
之關係。因此，本文採用以例佐證的方式，運用例子來說明
西方語用學理論如何來詮解《左傳》外交賦詩。

## 第四節、預期成果

經學是中國文化中重要之組成部分，經學思想至今仍舊
影響人們的思維與價值觀。因此對於經學之研究有其一定之
價值。本文運用西方語用學觀點，對《左傳》進行探討。針
對《左傳》外交辭令嘗試提出新的解釋與論述，或將有助於
對《左傳》更深層之認識。筆者運用語用學觀點，對《左傳》
外交辭令進行研究，冀能獲至以下成果：

1、對先秦語言之實際運用情況將有進一步之瞭解。《左傳》保存大量先秦語言使用之資料，外交辭令爲其中最具代表性者。本文針對外交辭令進行分析研究，有助瞭解先秦時期語言實際運用之情況，可補中國語言學史上對先秦語言使用方面，論述之不足。

2、開闢《左傳》研究之新視野。《左傳》之研究可由許多角度切入，本文經由語言學角度探討，並進一步運用語用學中「語境」、「間接言語行爲」等觀念，對《左傳》外交賦詩進行解讀，爲《左傳》研究提供新的方向。

3、補充中國修辭學史上先秦之不足。傳統修辭學以辭格爲研究主體，本文運用語用學觀點，以語境爲視點，由修辭與說服角度，對《左傳》外交辭令之修辭藝術進行探討，或能補充現今修辭學史中先秦部分之不足。

4、文字是無聲的語言，文字的表達與語言間有密切的關聯。探討《左傳》外交辭令，除能對春秋語言有所了解外，進一步更能對先秦文章結構、義法等有所啓發。對於了解中國文章作法與史書筆法之運用等問題亦有所幫助。

# 第二章

# 語用學及《左傳》外交辭令概論

　　由語言學角度而言，《左傳》外交辭令本質上是一種言語交際行為。在言語交際過程中，有些語言現象不單純是語言本身的問題，並且牽涉到使用語言的人及語言使用的環境，想要正確地解釋這些現象，則必須借助語用學。本文主要運用語用學角度來討論《左傳》中所載之外交辭令，分析外交辭令的交際過程與交際結果。在此論題中有兩個關鍵術語必須作說明：一為語用學，一為《左傳》外交辭令。本章即分別針對此兩個關鍵術語進行論述。

## 第一節、語用學概說

　　語用學就是語言實用學，是探討語言實際運用的一門學科。語用學的觀念在人類運用語言進行溝通時，即存在於言語交際中。語用學的理論發展，則興起於 1940 年代，至 1970年代逐漸成形發展而蔚為大國。至今語用學已成為探討言語溝通交際的重要學科，語用學的理論亦日益精密。整體而言，由於各學者關注焦點與切入角度的不同，對於理論的批判與發揮亦有差異。如人類文化學者強調言語交際的文化意

15

義，及語言背後所蘊藏的文化內涵，進而發展出文化語言學；社會語言學者則強調言語交際的過程與交際方式，針對言語交際過程進行分析，發展出所謂的交際語言學。此外，哲學學者則強調分析言語使用的邏輯與規律。

總而言之，關於語用學理論之探討，中西學者多有專著論述。本文主要運用語用學中「語境」、「言語行為」、「合作原則」、「會話含意」與「禮貌原則」等觀念，對《左傳》外交辭令進行探討，暫不就語用學理論進行深入探討。以下首先說明語用學之定義與其研究範圍，進一步針對本文運用之語用學觀念進行說明，以為後文論述基礎。

## 一、語用學之定義與研究範圍

語用學（Pragmatics）就是語言實用學。是研究特定情景中的特定話語，特別是研究在不同的言語交際環境下，如何理解語言和運用語言的一門學科[1]。即研究「說話者想傳達的意義」的學問[2]。「語用學把語言文字本身固有的意義和他們的使用者聯繫起來，和特定的使用場合聯繫起來。除了一個詞、一個句子的意指外，語用學要進一步弄清是誰在什麼情況下使用了這個詞或句子，他使用這個詞或句子想要達到什麼目的。……這部分意義顯然不純粹存在字面上的，而

---

[1] 何自然《語用學概論》，（湖南教育出版社，1994 年 4 月），頁 3。

[2] George Yuie 著、張文軒 譯、李靜芝 校訂《語言學導論》（臺北：書林出版有限公司，1999 年 1 月），頁 143。

在相當程度上是存在於字面之外的所謂言外之意或弦外之音，而且這種意義依賴於語境。語用學要研究的正是這一部分意義。…語用學是對使用中的語言意義的研究。」[3]

要言之，語用學就是研究語言在不同語境中，「實際使用」情形的學科。語用學（pragmatics）這一術語，最早見於美國哲學家 Charles Morris《符號理論基礎》（1938 年出版）一書。Morris 將符號學（Semiotics）理論分為三大部分：句法學（Syntactics 符號關係學）、語義學（Semantics 符號意義學）與語用學（Pragmatics 符號實用學）[4]。語用學可說是符號學重要的分支，特別在是語言符號的發展上，語用學有著重要的地位。語用學的發展，一開始多著重在語言哲學領域的探討，至 1970 年代才逐漸有學者運用於其他領域，1977年荷蘭出版的《語用學雜誌》（Journal of pragmatics）為語言學研究開出新領域，同時確立語用學獨立學科的地位。此後，語用學廣為學者運用於各領域。在語言學發展過程中，語用學與語義學的關係與界定一直是學者爭論的問題之一。

整體而言，語用學與語義學是相互獨立卻又相輔相成的兩個研究領域。語義學著重研究語句的字面意義及語句命題的真假條件。而語用學則主要探討言語交際的實際交際過程

---

[3] 見何兆熊〈語用、意義和語境〉，（收錄於西槙光正 編《語境研究論文集》，北京語言學院出版社，1992 年 11 月），頁 301。

[4] Morris 對符號學理論的貢獻正在於提出符號學三分法：將符號學分為句法學、語義學與語用學三大部分。其三分法影響之後符號學者如

及話語表達所蘊含的「言外之意」。要言之，語義學主要研究話語本身的認知意義，此意義是不受語境影響的。而語用學研究的話語意義，則是使用中的話語意義，此意義是與交際語境密切相關的。我們可以說，在言語交際過程中，話語符號之所以能「正確的」傳達表達者所欲傳達的意義，交際語境有著關鍵的影響。同樣的話語符號，置於不同交際語境下，其所表達的意義會有不同。而語用學正是探討實際交際過程中話語符號與語境關係的學科。

隨著對語境範圍的不同界定，語用學的範圍也有廣、狹之分。廣義的語用學研究一切語境，包括跟語言運用有關的心理、生物、社會等現象。狹義的語用學只研究語言中跟使用者直接相關的指別成分（如指代詞、時態等）[5]。而其所側重的焦點，就在於語言運用中「言外之意」的表達與理解，這對語言的傳播有重要的意義，也與《左傳》外交辭令注重「言外之意」有相通之處。

整體而言，語用學依其探討領域與方法之不同，可分爲三大類型[6]：1、純語用學（Pure pragmatics）又稱形式語用學；2、描述語用學（Descriptive pragmatics）；3、應用語用學（Applied pragmatics）。

---

Rudolf Carnap（魯道夫‧卡納普）、Bar-Hillel（巴爾‧希勒爾）等人。

[5] 金定元〈語用學─研究語境的科學〉，（同註3），頁170至177。

[6] 何自然《語用學概論》，頁8至17。

　　純語用學，主要探討語用學的形式與範疇，在語言邏輯、語言行爲與模式等方面探究語言在人類實際活動中的表現與意義，是屬於語言哲學的一部分。

　　描述語用學，主要針對語言與情境之間的關係，研究特定語境中語言的運用與解釋的情況。此爲本文主要運用此角度探討《左傳》外交辭令的實際交際及辭令與語境的關係。

　　而應用語言學，主要探討語用學應用於各學科中的情況，例如語用學與語言教學，語用學與文學等。

　　總結各家說法，可歸納語用學之體系簡表如下：

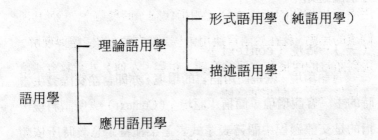

　　自語用學理論被提出後，隨著 Morris（莫里斯）、 Carnap（卡納普）、Austin（奧斯汀）、Searle（塞爾）、Grice（萊斯）等學者的不斷補充與修正。語用學理論日趨完備。而語用學研究的範圍亦日漸明晰。目前語言學者認同的語用學研

究範圍主要有五方面[7]：指示語（Deixis）、會話含意（Conversational implicature）、前提（Presupposition）、言語行為（Speech acts）、會話結構（Conversational structure）。以下約略說明本文所運用之語用學觀念。

## 二、本文運用的語用學觀念

承上所言，語用學自 1930 年代提出後，在許多學者修正與補充下，其理論日益完備。關於語用學的理論探討，學者多有專著論述。本文不一一說明，僅針對本文運用語用學中語境、言語行為、會話含義、合作原則、禮貌原則等觀念分別論述如下。

### （一）、語境（context）

言語環境，就是使用語言的環境，亦即言語交際發生當時的主、客觀環境，簡稱「語境」（Context）。「所謂語境，指的是交際過程中語言表達式表達某種特定意義時所依賴各種時間、地點、場合、話題、交際者身份、地位、心理背景、時代背景、文化背景、交際目的、交際方式、交際內容所涉及到的對象以及各種與語言表達式同時出現的非語詞指號（如姿勢、表情）等等。」[8]

---

[7] 列文森（levinson，1983）歸納語用學的研究，主要有五個方面，大致為學者所認同。

[8] 王建平〈語境的定義及分類〉，（同註 3），頁 77。

　　語境是語用學中重要的觀念,亦是言語交際時交際雙方藉以理解判讀話語意義的重要憑藉。在外交辭令交際過程中,話語符號的「言外之意」才是行人表達的主要意義,而欲瞭解言外之意,則須由辭令表達當時之言語環境入手。因為不同之語境,會影響辭令之解釋[9]。瞭解溝通當時之語境後,方能解析出外交辭令字面意義背後所蘊藏之真正含意。

　　如前所論,語用學(Pragmatics)就是語言實用學。是研究特定情景中的特定話語,特別是研究在不同的言語交際環境下,如何理解語言和運用語言的一門學科。簡言之,就是研究語言在不同**語境**中,實際使用情形的學科。語境在言語交際過程的重要性,可由下圖中看出:


　　　　語境
　　　　內容
表達者 ──→ 接受者
　　　　接觸
　　　　符碼

---

[9] 所謂修辭技巧,其主要功能是為使言語表達更為明確、生動。然而當言語表達離開特定之語境後,對於修辭技巧所達到之效果,將無法衡量,甚至對於言語表達之含義,無法瞭解。王德春、陳晨合著之《現代修辭學》第二章中,對語境與修辭技巧之關聯論述曰:「修辭方法要在特定的語境中才能顯示修辭效果,採用修辭方法必須依賴語境」,可知語境往往影響修辭技巧之之效果。同一修辭技巧,置於不同語境中,效果的強弱將有所不同。(江西教育出版社,1989 年)。

　　由上圖中可知，語境是言語交際過程中介於表達者與接受者之間的重要影響因素。整體而言，無論是表達者或接受者皆受交際語境影響。表達者將所欲傳達之意義，運用語言文字將之轉換爲符號，傳播給接受者。在編碼過程中，表達者必須根據交際當時的主、客觀語境，來進行編碼。若不考慮交際語境隨意編碼、發話，則會造成言語交際的中斷或交際雙方的誤解。

　　而接受者接受話語符號後，亦必須根據雙方交際當時所處的言語環境，對接收到的符號進行判讀，以了解表達者所欲表達的真正信息意義。若接受者不考量交際語境而隨意解讀，則會造成交際雙方的誤解。觀察言語交際模式圖，可知語境對於言語交際時話語符號的傳播與解讀，有著決定性的影響。同一句話，置於不同語境，所蘊含之意義必然不同。若交際雙方不顧交際語境，則言語交際將無法進行。

　　關於語境的分類，學者依探討角度不同而有不同的分類。就言語交際角度而言，依據語境本身的屬性及其在言語交際進行過程中的意義，可別爲「主觀語境」與「客觀語境」兩類。所謂主觀語境，是指涉及交際參與者本身的相關言語交際環境。如交際雙方的身分、地位、心理背景、情緒、主觀好惡與預設心理等。主觀語境在言語交際過程中，隱性地影響交際參與者對言語交際的表達與接受。

　　所謂客觀語境，是指言語交際進行時交際雙方所處的客

觀環境。例如交際的場合、時間、地點、國際形勢、社會文化背景等。整體而言,客觀語境較易察覺,其在言語交際過程中,顯性地影響交際結果。

又語境依其使用可分「語義語境」與「語用語境」兩大類。「語義語境」,就是「語言上下文」[10],即語言本身上下文與意義之關係。「語用語境」是指,語言於實際使用中,所涉及之相關語言環境,包括客觀之時間、地點、場合、交際對象、國際形勢;與主觀之身分、思想、處境、心情、人格特質;預設心理等因素[11]。在不同時間、地點、不同場合、與不同對象交際時,所運用之語言自然因時、因人、因事而有所不同;說話者不同之身分與思想,處於不同之處境、有著不同之心情,所言亦自然有所不同。

當探討語言實際交際、實際使用時,「語境」成為雙方解讀對方言語之重要依據。語言之溝通,以雙方所處的「語境」為溝通之基礎。唯有雙方處在某一相同「語境」之中,語言之交際與溝通,才有完成之可能。否則雞同鴨講、答非所問,語言之交際過程將無從繼續與完成。一般又將「語境」分為廣義與狹義,廣義之語境即指「語用語境」,狹義之語境則為「語義語境」。

---

[10] 參考石雲孫〈論語境〉,(同註 3),頁 87 至 102。
[11] 參考王春德、陳晨〈語境學〉(頁 128 至 161),及常敬宇〈語境與語義〉(頁 249 至 260),張志公〈語義與語言環境〉(頁 239 至 248)等文,均收錄於西槇光正 編《語境研究論文集》。

　　語境的觀念，在中國修辭學傳統中很早便存在，惜未有系統之整理論述。《論語・鄉黨》記載孔子在不同場合以不同的說話態度應對，「於鄉黨，恂恂如也，似不能言者」、「在宗廟、朝廷，便便言，唯謹爾」，在朝廷上與上大夫、下大夫說話用不同的態度等，孔子的這種態度與行爲，是適應語言環境的作法，是語境的觀念。

　　此外，先秦辯學，對於語境的觀念亦時有論述。此外，有關語境之探討，杜預《春秋經傳集解・序》中亦約略提及：「春秋雖以一字爲褒貶，然皆須數句以成言」[12]孔穎達《春秋左傳正義》對此句疏曰：「…褒貶雖在一字，不可單書一字以見褒貶，……經之字也，一字異不得成爲一義，故經必須數句以成言」[13]所謂「須數句以成言」，是指欲瞭解春秋經內容爲何，不可以一字一句爲解釋單位，當結合上下文意進行解釋，方可真正瞭解文句之意義。

　　杜、孔二家所論，已略見「語義語境」之規模。相似觀點亦見諸劉勰《文心雕龍・章句》：「夫人之立言，因字而生句，積句而成章，積章而成篇。篇之彪炳，章無疵也，章之明靡，句無玷也，句之清英，字不妄也」[14]劉氏所論之觀念，

---

[12] 見晉・杜預《春秋經傳集解》（相臺岳氏本），臺南：利大出版社，1980 年 1 月，頁三。（或見《十三經注疏・左傳》，頁 15。）

[13] 《十三經注疏・左傳》，（臺北：藝文印書館），頁 15。

[14] 劉勰 撰 周振甫 注《文心雕龍注釋》，（臺北：里仁書局），頁 543。

近似所謂「篇章修辭學」[15]，然亦含「狹義語境」之觀念於其中。此外，陳望道《修辭學發凡》一書中，提及「修辭以適應題旨情境為第一義」，此觀點亦即「語境」之觀念[16]。

　　總而言之，語境的觀念雖是西方語用學中的觀念，但語言的使用具有某種程度的普遍性，在中、西方語言體系中，語境的觀念早已存在於語言的實際運用中。中國古代的語言表達及理解講究「意在言外」，強調語境在言語理解上的重要性。的確，將語言文字獨立說解，往往流於主觀之臆測；唯有將之置於整體語言環境中來觀察、推敲，方能更真實的瞭解語言文字背後所蘊含之意義。

　　整體而言，西方的修辭觀念較偏重修辭技巧本身之設計與運用。而中國的修辭觀念，則強調修辭的本質在於使文辭與情境題旨充分的協調、互補，使語言文字更能達情達意。總而言之，「語境就是時間、地點、場合、對象等客觀因素和使用語言的人、身分、思想、性格、職業、修養、處境、心情等主觀因素所構成的使用語言的環境。」[17]是語用學理論中重要的基本觀念，言語交際之進行，必須以語境為基礎。而《左傳》外交辭令的表達與解讀，亦須以語境為基礎。

---

[15] 有關篇章修辭學之觀念，請參見鄭文貞編著《篇章修辭學》，（福建：廈門大學出版社，1991 年 6 月。）

[16] 有關陳望道所論，請參考《修辭學發凡》，第一篇〈引言〉。

[17] 王德春〈語境是修辭學的基礎—紀念《修辭學發凡》出版五十周年〉，

（二）、言語行為（speech acts）

*1、言語行為的定義*

　　言語行為（speech acts）是語用學中重要的觀念，其理論之提出，見於英國哲學家奧斯汀（John Langshaw Austin，1911—1960）。奧斯汀於 1955 年在美國哈佛大學以〈How to do things with words〉爲題，進行十二場演講，提出言語行爲的理論。其由語言實際使用之角度來解釋語言，假設人類交際的基本單位不是單純的句子或其它表達方式，而是以完成一定的溝通行爲主基本單位。簡言之，奧斯汀提出，人類的言語交際除能表達意思外，亦如人類其它行爲一般，具有行爲能力與目的性，並能經由語言之表達能產生某一行爲作用與結果。有關奧斯汀對言語行爲理論之論述，學者多有論述[18]。

　　奧斯汀依將言語行爲的作用，將之區分爲三類：言內行動（locutionary act）、言謂行動（illocutionary act）、言成行動（perlocutionary act）[19]。所謂「言內行動」，就是指語言的表達功能，語言具有表達功能，能以聲音、詞彙、句子等形式，

---

　（同註 3），頁 510。

[18] 例如何自然《語用學概論》，（湖南教育出版社，1983 年 4 月），頁 135 至 163。劉福增《奧斯汀》，（臺北：東大圖書公司，民國 81 年 10 月），頁 81 至 128。徐烈炯《語意學》，（臺北：五南圖書出版公司，民國 85 年 6 月）頁 97 至 107。

[19] 對於奧斯汀言語行爲三分說名稱的翻譯，中西及兩岸學者各有不同。筆者暫以徐烈炯譯名爲主，因其較易理解言語行爲所欲表達的觀念。《語意學》，頁 99。

將說話者心思意念表達出來。即語言的表達,由構思至編碼到發聲表達的這一過程,奧斯汀稱爲言內行動[20]。當語言表達出來時,其中帶有表達者所欲表達之用意與企圖,此即所謂「言謂行動」[21]。換言之,就是表達者發出話語時所預設的目標與企圖。即語言之含意,語言的表達必含有其所與欲傳達之意義,一字一句皆有說話者所欲傳達之用意。因爲語言有其用意,故能傳達某種意義,達成雙方的溝通。然而,語言之含意,有時並非清楚顯見,而是隱藏在字面之下,即所謂「言外之意」,對於「言外之意」的探討是語用學的重要課題。

所謂「言成行動」[22],就是語言完成溝通後,所獲致之結果。即話語表達後所能達到的影響與產生的效果。以外交辭令來說,就是辭令之交際結果。「言語行爲」觀念的提出,對於解釋語言的實際運用有重大之意義。其後奧斯汀的弟子,美國語言哲學家塞爾(J.R.Searle,1930 — ? )又提出修正,將「言語行爲」再分爲四:話語行爲、命題行爲、語旨行爲與語效行爲。其更著重對「言外之意」的探討[23]。

---

[20] 劉福增又稱爲「言辭做行」,何自然稱爲「以言指事」,謝國平稱爲「發聲/說話」行爲。

[21] 劉福增稱爲「在言做行」,何自然稱爲「以言行事」,謝國平稱爲「非表意行爲」。

[22] 劉福增稱爲「由言做行」,何自然稱爲「以言成事」,謝國平稱爲「逐行行爲」。

[23] 有關塞爾之理論,可參考周禮全《邏輯 —正確思維和成功交際的理

相關理論論述，請見語言學相關專著。

　　總而言之，奧斯汀言語行為理論的提出，使得語言學者了解，欲真正理解話語的表達與句子的真義，僅靠對語句的分析是不夠的。因為話語本身就是一種行為，是能達到某種程度的作用與影響的。因此，欲真正探討言語交際，則不能僅就語句分析其意，而必須配合交際當時的語境，由言語行為角度來對交際話語進行解讀。

## 2、間接言語行為理論

　　奧斯汀的弟子塞爾（Searle），在其老師理論基礎上，進一步對言語行為理論進行建構。其於 1969 至 1975 年間發表多篇論文，〈間接言語行為〉[24]一文發表於 1975 年，進一步提出「間接言語行為」的理論。

　　所謂「間接言語行為」是以某一語謂行動來表達另一語謂行動的一種間接表達方式。簡言之，就是當表達者基於某些原因或意圖，不願直接表達真正意義時，其往往採取間接的方式來表達，以實現某一言語行為。此即間接言語行為。

　　塞爾又指出，當接受者欲理解間接言語行為所表達的含

---

論》（北京：人民出版社，1994 年 4 月）；或何自然《語用學概論》中所論。

[24] 此文載於 Peter Cole Peter、Jerry L.Morgan 編《Syntax and Semantics》（《句法與語義學》）第三卷，（New York：Academic press，1975）頁 41 至 58。（本文轉引自 A.P.Martinich 編《語言哲學》，北京：商務印書館，1998 年 2 月，頁 317 至 347。）

義時，首先要以理解「字面用意」（literal force）為基礎，進一步由字面意義中配合交際語境，推斷出表達者運用間接言語行為所欲表達的真正含意。以《左傳》外交辭令為例，外交賦詩正是間接言語行為的標準型式。春秋行人交際時，或因討論議題過於敏感或基於尊嚴考量，有時會運用選賦詩歌的方式，間接地表達言外之意以進行外交交際，此正是間接言語行為。（有關間接言語行為與外交賦詩之論述，見本文第三章）

間接言語行為又可別為二大類：一為「規約性間接言語行為」，另為「非規約性間接言語行為」。所謂規約性間接言語行為，是指對「字面含意」作一般性、習慣性的推斷，所得到的間接言語行為。所謂一般性、習慣性的推斷，即就句子本身的句法形式，以一般習慣用法、意義，來推斷其所欲表達的間接含義。規約性間接言語行為，主要用於對聽者表達尊敬、禮貌，而使用的一種委婉的語言方式。即一般所謂的「委婉」「含蓄」但並無特別的「言外之意」。此即《左傳》外交辭令中朝、聘、告、弔等例行外交應對一類。

規約性間接言語行為，只要依照一般語言習慣即可推斷出其中所表達之間接含意（言外之意）。而非規約性間接言語行為，其「言外之意」的推斷，則主要依靠說話雙方的語言信息與所處的語言環境來推斷。語用學中「非規約性間接言語行為」，正適用於解釋《左傳》外交辭令之實際交際情況。《左傳》外交辭令與一般辭令最大之不同，正在於其

語言表達中，隱藏有大量的「言外之意」。甚至可以說，外交辭令的溝通是一種「言外之旨」的溝通。因此，交際雙方如何解讀外交辭令中所隱藏的「言外之意」，成爲外交辭令溝通過程中，最重要但也是最困難的核心問題。

對於「間接言語行爲」含義的解讀，塞爾提出幾個判讀依據：首先是交際當時的主、客觀語境。即間接言語行爲進行時，交際雙方對語境的認知與掌握程度。換言之，間接言語行爲的判讀，必須以交際語境爲基礎。其中除包括對客觀語境的掌握外，亦包括交際雙方的知識與判讀能力，即所謂主觀語境。其次，判讀間接言語行爲，須注意交際雙方對「合作原則」的態度，換言之，即交際雙方遵守或違反「合作原則」。塞爾指出，當表達一方違反「合作原則」以進行辭令表達時，其話語符號之中，可能蘊藏言外之意。

要言之，間接言語行爲的表現，是經由對「合作原則」的違反而產生。此部分觀點與萊斯所提出的「會話含義」理論有相似處，詳見下段論述。

總而言之，由「間接言語行爲理論」可知，若欲真正瞭解《左傳》外交辭令的交際，與辭令背後所藏之真義，則須由說話當時之言語環境入手。而言語行爲的表現方式，主要有以下四種：1、通過邏輯—語義表現言語行爲。2、通過句法結構表現言語行爲。3、通過語境信息表現言語行爲。4、通過感情意義表現言語行爲。（詳見學者相關論述）

爲對「間接言語行爲」理論進一步補充，學者提出「會

話含意」的觀念。在說明「會話含意」之前，必須先了解「合作原則」的觀念，分別論述如下。

### （三）、合作原則與會話含意

會話含意是美國語言哲學家萊斯（H.P.Grice）於 1967年在哈佛大學演講時所提出。其指出當言語交際之一方有意違反「合作原則」以表達話語時，其話語背後往往蘊藏有「會話含意」，即所謂的言外之意。

欲了解「會話含意」理論則需先了解「合作原則」與「禮貌原則」兩觀念。以下先說明何謂「合作原則」，順帶論述「禮貌原則」，進而說明萊斯的「會話含意」理論。

### 1、合作原則（Cooperative principle）

「合作原則」（Cooperative principle）觀念，是美國語言學家萊斯（Grice）於 1975 年所提出。其主要觀念大體如下：人類的言語交際實際上是一種相互合作的行為，交際雙方互相合作，運用言語進行意見的交換與溝通。因此，在言語交際進行過程中，為確保交際雙方的對話溝通能持續進行，交際雙方必須共同遵守某些基本原則，以利言語交際之順利完成。而雙方共同遵受的基本原則即稱為「合作原則」。

萊斯（Grice）提出四點原則[25]：

1、數量原則（Quantity Maxim）：在言語交際過程中，言語

數量應以符合信息量需要爲原則，過多或過少
的語句，易造成言語交際上之障礙。

2、質量原則（Quality Maxim）：言語表達應具有真實性。缺
乏證據或不實之信息不應出現於言語交際中。

3、關係原則（Relevant Maxim）：言語交際過程中所表達之
言論，應與所欲溝通之主題有所關聯。離題過
遠的言論，易成爲言語交際過程中之障礙。

4、方式原則（Manner Maxim）：言語交際之表達，應以明確
清晰、有條理爲原則。應避免晦澀、歧義與繁
瑣的言語。

其指出以上四項原則，是言語交際進行時，交際雙方所
必須共同遵守的基本原則。惟有交際雙方遵守合作原則，才
能確保言語交際的進行。

## 2、會話含意（conversational implicature）

萊斯指出，一般的言語交際，交際雙方爲確保言語交際
的順利進行，交際雙方會共同遵守「合作原則」，以使對方
能正確理解表達話語的真意。但並非所有言語交際者都能遵
守「合作原則」，當交際中有一方欲表達某一特定意義時，
其可能運用違反「合作原則」的方式，來引起聽者的注意，
進而由表達者的話語中推敲出深層含意，此即稱爲「會話含

---

[25] 以下有關「合作原則」之論述，爲歸納前輩學者研究成果所得。

意」。

簡而言之，所謂「會話含意」理論，就是經由刻意違反交際時雙方共同遵守的「合作原則」，以突顯本身所欲表達的言外含意。《左傳》外交辭令之交際，除一般例行外交應對外，若有特定外交目的之外交辭令，其表達之真意往往蘊藏於辭令表層意義之下。此一情況，正與「會話含意」不謀而合。可以說，外交辭令交際正是一種以「會話含意」進行溝通的「間接言語行為」。

「會話含意」又可別為一般含意（generalized implicature）與特殊含意（particularized implicature）兩類。所謂「一般含意」，是指表達者在遵守某項合作原則的情況下，其話語表達中，帶有某種程度的含意。換言之，即表達者的話語在遵守某些合作原則項目的前提下，其話語帶有有某種含意，能達到某種程度的語效的。對於萊斯的一般含意，後來學者提出種種辯證，本文不論。而所謂「特殊含意」，是指在言語交際過程中，有一方明顯且刻意的違反「合作原則」，以迫使聽者由其話語中推敲出言外之意。

總而言之，萊斯提出的「合作原則」與「會話含意」理論，「給語言事實提供一些重要的、功能方面的解釋，這就是說它不是從語言系統內部（語音、語法、語義等）去研究語言本身表達的意義，而是根據語境研究話語的真正含意，

解釋話語的言下之意、弦外之音。」[26]其理論的提出對於語用學的進展，有重大的貢獻。本文在解讀《左傳》外交辭令上，將「間接言語行爲」與「會話含意」兩觀念交互配合運用。

萊斯的「合作原則」與「會話含意」理論，受到語言學界的重視。其理論提出後，先後有布朗（P.Brown）、列文森（Levinson 1985）、利奇（Leech）等人，對其「會話含意」理論進行修正與補充。其中以「禮貌原則」（politeness principle）的提出最爲重要。

「禮貌原則」主要爲補充說明「會話含意」與「合作原則」之關係。即當人們進行言語交際時，既然遵守合作原則能確保言語表達的正確理解，那何以仍會有違反合作原則的情況產生。「禮貌原則」正可說明此情況。英國學者利奇指出，人們於言語交際時之所以有意違反合作原則，除特別寄寓言外之意外，有時是出於禮貌上的需要[27]。因爲禮貌上

---

[26] 何自然《語用學概論》，頁74。

[27] 利奇仿效萊斯合作原則，對於禮貌原則亦提出六項準則：1、得體原則（Tact Maxim）：在言語交際過程中，應減少有損他人的話語表達。換言之，即盡量使對方少吃虧、多得利，以利言語交際的進行。2、慷慨原則（Generosity Maxim）：與得體原則正好相反，在言語交際過程中，應減少表達有利本身的言論。換言之，即盡可能讓自己多吃虧，以利言語交際的進行。3、贊譽原則（Approbation Maxim）：在言語交際過程中，盡可能表達對對方的推崇與贊美，減少對他人的貶損與批

評。4、謙遜原則（Modesty Maxim）：與讚譽原則正好相反，即在言語交際過程中，盡量保持謙虛的態度，減少對本身的表揚與讚譽。5、一致原則（Agreement Maxim）：在言語交際時，盡量使自己的觀點與對方一致，以使交際持續進行。換言之，即盡量減低雙方的意見分歧，增加雙方意見的一致程度。6、同情原則（Sympathy Maxim）：在言語交際過程中，盡量降低自己與他人的情感對立。換言之，即減低雙方的反感，盡可能提升雙方的同情。

利奇進一步指出「禮貌原則」主要有三特重要特徵：其一為「級別性」：即當言語交際進行時，交際雙方除必須遵守禮貌原則外，同時亦須注意禮貌的程度不同。簡言之，以直接的方式表達的話語是禮貌程度最低者，而以間接方式表達的話語，禮貌程度較高。此正可用以說明，何以《左傳》外交辭令之表達，多以間接、委婉的方式進行，主要正是基於禮貌原則的考量。由於外交辭令交際往往攸關國家利益，因此行人在進行辭令交際時，十分謹慎。無論在言語辭令或舉止行動上，無不以禮貌原則為依歸。其二為「衝突性」：利奇指出，在言語交際的過程中，禮貌原則的各項準則可能會有相互衝突的情況。此是由於交際雙方所偏重的角度不同所致。對於禮貌原則的衝突性，亦有學者稱之為禮貌的語用悖論（pragmatic paradoxes of politeness）。其三為「合適性」：即言語交際過程中，禮貌原則的運用必須適切交際當時的語境。根據語境的要求，來確定禮貌的級別。換言之，即依據談話的內容、對象與場合的不同，而選用不同的言語表達，以適合交際當時之語境。禮貌原則的合適性，正可用以說明《左傳》外交辭令的修辭。外交辭令的修辭，必須以交際語境為依據，選擇適情切景的修辭技巧。如此才能增加辭令的說服力，進而促使辭令交際的成功。

35

的需求，有時必需經由對合作原則的違反，以表現對對方的敬意。此種情況正可用以說明《左傳》外交賦詩的修辭藝術。外交賦詩以達成外交目標爲主要任務，但春秋外交賦詩之表達，往往委婉曲折，一方面是出於禮貌，另方面是寄寓含意。

總而言之，奧斯汀「言語行爲」、塞爾「間接言語行爲」、萊斯「會話含意」、「合作原則」與利奇等人「禮貌原則」等理論的提出，在語用學發展上，具有重大意義。除充實理論內容外，亦使語用學之發展更趨完備。而這些理論並非發明，而是發現。語言使用的規則，原本即隱藏於語言系統之中，人們習焉而「未察」。語用學家經由對語言的分析與歸納，提出種種語用學理論。這些理論主要是爲使語言的運用更爲明白、清晰。本文借用以上語用學理論，以討論《左傳》外交辭令的言語交際。必須說明的是，這些語用學理論原本即隱藏於中國語言體系中，並非強加套用。此外，由於外交辭令是一種言語交際行爲，整個言語交際是整體無法分割的。由表達者構思發話傳播至接受者接收、轉譯至理解是一完整的過程。而語用學探討的對象，正是這一整個過程。因此，本文運用語用學角度進行論述時，亦無法分開論述，僅能以偏重的方式進行論述。此外，本文在論述過程中，主要強調「語境」和「言語行爲」兩觀念在外交辭令交際過程中之意義。並於論述過程中，兼及「合作原則」、「會話含意」及「禮貌原則」等觀念。

整體而言，「禮貌原則」與「合作原則」指出了言語交

際時交際雙方言語表達與接受的某些準則。如前所論,《左傳》外交辭令強調言外之意,外交辭令的交際可說是一種言外之意的交際。運用「會話含意」、「合作原則」與「禮貌原則」等觀點,可以說明《左傳》外交辭令的表達與接受,同時外交辭令的修辭藝術亦與其有關。

## 第二節 春秋外交行人概論

說明《左傳》外交辭令之前,必須先對「外交」及「行人」有所說明。有關外交之定義、目的及相關問題之討論,外交學者有專門之論述,本文不再重述,僅就春秋時期「外交」是否能成立一問題略作討論。所謂「外交」,即指國與國間的交通往來。換言之,「國與國之間,以平等互惠原則,保持正常往來或交涉,即謂之外交。」[28]關於春秋時期「外交」是否成立一論題,主要涉及對於「國家」的定義問題。

隨著對「國家」定義之不同,學者對於中國春秋時期是否有外交的看法主要分為兩派。一派學者認為中國之外交,當始於中西海運交通之時,此派學者定義中國乃為一個民族,因此同一民族內部所發生的交通往來,不能稱之為外交。換言之,此派學者認為春秋時期,各諸侯國間的往來交通,乃同一民族內部之事,不可稱其為外交。其云「中國在

---

[28] 劉彥 著 李方晨增訂 《中國外交史》〈增訂序言〉,頁 1。

春秋時期，封建諸侯國間有會盟，有征伐，乃民族內部之事。如周武王大會諸侯於孟津，齊桓公九合諸侯一匡天下，凡此皆以威力成之，且爲殺伐之事，亦不能稱爲外交。」[29]持此看法之學者，主要是由民族角度與制度觀點切入，認爲春秋時期各諸侯國爲周天子分封建立，於制度面上應隸屬於周王室，因此，春秋各國間的交通往來，應屬於周朝內部諸侯的交際往來，不能稱爲外交[30]。

另有學者認爲，只要符合國家構成之基本原則：獨立之主權、完整之領土、國民及社會組織，皆可視爲國家，而國家間的交通往來，則可稱之爲外交。依上述所言，則春秋時期各諸侯國，已具備國家之基本條件，名義上雖仍尊周天子爲共主，但實際上，各國已完全擁有主權及領土，並已建立完備的社會組織，且能有效的掌控人民。因此，春秋各國間的外交往來活動，應可稱爲外交活動[31]。

整體而言，有關春秋時期是否有外交之爭議，因所持觀點之不同，而有不同的看法，但若回歸春秋當時國際形勢來討論，則春秋時期各諸侯國間的往來交通，其性質、目的[32]、方式等確實符合外交交際活動的條件。此外，在當時國際社

---

[29] 同上註。

[30] 李方晨、黃正銘等學者主張此一論點。

[31] 傅啓學主張中國的外交史，在春秋時期便已展開。此由其主編的《中國古代外交史料彙編》中可以見出。

[32] 外交的目的，在實現國家的目的。國家的一切活動，消極方面在維持本身的生存和獨立，積極方面即在謀本身的發展。

會上，亦認同各國間交際往來的合法性。觀察《左傳》所載之春秋形勢與各國往來事蹟之實際情況，本文認為春秋各國間的交通往來情況，足以稱之為外交活動。在此前提下，進一步討論《左傳》所載之外交辭令。

在各國交通往來過程中，行人扮演重要的角色，欲說明《左傳》外交辭令，則行人是必須先釐清的重要術語。所謂「行人」，就是春秋時期負責國家外交事務與外交談判者，亦即今日所謂的外交使節。有關行人之定義、職掌、修養操守、待遇與保障等相關論題，徐傳保《先秦國際法之遺跡》，陳顧遠《中國國際法溯源》，洪鈞培《春秋國際公法》，及黃寶實《中國歷代行人考》等書中皆有論述。以下總結前輩學者所論，對春秋行人略作說明。

## 一、行人的定義

行人，是春秋時期對於外交使節的通稱，相當於今日的外交官[33]。「古之所謂行人，即今之外交官。居則擯相應對，出則朝覲聘會，所以撫緝萬國，踐修盟好，要結外援以衛社稷者也。」[34]由上可知，行人是一國負責外交相關事務的人員。舉凡外賓的接待、朝聘的禮節、盟會的參與、盟約的簽

---

[33] 李新霖〈春秋左氏傳行人外交辭令研究〉，（臺北工專學報，民國78年3月），頁441。

[34] 黃寶實《中國歷代行人考》，（臺北：中華書局，民國58年6月），頁1。

訂等，皆是春秋行人的工作範圍。本文對於行人一詞的定
義，採取較廣義的定義，凡參與國家外交事務的相關人員，
皆屬於廣義的行人範圍。

「行人」一詞，首見於《易·無妄》：「無妄之災，或繫
之牛，行人之得，邑人之災」，但其義並非特指外交行人，
而是指行路經過之人。先秦典籍中，記載行人職掌較詳者，
首推《周禮》。《周禮·秋官·司寇》對於行人職掌有詳細論
述。其中記載一系列以大行人、小行人為首，負責國家外交
事務的人員。而對春秋行人實際之交際情況記載較詳者，則
首推《左傳》。《左傳》載「行人」者計二十六筆，二十八見。
其中多對行人之交際情況有所記載，是今日探討春秋行人重
要的資料。總而言之，行人是春秋時期對外交使節的稱呼。

有關《周禮》所載行人資料，請見後文。以下表列《左
傳》所載「行人」相關資料：

| 編號 | 《左傳》紀年 | 《左傳》論及「行人」文句 |
|---|---|---|
| 01 | 桓公 9 年 | 楚子使道朔將巴客以聘於鄧，鄧南鄙鄾人攻而奪之幣，殺道朔及巴**行人**。 |
| 02 | 文公 4 年 | 衛甯武子來聘，公與之宴，為賦＜湛露＞及＜彤弓＞。不辭，又不答賦。使**行人**私焉。 |
| 03 | 文公 12 年 | 秦**行人**夜戒晉師曰：「兩君之士皆未憖也，明日請相見也。」 |
| 04 | 宣公 12 年 | 彘子以為諂，使趙括從而更之曰：「**行人**失 |

| | | 辭。……」 |
|---|---|---|
| 05 | 成公 7 年 | 巫臣請使於吳，晉侯許之。吳子壽夢說之。乃通吳於晉，以兩之一卒適吳，舍偏兩之一焉。與其射御，教吳乘車，教之戰陳，教之叛楚。寘其子狐庸焉，使為**行人**於吳。 |
| 06 | 成公 13 年 | 三月，魯成公如京師。宣伯欲賜，請先使。王以**行人**之禮禮焉。 |
| 07 | 成公 16 年 | 今兩國治戎，**行人**不使，不可謂整；臨事而食言，不可謂暇。請攝飲焉。」公許之。使**行人**執榼承飲，造于子重， |
| 08 | 襄公 4 年 | 穆叔如晉，報知武子之聘也。晉侯享之，金奏＜肆夏＞之三，不拜。工歌＜文王＞之三，又不拜。歌＜鹿鳴＞之三，三拜。韓獻子使行人子員問之曰……。 |
| 09 | 襄公 8 年 | 知武子使行人子員對之曰……。 |
| 10 | 襄公 11 年 | 九月，諸侯悉師以復伐鄭，鄭人使良霄、大宰石㚟如楚，告將服于晉，曰：「孤以社稷之故，不能懷君。君若能以玉帛綏晉，不然，則武震以攝威之，孤之願也。」楚人執之。書曰「**行人**」，言使人也。 |
| 11 | 襄公 13 年 | 鄭良霄、大宰石㚟猶在楚。石㚟言於子囊曰：「先王卜征五年，而歲習其祥，祥習則行。不習，則增修德而改卜。今楚實不競， |

| | | 行人何罪？ |
|---|---|---|
| 12 | 襄公 18 年 | 夏，晉人執衛行人石買于長子，執孫蒯于純留，爲曹故也。 |
| 13 | 襄公 21 年 | 欒盈過於周，周西鄙掠之。辭於行人曰：「…」 |
| 14 | 襄公 24 年 | 鄭行人公孫揮如晉聘，程鄭問焉……。 |
| 15 | 襄公 26 年 | 二十六年，春，秦伯之弟鍼如晉修成，叔向命召行人子員。行人子朱曰：「朱也當御。」三云，叔向不應。 |
| 16 | 襄公 26 年 | 使其子狐庸爲吳行人焉。 |
| 17 | 襄公 29 年 | 夏，四月，葬楚康王，公及陳侯、鄭伯、許男送葬，至於西門之外，諸侯之大夫皆至于墓。楚郟敖即位，王子圍爲令尹。鄭行人子羽曰：「是謂不宜，必代之昌。松柏之下，其草不殖。」 |
| 18 | 襄公 31 年 | 十二月，北宮文子相衛襄公以如楚，宋之盟故也。過鄭，印段迋勞于棐林，如聘禮而以勞辭。文子入聘。子羽爲行人，馮簡子與子大叔逆客。 |
| 19 | 昭公元年 | 元年，春，楚公子圍聘于鄭，且娶於公孫段氏。伍舉爲介。將入館，鄭人惡之，使行人子羽與之言，乃館於外。 |
| 20 | 昭公元年 | ……楚伯州犁曰：「此行也，辭而假之寡君。」 |

| | | 鄭行人揮曰:「假不反矣。」…… |
|---|---|---|
| 21 | 昭公元年 | 叔向出,**行人**揮送之。叔向問鄭故焉,且問子晳。 |
| 22 | 昭公 6 年 | 夏,季孫宿如晉,拜莒田也。晉侯享之,有加籩。武子退,使**行人**告曰:「……」 |
| 23 | 昭公 8 年 | 公子勝愬之于楚。楚人執而殺之。公子留奔鄭。書曰「陳侯之弟招殺陳世子偃師」,罪在招也;「楚人執陳**行人**干徵師殺之,」罪不在**行人**也。 |
| 24 | 昭公 18 年 | 鄭火,子產使**行人**告於諸侯。 |
| 25 | 昭公 23 年 | 邾人愬于晉,晉人來討。叔孫婼如晉,晉人執之。書曰「晉人執我**行人**叔孫婼」,言使人也。 |
| 26 | 哀公 12 年 | 吳徵會于衛。初,衛人殺吳**行人**且姚而懼,謀於**行人**子羽。 |

　　由上表可知,春秋行人是指國家負責外交事務的人員。春秋中期以後由於國際外交形勢日益複雜,行人的重要性逐漸增加。魯襄公二十七年（西元前 546 年）晉、楚兩國達成弭兵協議,春秋國際上的競爭由戰爭轉爲外交。觀察上表可知,襄公、昭公之際是春秋行人最爲活躍之時[35]。

---

[35] 此亦可說明行人賦詩多在襄、昭之間的問題。

43

　　由言語交際角度而言，行人是外交交際時的交際主體，行人因素對於行人辭令的交際結果，具有一定程度的影響。（詳見「語用學與《左傳》外交辭令」）外交是春秋時期解決國際爭端的方式之一，行人是各國對外處理外交事務者。舉凡朝聘、盟會、弔問、請成等，皆須透過行人來協商進行，而行人的臨場反應對於辭令交際成敗產生一定的影響。因此，外交行人的選派影響行人辭令成敗。

　　《左傳·襄公二十六年》載叔向命子員為行人一事，即說明春秋時期對行人選派之重視與因材制宜的派任標準：

　　　　　二十六年，春，秦伯之弟鍼如晉修成，叔向命召行人子員。行人子朱曰：「朱也當御。」三云，叔向不應。子朱怒，曰：「班爵同，何以黜朱於朝？」撫劍從之。叔向曰：「秦、晉不和久矣。今日之事，幸而集，晉國賴之。不集，三軍暴骨。子員道二國之言無私，子常易之。姦以事君者，吾所能御也。」拂衣從之。人救之。平公曰：「晉其庶乎！吾臣之所爭者大。」師曠曰：「公室懼卑。臣不心競而力爭，不務德而爭善，私欲已侈，能無卑乎？」[36]

　　晉國行人之制大體有二：其一為常設之行人。即常備之外交行人，其以輪替的方式，依序處理國家例行的外交事

---

[36] 《十三經注疏·左傳》，（臺北：藝文印書館），頁629。

務。上文中子朱提出「朱也當御」，正是說明依制此次與秦
國之外交交涉，當輪由子朱處理[37]。其二爲特殊派任者。是
指當國家面臨重大外交事件或特殊外交狀況時，爲妥善處理
以渡過危機，外交行人的選派，往往由該國負責外交事務的
主要卿大夫親自處理，或以臨時指派的方式，遴選適當的行
人負責。

上文中叔向「召行人子員」正是以遴選的方式指派行人
以處理重大的外交交涉事件。叔向此時爲晉國負責外交事務
主要大夫，由於此次與秦國之交涉，事關秦晉兩國未來的外
交關係，叔向云：「秦、晉不和久矣。今日之事，幸而集，
晉國賴之。不集，三軍暴骨。」其指出此次外交交涉之重要
性。由於子朱無法正確無私的傳達晉國的外交態度，所謂「子
員道二國之言無私，子常易之。」叔向因此特命子員負責此
次與秦國之交涉。

此外，《管子·大匡篇》指出因應各國國情之不同，在
選派行人上，亦有不同的考量。《管子·大匡》：「衛國之教，
爲傅以利，公子門方之爲人也，慧以給，不能久而樂始，可
游於衛。魯邑之教，好邇而訓於禮，季友之爲人也恭以精、
傅以糧、多小信，可游於魯。楚國之教，巧文以利，不好立
大義，而好立小信。蒙孫傅於教而文巧於辭，不好立大義而
好結小信，可游於楚。」上文說明因應魯國與楚國不同之國

---

[37] 楊伯峻《春秋左傳注》云：「當御猶今之值班，值班則當奉職。」（高
　　雄：復文書局，民國80年9月），頁1111。

際政策，齊國選派不同的行人出使。要言之，行人的選派是
春秋時期各國外交上重要的工作。選派適當的行人出使，有
助外交辭令交際之成功。反之，不當的外交行人，將使兩國
關係日形惡化。

　　先秦典籍對「行人」之記載，除見於《左傳》、《周禮》
外，亦見於其他典籍，以下表列以為參考：

| 典籍名稱 | 引 行 人 原 文 | 行 人 釋 義 |
|---|---|---|
| 《易》 | 《易·無妄》：「無妄之災，或繫之牛，**行人**之得，邑人之災」 | 行人與邑人對舉，其中行人是指行路經過之人。 |
| 《詩》 | 《詩·齊風·載驅》：「載驅薄薄，簟茀朱鞹。魯道有蕩，齊子發夕。四驪濟濟，垂轡濔濔。魯道有蕩，齊子豈弟。汶水湯湯，**行人**彭彭。魯道有蕩，齊子翱翔。汶水滔滔，**行人**儦儦。魯道有蕩，齊子遊敖。」 | 本詩描寫文姜與齊襄公之會。由於文姜已嫁至魯國，因此，是魯、齊之會。詩中所謂行人，應解釋為外交使節。 |
| 《春秋》 | 1、襄公十一年：楚人執鄭**行人**良霄。2、襄公十八年：夏，晉人執衛**行人** | 《春秋》稱「行人」者計六見，其義皆為外交使節之通稱。 |

46

| | | |
|---|---|---|
| | 石買。3、昭公八年：楚人執陳行人于徵師殺之。4、昭公二十三年：晉人執我行人叔孫婼。5、定公六年：秋，晉人執宋行人樂祁犂。6、定公七年：齊人執衛行人北宮結，以侵衛。 | |
| 《公羊傳》 | 文公十四年：執者曷爲或稱行人？或不稱行人？稱行人而執者，以其事執也；不稱行人而執者，以己執也。單伯之罪何？道淫也。惡乎淫？淫乎子叔姬。然則曷爲不言齊人執單伯及子叔姬？內辭也，使若異罪然。 | 《公羊傳》稱「行人」者，僅一見。其義爲外交使節。 |
| 《穀梁傳》 | 1、襄公十一年：行人者，挈國之辭也。2、襄公十八年：稱行人，怨接於上也。3、昭公八年：稱人以執大夫，執有罪也。稱行人，怨接於上也。 | 《穀梁傳》稱「行人」者計三見。其所指皆是外交使節。 |

| 《禮記》 | 《禮記‧檀弓下》:「吳侵陳,斬祀殺厲,師還出竟,陳大宰嚭使於師。夫差謂**行人**儀曰………」 | 《禮記》稱「行人」者僅一見。其義是指外交使節。 |
|---|---|---|
| 《論語》 | 《論語‧憲問》:子曰:「爲命:裨諶草創之,世叔討論之,**行人**子羽修飾之,東里子產潤色之。」 | 《論語》稱行人者,計一見,是指負責外交事務的人員。 |

　　上表中除《易》中所載「行人」一辭非指外交使節外,其於《詩》、《春秋》、《公羊》、《穀梁》、《禮記》、《論語》中有關「行人」的記載,皆是指與國家外交事務相關的人員。由上可知,春秋時期確有行人之官。瞭解行人定義後,以下說明行人之職掌、修養與待遇等問題。

## 二、行人之職掌

　　張玉法《先秦的傳播活動及其影響》書中指出,春秋戰國行人主要任務有以下八種:1、請戰。2、講和。3、求救。4、結盟。5、止戰。6、告事。7、弔喪。8、告立君[38]。其說大體無誤。有關行人之職掌,以《周禮》所載最詳。《周禮》

---

[38] 張玉法《先秦的傳播活動及其影響》,(臺北:臺灣商務印書館,民國 82 年 4 月),頁 192。

的成書年代雖爲學者所議，然其保存若干先秦時期政府組織
建制，亦是學者共識。「行人」之官，首見於先秦時期，至
明、清之際仍有行人之官[39]。《周禮》中所載有關行人資料，
爲現存典籍中最爲詳備者，並可與《左傳》、《國語》等典籍
相互映證。或有學者以爲《周禮》中所載爲漢儒後學參考《左
傳》、《國語》所僞作，然而在未有更新突破成果之前。欲瞭
解春秋時期「行人」的職掌與任務，《周禮・秋官》中所載
大行人、小行人之資料仍是應參考之資料。

　　《周禮》中對大行人、小行人職掌有所說明與界定。《周
禮・秋官・司寇》依行人職掌之不同，將負責外交事務之行
人，分爲大行人與小行人，以下說明《周禮》所載大、小行
人之職掌：此處主要說明行人的職掌，對於《周禮》相關論
證學者多有專著討論，本文不述。有關大行人的職掌，《周
禮》記載如下：

　　　　掌大賓之禮及大客之儀，以親諸侯。春朝諸侯
　　　而圖天下之事，秋覲以比邦國之功，夏宗以陳天下
　　　之謨，冬遇以協諸侯之慮。時會以發四方之禁，殷
　　　同以施天下之政；時聘以結諸侯之好，殷覜以除邦
　　　國之慝；間問以諭諸侯之志，歸脤以交諸侯之福，
　　　賀慶以贊諸侯之喜，致襘以補諸侯之災。[40]

---

[39] 見黃寶實《中國歷代行人考》《中國歷代行人考續編》等書。
[40] 《十三經注疏・周禮》，（臺北：藝文印書館），頁 560 至 561。

　　以上首先說明大行人的職掌範圍。依《周禮》所載，大行人主要職掌在於輔佐周天子處理與各諸侯間的關係。如春朝、秋覲、夏宗、冬遇以及時聘、殷覜、間問、歸脤、賀慶、致禬等事。點明大行人主要職掌後，《周禮》進一步具體的說明於各個外交場合中，大行人之職掌與外交禮儀：

　　　　以九儀辨諸侯之命，等諸臣之爵，以同邦國之禮而待其賓客。上公之禮：執桓圭九寸，繅藉九寸，冕服九章，建常九斿，樊纓九就，貳車九乘，介九人，禮九牢；其朝位，賓主之間九十步，立當車軹；擯者五人；廟中將幣，三享。王禮再祼而酢，饗禮九獻，食禮九舉，出入五積，三問三勞。諸侯之禮：執信圭七寸，繅藉七寸，冕服七章，建常七斿，樊纓七就，貳車七乘，介七人，禮七牢；朝位，賓主之間七十步，立當前疾；擯者四人；廟中將幣，三享。王禮壹祼而酢，饗禮七獻，食禮七舉，出入四積，再問再勞。諸伯執躬圭，其他皆如諸侯之禮。諸子：執穀璧五寸，繅藉五寸，冕服五章，建常五斿，樊纓五就，貳車五乘，介五人，禮五牢；朝位，賓主之間五十步，立當車衡；擯者三人；廟中將幣，三享。王禮壹祼不酢，饗禮五獻，食禮五舉，出入三積，壹問壹勞。諸男執蒲璧，其他皆如諸子之

禮。[41]

以上針對來訪行人身分之不同，《周禮》具體的陳述對
上公、諸侯、諸子等不同身分的不同的禮節。

> 凡大國之孤，執皮帛以繼小國之君。出入三積，
> 不問，壹勞。朝位當車前。不交擯，廟中無相。以
> 酒禮之。其他皆視小國之君。凡諸侯之卿，其禮各
> 下其君二等以下；及其大夫、士，皆如之。邦畿方
> 千里。其外方五百里謂之侯服，歲壹見，其貢祀物。
> 又其外方五百里謂之甸服，二歲壹見，其貢嬪物。
> 又其外方五百里謂之男服，三歲壹見，其貢器物。
> 又其外方五百里謂之采服，四歲壹見，其貢服物。
> 又其外方五百里謂之衛服，五歲壹見，其貢材物。
> 又其外方五百里謂之要服，六歲壹見，其貢貨物。
> 九州之外謂之蕃國，世壹見，各以其所貴寶為摯。
> 王之所以撫邦國諸侯者，歲遍存，三歲遍覜，五歲
> 遍省；七歲，屬象胥、諭言語、協辭命；九歲，屬
> 瞽史、諭書名、聽聲音；十有一歲，達瑞節、同度
> 量、成牢禮、同數器、修法則；十有二歲，王巡守、
> 殷國。凡諸侯之王事，辨其位，正其等，協其禮，
> 賓而見之。若有大喪，則詔相諸侯之禮。若有四方

---

[41] 《十三經注疏‧周禮》，（臺北：藝文印書館），頁 562。

之大事，則受其幣，聽其辭。凡諸侯之邦交，歲相問也，殷相聘也，世相朝也。[42]

以上就不同外交情況說明大行人的職掌與工作。總結而言，大行人主要負責接待他國重要之外交使節，包括諸侯本身，或他國特派之使節。由於《周禮》是以周王室爲出發點，因此，大行人的職掌中，還包括陪同周天子接見諸侯或諸國使節，以及代表周天子聘問諸侯等事宜。《周禮》記載小行人負責事務大體如下：

掌邦國賓客之禮籍，以待四方之使者。令諸侯春入貢，秋獻功；王親受之，各以其國之籍禮之。凡諸侯入王，則逆勞于畿。及郊勞、視館、將幣，爲承而擯。凡四方之使者，大客則擯，小客則受其幣而聽其辭。使適四方，協九儀賓客之禮。朝、覲、宗、遇、會、同，君之禮也。存、覜、省、聘、問，臣之禮也。達天下之六節：山國用虎節，土國用人節，澤國用龍節，皆以金爲之。道路用旌節，門關用符節，都鄙用管節，皆以竹爲之。成六瑞：王用鎮圭，公用桓圭，侯用信圭，伯用躬圭，子用穀璧，男用蒲璧。合六幣：圭以馬，璋以皮，璧以帛，琮以錦，琥以繡，璜以黼；此六物者，以和諸侯之好

---

故。若國札喪，則令賻補之。若國凶荒，則令賙委
之。若國師役，則令槁襘之。若國有福事，則令慶
賀之。若國有禍災，則令哀弔之。凡此五物者，治
其事故。及其萬民之利害為一書，其禮俗、政事、
教治、刑禁之逆順為一書，其悖逆、暴亂、作慝、
猶犯令者為一書，其札喪、凶荒、厄貧為一書，其
康樂、和親、安平為一書。凡此五物者，每國辨異
之，以反命于王，以周知天下之故。[43]

依《周禮》所載小行人之職掌，主要處理外交相關之事
宜。包括迎接、招待他國使節、安排他國行人停留期間的食
宿與行程等，同時亦包括代表周王室出使各國的處理諸侯國
喪葬、凶荒、福事、災禍等事宜。總而言之，小行人類似今
日所謂的執行長一職，其主要輔佐大行人處理外交事務，並
負責外交工作的實際執行。

整體而言，大行人負責重要的接見與輔佐工作，小行人
則負責外交相關之瑣碎事務處理，舉凡賓客之登記、接待、
等等。同時小行人亦負責出使他國的任務。就今日外交體系
而言，大行人類似於外交部長或次長等行政主管職務；小行
人則類似派駐各國的使節及外交部各禮賓司、局、處等職
務。除大行人、小行人外，《周禮》中亦載有一系列與外交
相關之職官，表列說明如下：

---

[43] 《十三經注疏‧周禮》，（臺北：藝文印書館），頁 567 至 569。

| 職官名稱 | 《周禮》所載職掌 | 負 責 事 務 |
|---|---|---|
| 司盟 | 掌盟載之法。凡邦國有疑會同，則掌其盟約之載及其禮儀，北面詔明神，既盟，則貳之。盟萬民之犯命者，詛其不信者亦如之。凡民之有約劑者，其貳在司盟；有獄訟者，則使之盟詛。凡盟詛，各以其地域之眾庶，共其牲而致焉；既盟，則爲司盟共祈酒脯。 | 盟約的簽訂與保存。 |
| 司儀 | 掌九儀之賓客，擯相之禮，以詔儀容辭令揖讓之節。………… | 外交場合禮儀的維持者。 |
| 行夫 | 掌邦國傳遽之小事、媺惡而無禮者。凡其使也，必以旌節。雖道有難而不時，必達。居於其國，則掌行人之勞辱事焉，使則介之。 | 外交赴告的執行者。 |
| 環人 | 掌送邦國之通賓客，以路節達諸四方。舍則授館，令聚柝；有任器，則令環之。凡 | 負責他國使節在本國境內的起居生活與交通等事宜。 |

| | | |
|---|---|---|
| | 門關無幾，送逆及疆。 | |
| 象胥 | 掌蠻夷、閩貉、戎狄之國使，掌傳王之言而諭說焉，以和親之。若以時入賓，則協其禮與其辭，言傳之。凡其出入送逆之禮節、幣帛、辭令而賓相之。凡國之大喪，詔相國客之禮儀而正其位。凡軍旅、會同，受國客幣而賓禮之。凡作事：王之大事，諸侯；次事，卿；次事，大夫；次事，上士；下事，庶子。 | 負責與四方少數民族間的外交事務。 |
| 掌客 | 掌四方賓客之牢禮、饔獻、飲食之等數與其政治。王合諸侯而饗禮，則具十有二牢，庶具百物備；諸侯長，十有再獻。王巡守、殷國，則國君膳以牲犢，令百官百牲皆具，從者三公視上公之禮，卿視侯伯之禮，大夫視子男之禮，士視諸侯之卿禮，庶子壹視其大夫之 | 負責接待宴享之準備與交際。 |

| | 禮。………… | |
|---|---|---|
| 掌訝 | 掌邦國之等籍以待賓客。若將有國賓客至，則戒官修委積，與士逆賓于疆，爲前驅而入。及宿，則令聚柝。及委，則致積。至于國，賓入館，次于舍門外，待事于客。及將幣，爲前驅。至于朝，詔其位，入復；及退，亦如之。凡賓客之治，令訝，訝治之。凡從者出，則使人道之。及歸，送亦如之。凡賓客，諸侯有卿訝，卿有大夫訝，大夫有士訝，士皆有訝。凡訝者，賓客至而往，詔相其事而掌其治令。 | 負責實際的迎接工作。及對他國行人說明本國國情與相關法規。 |
| 掌交 | 掌以節與幣巡邦國之諸侯，及其萬民之所聚者，道王之德意志慮，使咸知王之好惡，辟行之。使和諸侯之好，達萬民之說。掌邦國之通事而結其交好，以諭九稅之利、九禮之親、九牧之維、 | 代表周天子出使宣揚政令的特使團。 |

| | 九禁之難、九戎之威。 | |
|---|---|---|

由《周禮・秋官・司寇》中一系列與外交相關之職官的設置，突顯出兩個問題：一為，外交確實為春秋時期各國所重視，由《周禮》中詳細的職官規畫，明顯可見。其二，《周禮》中若干職官，證諸先秦其他典籍，或有相合者，知《周禮》所載資料，仍有一定的參考價值。此外，由上表列與論述中可知，春秋行人已有相當制度與規模。

總結而言，春秋行人的職掌與任務大致可別為以下三類：1、平時任務：是指非戰爭期間國與國間的外交交際活動。其中包括一般例行事務與外交談判兩類。所謂一般外交事務，是指例行的朝聘、會盟、弔問、赴告等。此類事務主要在履行對外已訂立之盟約或共識。所謂外交談判，是指涉及國家利益之外交交際與溝通協商。此類即本文探討之主要對象。外交談判進行時，行人的主要任務即在為國家爭取最大利益，其或以文化說服，或以形勢相逼。總而言之，必須維護國家的尊嚴與權益。

2、戰時任務：是專指戰爭期間的外交事務而言。整體而言，行人在戰時之任務，主要可分三時期論述。戰爭前，行人出使主要在探察敵情與請戰求戰上；戰爭進行中，求援請救成為行人的重要任務；求和請成是行人於戰爭結束後的主要工作，戰爭傷害既已造成，如何避免國家再遭損失成為

行人戰後重要的任務。

　　3、特殊任務：是指依實際外交需要，臨時指派的工作任務。例如他國國君去世時指派行人前往弔唁、他國新君繼位後，遣使前往祝賀等皆屬於特殊任務的範圍。此外，如戰勝後的獻捷、婚姻嫁娶的迎逆等亦爲此類。總而言之，由行人的職掌分析可知，行人是春秋時期處理各國對外事務的主要官員。以下說明行人修養、待遇與保障。

## 三、行人之修養、待遇與保障

　　關於行人之修養、待遇與保障，黃寶實《中國歷代行人考》中有所論述。以下舉要說明之：

　　《論語・子路》云：「誦詩三百，授之以政，不達；使於四方，不能專對，雖多亦奚以爲？」明白指出詩學素養是行人重要的學習項目之一。孔子教學強調詩之用，指出學詩主要爲達政、專對之用。若無法運用所學爲國家於外交場合中爭取權益，記誦再多詩句亦無意義。《論語・季氏》亦云：「不學詩，無以言」，強調詩與語言表達的重要關係。《論語・陽貨》亦云：「詩可以興，可以觀，可以群，可以怨。邇之事父，遠之事君，多識於鳥獸草木之名。」明確指出孔子所謂「詩之用」的具體內容。試觀春秋行人交際，其中有所謂「外交賦詩」一類[44]，正是運用選賦詩篇、詩句的方式進行

---

[44] 有關外交賦詩之論述，見第三章：語用學與《左傳》外交賦詩。

外交溝通與談判。可知詩學素養是春秋行人首要的學習項目。

　　除知詩學素養以外，德、禮修爲亦是春秋行人必備的修養之一。春秋文化以德、禮爲主要內涵[45]。無論是日常生活或是外交場合，德、禮文化皆產生相當的制約與影響作用。整體而言，德、禮觀念春秋時期重要的價值判斷標準。試觀《左傳》載春秋二百五十五年史事，其中「德」字出現三百三十三見，其中稱德寓褒貶者，居十之八九。又《左傳》「禮」字計五百二十六見，其中《左傳》載「某，禮也」共五十七則，書「某，非禮也」共二十四則，皆寓有微言褒貶之意。總而言之，德、禮觀念在春秋時期具有相當的影響力。（詳見「語用學與《左傳》外交辭令」書中論述）

　　除詩學素養與德、禮修爲外，觀察《左傳》外交辭令交際，發現史學知識亦是行人重要的學習項目。史學傳統是中國文化中重要的一部分，自殷商時期起，歷史即爲中國文化的重要內涵之一。春秋外交辭令於說服間，往往徵引史實以爲證，其中又以晉國叔向、鄭國子產等對於史事之掌握與運用最爲巧妙。

　　例如子產獻捷（襄公二十五年）一事，子產代表鄭國獻入陳之功於晉國。晉國以「入陳」、「侵小」、「戎服」等問題質問子產，子產一一徵引歷史事實加以回應。令士弱「不能詰」，趙文子以子產所言合情合理，於是接受鄭國獻捷。

　　又如子產壞晉館垣（襄公三十一年），子產對於晉國之無禮對待，以壞館垣的方式來引起晉國注意。並於士文伯前來責讓之時，徵引史事，說之德、禮，令晉國無言以對，改變對鄭國之態度。其他如戎子駒支、鄭國游吉、晉國韓宣子等人亦於外交辭令間，善引史事以增加說服力。

　　總結而言，行人本身的素質與其人格特性對於外交辭令之交際，產生一定的影響。整體而言，《詩》為春秋行人言語表達方面重要的必備條件；德、禮修養則是行人本身所須具備者；此外，對於歷史之熟悉與運用亦是春秋行人所當學習的重要課題。

　　有關行人之待遇與保障，可由觀察《左傳》所載因行人而發生的國際衝突事件中略知一二。行人對外代表國家、國君的觀念，是周代公認的觀念[46]。既然行人對外代表國家、國君，則對行人之無禮與侵犯，亦即代表對國家、國君之侵犯。試觀《左傳》所載，與行人相關之國際事件計十三見。整體而言，春秋早期國際上未有絕對強國出現，因此，各國對於他國侵犯本國行人之事，多以軍事手段加以制裁。

　　如鄧鄾人殺巴行人（桓公九年），楚國以此為名出兵伐鄧。又如鄭文公執王使游孫伯（僖公二十四年），引來周襄王以狄師伐鄭。又如宋殺楚使申舟（宣公十四年），此為楚王謀略，宋殺申舟後，楚莊王以此為名出兵圍宋。

---

[45] 詳見「語用學與《左傳》外交辭令」書中論述。
[46] 黃寶實《中國歷代行人考》，頁27至28。

又如齊頃公無禮於晉郤克（宣公十七年），晉國郤克出使齊國，齊頃公「帷婦人使觀之」（觀郤克跛腳），引來之後齊、晉鞌之戰。

春秋中期之後，晉、楚各國北、南二強之形勢大抵確立，各國之行旅往來多以晉、楚爲主要目標。而行人被執、見殺之事，亦多爲晉、楚二國所爲。如晉執齊使晏弱蔡朝南郭偃（宣公十七年）、晉殺鄭使伯蠲（成公九年）、晉執王使王叔陳生（襄公五年）、楚執鄭行人良霄（襄公十一年）、晉執衛行人石買孫蒯（襄公十八年）、楚執徐行人儀楚（昭公六年）、楚殺陳行人干徵師（昭公八年）、晉執魯行人叔孫婼（昭公二十三年）、晉執宋行人樂祁犂（定公六年）等。然而各國對於本國行人遭晉、楚二強執、殺，迫於形勢，無力反抗，只能以外交辭令交涉的方式尋求解決。行人被執、見殺事件，在外交折衝頻繁的春秋時期，是屬於少數的突發事件。整體而言，春秋行人在國際外交上，仍受到相當的禮遇與保障。

# 第三節、《左傳》外交辭令概說

除語用學外，《左傳》外交賦詩爲本文論題的另一個關鍵術語。又外交賦詩爲外交辭令之一部分，因此欲說明外交賦詩，則亦須對《左傳》外交辭令之定義、種類、謀畫、特色與功能等有所認識。

## 一、外交辭令的定義

外交辭令就是外交行人於外交場合進行交際時所運用的一套語言系統。由於外交場合的特殊性，及外交行人討論議題之敏感性，使得外交辭令成為一種異於一般言語交際的特殊語言系統。

許慎《說文解字》云：「辭，說也。從䛃辛；䛃辛猶理辜也。」[47]（十四篇下・辛部）段玉裁注云「辭，說也。」關於辭的本義，或有以說為訟者，進而將辭之本義與爭訟理獄等相連，如王筠《說文句讀・第二十八卷》：「辭，訟也。小司寇『聽辭』，呂刑『師聽五辭』，大學『無情者不得盡其辭』，皆用本義。」朱駿聲《說文通訓定聲・頤部》：「辭，頌也。」另有以辭為言說內容，如《周易，繫辭下》：「其旨遠，其辭文，其言曲而中。」；《孟子》：「不以文害辭」；《荀子・正明》：「辭也者，兼異實之名以論一意也」；《禮記・表記》：「情欲信，辭欲巧」。而劉勰《文心雕龍・書記》對辭之解釋如下：「辭者，舌端之文，同己於人」。總要而言，辭的本義無論是否與獄訟相關，要指言語表達之容，至春秋時其辭字引申出外交專對之意，外交辭令成為春秋期外交交際之專稱。「蓋古人所謂辭，多指應對辭命而言」[48]。

---

[47] 東漢・許慎 撰、清段玉裁 注《說文解字注》，（臺北：天工書局，民國 81 年 11 月），頁 742。

[48] 張文治《古書修辭例》，（北京：中華書局，1996 年 9 月），頁 3。

關於令字意義，《說文解字》:「令，發號也。從亼卩。」[49]（九篇上卩部）所謂發號即今所言之命令。觀三代銘文中令與命二字多併用之情況。又有「令者，命也。」（《漢書‧東方朔傳》）清‧朱駿聲《說文通訓定聲》云:「按在事為令，在言為命。」要言之，令字有命令、號令之意。辭令合用，於春秋時期特指外交行人外交酬接之言語。外交辭令的風格，與一般辭令有所不同。整體而言，一般辭令以明白達意為主，外交辭令則重視禮貌的修飾與表達的技巧。外交辭令就是外交場合中所運用的特殊言語辭令，其往往意在言外，以間接的方式表達敏感的外交議題。外交辭令依其性質、表達方式及說服觀點之不同又可別為幾類，以下分別論述之。


## 二、外交辭令之種類

如上所論，外交場合所運用的言語辭令即稱為外交辭令。又外交辭令依其性質、使用時機、表達方式與說服觀點之不同，可別為以下幾類:

### （一）、依辭令性質而言

依辭令本身的性質而論，外交辭令可別為三類:其一為外交辭令，是指外交談判時所運用的特殊言語系統。一般而言，外交辭令具有強烈的目的性，要求辭令必須達到預期的

---

外交目標。此類辭令反映於《左傳》中，即爲具有交際目的，強調交際結果之外交辭令。《左傳》共一百二十九見。（詳見「語用學與《左傳》外交辭令」書中「行人辭令成敗分析表」）。此類亦爲本文討論之主要取材。

其二爲外交應對，是指一般外交例行事務的應對。如朝聘、赴告等一般外交事務之傳達與應對。一般而言，外交語言較不具目的性，僅是告知或傳達國家對外發表的信息或態度。除以上兩類外，另有外交術語一類。所謂外交術語一般是指運用於外交場合中的特殊言語系統，本文所謂外交術語是指外交場合中專門的用語，其又包括口頭與文字兩種，口頭方面即指外交場合中所使用的特定用語，如對對方的尊稱，對本身的稱呼，或春秋時期外交場合的慣用語等；文字方面則是指盟會載書時所書寫之特殊文字系統。由此類特殊外交術語可進一步探討《左傳》外交辭令語言風格方面之問題。

要言之，外交場合所運用之辭令，又別爲三類：一爲外交辭令，即具有強烈目的性，要求辭令交際結果，以謀取利益爲目標的外交辭令。二爲目的性較弱的外交應對，其多運用於例行外交事務之場合。三爲外交術語，即指外交辭令中口頭、書面上的特殊言語系統，包括慣用語、特殊稱謂等。

整體而言，外交辭令是指受命出使，背負特定外交任務者。因此，外交辭令具有強調目的性，注重修辭技巧，要求交際結果與成敗。又外交辭令之真義往往寄寓於表層意義

之下。且辭令表達間多蘊藏謀略運用，藉以達到預設的外交目的。而外交應對是指外交辭令以外的其他外交對話，其較無目的性，一般要求「辭達」（即明確清晰的將意思表達），以避免引起無謂誤解與爭端。外交術語則是指外交場合所運用的特定專門辭彙或用語。一般而言，外交術語以言簡意賅爲特色，即以簡要的字句表達完整的意義。

外交辭令之運用，其優點爲具有緩和氣氛之功效，避免直接而激烈的衝突；但因其辭令往往「意在言外」，交談雙方稍有不慎，極易造成誤解、誤會，影響兩國之外交。但外交辭令仍爲外交場合中，進行外交談判最有效之工具。因其具有較大的彈性空間，以委婉的辭令適當禮貌的表達雙方的立場與主張，留下雙方妥協、再交涉的空間，往往有利談判之進行。此外，因外交辭令「意在言外」的特性，談判雙方可以在其可接受之範圍內，對對方的外交辭令進行有利我方之詮釋，雙方在各自表述的情況下，有利外交交際的進一步發展，否則一開始便明白表達雙方立場，若無法取得雙方利益的平衡點，則外交交涉將無法繼續。外交應對則以清楚傳達本國意見與態度爲主要任務，因此要求辭令的達意與正確。外交術語，是指外交文書中所使用的特殊術語。運用外交術語的好處是，能言簡意賅的表達外交相關的完整意義。因此類術語，係外交專業術語，故具有專業性，專業性術語的之特性，在於能以簡潔的特定文字，表達完整的概念與意

義。例如《左傳》盟辭[50]術語、請戰術語、朝聘術語等。

## （二）、依表達方式而言

歸納《左傳》外交辭令的表達方式，主要有對話、賦詩與書面三種。分別說明如下。

## *1、對　話*

所謂對話，即交際雙方面對面運用言語為交際媒介進行意見溝通與協商的一種交際方式。《左傳》外交辭令以對話方式進行交際者，為數最多。如齊桓公侵蔡伐楚（僖公四年），楚國使者與齊國管仲即以對話方式進行溝通。又如楚屈完如齊師（僖公四年），交際雙方亦以對話方式進行溝通。又如晉陰飴甥會秦穆公請歸晉惠公（僖公十五年）、燭之武退秦師（僖公三十年）、王孫滿對楚莊王問鼎輕重（宣公三年）、解揚對楚王問（宣公十五年）、鞏朔獻齊捷（成公二年）、向之會晉范宣子與駒支之對（襄公十四年）、衛獻公奔齊，魯使厚成叔弔于衛（襄公十四年）、欒盈辭周（襄公二十一年）、鄭子產獻捷（襄公二十五年）、蔡聲子說楚復伍舉（襄公二十六年）、弭兵之會晉、楚爭先（襄公二十七年）、齊晏

---

[50] 《左傳》有關盟辭之資料，見於癸丘之盟（僖公九年）、清丘之盟（宣公十二年）、西門之盟（成公十二年）、戲之盟（襄公九年）、亳之盟（襄公十一年）、溫之會（襄公十六年）、督揚之盟（襄公十九年）等。有關《左傳》會盟與盟辭之論述，見劉伯驥《春秋會盟政治》（臺北：中華叢書編審委員會，民國51年3月）。

嬰請繼室於晉（昭公三年）、吳蹶由犒楚師（昭公五年）、子產爭承（昭公十三年）等皆是以對話方式進行外交辭令的表達與溝通。其餘例證，請參見附表。

此外，以對話方式進行辭令交際者，又可別為（1）、公開場合與（2）、私下場合兩類。前者是指於公開外交場合中所運用的外交辭令，如前所舉諸例即屬此類；後者是指兩國行人私下的對話或商議[51]。如鄭子大叔與衛大叔文子論城杞（襄公二十九年）、晉叔向問鄭子產鄭國之政（襄公三十年）、晉叔向齊晏嬰論國政（昭公三年）、鄭子產聘晉，韓宣子逆（昭公七年）等即為行人私下之辭令。總而言之，就言語交際角度而言，對話是言語交際最佳的方式，因為交際雙方面對面進行溝通，有助主、客觀語境的掌握。

## 2、賦 詩

除對話方式外，賦詩為《左傳》外交辭令中特殊的言語交際方式，此部分正是本文討論的主要內容。所謂賦詩，是指選賦某一詩篇或詩句，藉詩以言志，進而表達外交立場與外交意見。《左傳》所載之賦詩資料計三十六見，與外交有所關聯的外交賦詩共二十七見[52]，如重耳賦詩請入（僖公二十三年）、駒支賦〈青蠅〉（襄公十四年）、鄭七子賦詩言志（襄公二十七年）、鄭六卿賦詩言志（昭公十六年）等即為

---

[51] 儀禮聘禮中有私覿一項。

[52] 詳見第三章、第一節中的《左傳》外交賦詩分析表。

外交賦詩之例。外交賦詩之交際，交際雙方必須以交際當時之主、客觀語境爲依據，進而解讀對方賦詩所蘊藏的言外之意，以達成言語交際與溝通。整體而言，外交賦詩是一種相當特殊的言語交際方式。以語用學角度而言，外交賦詩是一種「間接言語行爲」。（有關外交賦詩之論述，請見第三章）

## 3、書 面

　　除對話與賦詩方式外，書信爲《左傳》外交辭令的另一種表達方式。所謂書信，即指書面的外交辭令。《左傳》外交辭令以書信方式表達者計四見，各爲鄭子家與晉趙盾書（文公十七年）、呂相絕秦書（成公十三年）、子產寓書請范宣子輕幣（襄公二十四年）、鄭鑄刑鼎，叔向使詒子產書（昭公六年）。

　　如前所論，面對面的溝通方式，是外交交際最佳的方式。既是如此，何以外交辭令有以書信方式表達者？分析其因，大體有二：其一爲辭令內容性質需要以書信方式來表達。呂相絕秦書爲此類例證。魯成公十三年（西元前 578 年），此年夏季，晉厲公使魏相發表與秦國絕交書。其書內容以晉之德、禮及對秦國之信義。反襯秦國之失德無禮、背信忘義。其書以排比實例的方式，營造出秦國唯利是視，無德無禮的形象。且經由書信公開發表的方式，達到擴大宣傳的效果。由於此書爲絕交書，因此選擇以書面方式表達。此有兩層意義，其一既是絕交書信，且信中內容不乏誇大不實

者，若遣使往告，將危及行人安全。因此以書面發表方式是
較佳的選擇。其二，以書面公開發表的方式表達，一方面能
收到擴大宣傳的效果，且對於信中所言諸事，秦國將無辯解
之地。基於以上考量，呂相此次外交辭令選擇以書面方式表
達。

　　一般情況下，外交辭令以書面方式表達者，或因其本身
政務繁忙，或其不在出使名單之內，但又有意見極欲表達，
在此情況下，書面形式成為變通的方法。如如襄公二十四
年，鄭伯與子西將前往晉國，子產由於未在行人名單中，於
是委託子西轉交其與范宣子的書信。又如鄭鑄刑鼎，叔向使
詒子產書（昭公六年）等皆為此類例證。

　　此外，當國家面臨外交困境，他國不願行人往來時[53]，
書信往往是另一種選擇。如鄭子家與晉趙盾書（文公十七
年）。魯文公十七年（西元前 610 年），晉靈公十一年，鄭穆
公十八年。此年夏季，晉國會諸侯於扈，晉國懷疑鄭國「貳
於楚」，因此不願接見鄭穆公。鄭子家於是改用書信的方式，
寓書於晉國執政趙宣子，表達鄭國之立場與對晉國不貳之
心。其書以德、禮為主調，輔以實際事例，成功的說服趙宣
子。（見「語用學與《左傳》外交辭令」書中論述）

　　總而言之，書面表達方式，是外交辭令表達的一種變通
方式。其優點在於接受者無法直接提出反駁，能避免直接的

---

[53] 此所謂不願行人往來，是指國與國間正式的外交行人往返，不包括一
　　般的通訊往來。

言語衝突。而無法直接面對面溝通，亦是書面外交辭令的缺點。由於無法直接進行溝通，對於辭令的交際產生一定的障礙與影響。

（三）、依辭令說服內容而言

辭令內容是辭令交際的主要信息所在，依《左傳》辭令說服內容之不同，張高評先生將之別爲：1、說之以理。2、動之以情。3、懼之以勢。4、服之以巧。5、挫之以術等五類[54]。《左傳》外交辭令爲辭令之一類，其說服內容大體不出以上五方面，但爲進一步突顯外交辭令說服觀點，本文在張高評先生的基礎上，進一步將外交辭令說服觀點別爲文化觀點、利益觀點、形勢觀點、邏輯觀點與情感觀點五種：

文化是人類生活的總稱，其對人們言語系統具有相當程度的影響。簡言之，人們的言語表達與接受，無一不受文化的制約與影響。以德、禮文化觀點進行外交說服是春秋外交辭令重要的特色之一。如衛石碏請陳殺州吁（隱公四年）、滕薛爭長魯以禮說之（隱公十一年）、陳完辭齊卿（莊公二十二年）、魯展喜犒齊師（僖公二十六年）、王孫滿以德、禮退楚莊王問鼎輕重（宣公三年）、齊賓媚人說晉（成公二年）、曹人以德請於晉（成公十六年）、宋向戌辭封（襄公九年）、駒支以德、禮說晉（襄公十四年）、欒盈過周辭於行人（襄

---

[54] 張高評《左傳之文學價值》，（臺北：文史哲出版社．民國71年10月），頁175至184。

公二十一年）、子產請輕幣（襄公二十四年）、齊、鄭二君以
德請歸衛侯（襄公二十六年）、子產壞晉館垣（襄公三十一
年）、趙孟請歸叔孫豹（昭公元年）、吳蹶由犒楚師（昭公五
年）、子大叔言周王子朝之亂（昭公二十四年）、孔丘以德、
禮退萊人（定公十年）、吳延州季子說楚子期（哀公十年）、
子貢對吳大宰嚭請尋盟（哀公十二年）、于尹蓋以禮說楚（哀
公十五年）等即為此類。（有關文化觀點與外交辭令之論述，請見「語
用學與《左傳》外交辭令」一書）

　　所謂利益觀點，就是以利說之、以利誘之的說服方式，
換言之，即於外交辭令內容中，或暗示或明言，指出兩國利
害所在，進而運用人們趨吉避凶的普遍心理進行說服。如燭
之武退秦師即為明顯例證。魯僖公三十年（西元前 630 年）
九月，晉國聯合秦國「圍鄭」。鄭燭之武縋城入秦師進行說
服。其外交辭令內容以剖析利害關係為重點，指出秦助晉滅
鄭，對秦國有害無利，並提出願為秦國東道主的條件，秦穆
公考量後退兵，並協助鄭國抗晉。又如魯襄公如晉請屬鄫（襄
公四年），魯襄公四年（西元前 569 年），此年冬季，魯襄公
前往晉國「聽政」[55]，魯襄公並提出希望晉國同意以鄫為魯
國附庸一事。晉悼公不許，孟獻子「鄫無賦於司馬」指出維
護鄫國獨立對晉國並無利益，若同意鄫國為魯附庸，則魯國
對晉國之職貢將更形豐富。對於孟獻子說之以利的外交辭

---

[55] 聽政有二義：一為治理國家。二為聽受別人要求。（楊伯峻《春秋左
　　傳注》，頁 935。）此次魯襄公前往晉國當從後者之義。

令，晉悼公「許之」。其他如衛州吁請宋伐鄭（隱公四年）、
晉復曹、衛（僖公二十八年）、陳二慶請楚執陳公（襄公七
年）、石㒓說子囊歸鄭行人（襄公十三年）、蔡聲子復楚伍舉
（襄公二十六年）、晉叔向說齊與平丘之會（昭公十三年）、
子服惠伯請歸季孫意如（昭公十三年）、子產說韓宣子求環
（昭公十六年）、晉趙鞅說宋、衛弗納魯昭公（昭公二十七
年）、子貢說吳捨盟衛（哀公十二年）、楚隆使吳，說越以入
吳（哀公二十年）等皆是以利害關係進行外交辭令說服之例。

　　就一國立場而言，外交活動的消極意義在於避免戰亂、
災禍，積極意義在於爲國家爭取最大利益。外交辭令交際的
主要目的正是爲謀求國家的最大利益，試觀《左傳》外交辭
令交際，利益觀點是諸多說服內容中最常被運用且最具說
服效果者。整體而言，其運用方式如下：1、以德、禮爲表，
以利益爲裏者。此方式是春秋外交辭令說之以利最常運用
者。（詳見「語用學與《左傳》外交辭令」第四章）2、藉由國際形勢
之分析，突顯雙方利害以進行說服者。（詳見「語用學與《左傳》
外交辭令」第三章）3、直陳利害以進行說服者。此爲最直接的
方式，《左傳》外交辭令中運用此方式者較少見。

　　整體而言，春秋晚期此種方式才逐漸成爲外交辭令說服
之主流。總而言之，無論運用的方式如何，國家利益始終是
外交活動的最終目的，外交辭令的謀畫與交際亦以此爲依
歸。歸納《左傳》外交辭令之交際，利益爲其主要的交際動
機。有關外交辭令內容的說服觀點尚有形勢、邏輯、情感等

觀點，請見「語用學與《左傳》外交辭令」一書。

## 三、外交辭令之謀畫

外交辭令既然攸關國家興亡，則辭令之謀畫自然必須謹慎周密。由於外交事件之性質不盡相同，因此外交辭令之應對亦隨之有所差別。整體而言，春秋外交辭令多經過事前的商議與謀畫。外交辭令之謀畫以國家利益爲依歸，以說服效果爲謀畫的主要原則。在此前提下，或由諸大夫商議，或由執政大夫向諸大夫請益，歸納各方意見後，經過整合與整理，再交由行人或相關官員對外代表國家發言。關於春秋外交辭令的謀畫，史料有限，以下就所見針對外交辭令謀畫之原則與方式略作說明。

### （一）、辭令謀畫之原則

探討《左傳》外交辭令之謀畫，可由辭令內容與辭令技巧兩方面說明。《左傳》外交辭令內容謀畫之原則，是以國家利益爲主要交際動機，積極以爭取國家最大利益爲目標，消極則以避免戰端衝突爲要務。

外交辭令技巧之謀畫，主要有兩點原則：一爲強調辭令的禮貌性。外交場合是國與國間進行外交交涉談判的重要場合。行人對外代表國家，其言行舉止皆影響他國對其國家的外交態度。春秋時期德、禮觀念是重要的價值判斷標準，此觀念反映於外交辭令表達技巧上，即是要求辭令表達的禮貌

性。試觀《左傳》所載成功的外交辭令，其措辭遣字，皆表
示出對接受者的適當尊重與禮貌。就言語交際角度而言，符
合「禮貌原則」的辭令表達，其接受度較無禮不當的辭令爲
高。

　　二爲要求辭令的說服力。外交辭令交際是一種勸說活
動，亦即以言語交際的方式，企圖改變聽話者的觀念或想
法，進而使聽者接受本身的意見與看法。因此，說服力是外
交辭令謀畫過程中，重要的指導原則。亞里斯多德分析說服
過程，對於說服力之產生，提出主要來自理性（logos）、情
感（pathos）與品格（ethos）三方面[56]。亞氏的觀點即春秋
外交辭令表達方式中說之以理、動之以情與行人因素三方
面。龔文庠《說服學》指出：說服效果主要是由主方、客方
與信息三要素交互作用所產生[57]。

　　如前所述，春秋外交辭令強調說服效果。外交場合所討
論之議題攸關國家存亡與發展，外交辭令的成功，消極能爲
國家避免兵災，積極能爲國家謀取利益，外交辭令在春秋國
際政治上有其重要之功能與意義。既然要求說服效果，則外
交辭令之謀畫必然以增加說服力爲主要準則。

　　分析《左傳》二百三十三次與成敗相關外交辭令之謀畫
與表達，無不以增加說服效果爲依歸。無論在辭令內容上或

---

[56] 見亞里斯多德《修辭學・第二卷》，（北京：生活、讀書、新知三聯
　　書店出版社，1996 年 3 月第 3 刷），69 至 143 頁。
[57] 龔文庠《說服學》，（北京：人民出版社，1994 年 10 月），頁 210。

行人臨場辭令表達技巧上，皆然。最典型的例子見於襄公十四年，向之會，戎子駒支於會盟場合對晉范宣子的外交辭令及辭令表達之後賦〈青蠅〉一詩的舉動，在在顯示出駒支對此次外交辭令謀畫之用心。《左傳》載之曰：

　　　　十四年，春，吳告敗于晉。會于向，為吳謀楚故也。范宣子數之不德也，以退吳人。執莒公子務婁，以其通楚使也。

　　　　將執戎子駒支，范宣子親數諸朝，曰：「來！姜戎氏！昔秦人迫逐乃祖吾離于瓜州，乃祖吾離被苫蓋、蒙荊棘來歸我先君，我先君惠公有不腆之田，與女剖分而食之。今諸侯之事我寡君不如昔者，蓋言語漏洩，則職女之由。詰朝之事，爾無與焉。與，將執女。」對曰：「昔秦人負恃其眾，貪于土地，逐我諸戎。惠公蠲其大德，謂我諸戎，是四嶽之裔冑也，毋是翦棄。賜我南鄙之田，狐狸所居，豺狼所嗥。我諸戎除翦其荊棘，驅其狐狸豺狼，以為先君不侵不叛之臣，至于今不貳。昔文公與秦伐鄭，秦人竊與鄭盟而舍戍焉，於是乎有殽之師。晉禦其上，戎亢其下，秦師不復，我諸戎實然。譬如捕鹿，晉人角之，諸戎掎之，與晉踣之。戎何以不免？自是以來，晉之百役，與我諸戎相繼于時，以從執政，猶殽志也，豈敢離逷？今官之師旅無乃實有所闕，以攜諸侯而罪我諸戎！我諸戎飲食衣服不與華同，贄幣不

通，言語不達，何惡之能為？不與於會，亦無瞢焉。」
賦＜青蠅＞而退。宣子辭焉，使即協會，成愷悌也。[58]

戎子駒支的外交辭令主要扣緊兩大主軸，首先指出姜戎氏
對晉國不貳之心，自晉文公建立霸業以來，即與晉國保持密切
友好關係。其次由利害關係切入，說明兩國友好關係對雙方皆
有利無害，並引證指肴殽之役時姜戎與晉國合作抗秦之事實為
例證。以上為駒支外交辭令之表層意義，深一層分析，則可見
戎子於辭令中暗藏對晉國的種種不滿。

首先，戎子表面上感激晉國先君之「大德」，賜姜戎「狐
狸所居，豺狼所嗥」的南鄙之田，此話背後即蘊藏姜戎氏之不
平。此外「今官之師旅無乃實有所闕，以攜諸侯而罪我諸戎！
我諸戎飲食衣服不與華同，贄幣不通，言語不達，何惡之能為？
不與於會，亦無瞢焉。」則表達出姜戎氏對晉國歧視之不滿。
戎子駒支一番慷慨陳辭後的賦詩，更具有畫龍點睛之效，大大
提升整篇外交辭令之說服效果。〈青蠅〉一詩娓娓道出姜戎氏無
奈之心情，並寄寓晉國勿信讒言之諷勸。戎子駒支的外交辭令，
內容正當有理，雖有若干誇大之修辭，但所言不離事實。並於
盟會場合公開宣示，范宣子遂知駒支不貳之心，於是公開道歉，
並重新與姜戎氏結盟。

分析戎子駒支此次外交辭令內容之謀畫，充分表現出其以
說服效果為規畫外交辭令之準則。可由以下幾點看出：1、刻意

---

[58] 《十三經注疏・左傳》，（臺北：藝文印書館），頁557。

誇大兩國間的友好關係。此即說服理論中先取得對方信任之原則。2、不時引晉文公為例,企圖增強說服力。3、只強調姜戎氏對晉國之忠誠,對於范宣子於公開場合無禮之言論未作任何評論。此舉主要為避免范宣子反感。4、辭令後賦詩的舉動,更明顯表現出其為增強說服效果之用心。

此外,昭公五年晉國叔向回答鄭國游吉之言論,亦約略說明春秋外交辭令謀畫之原則。魯昭公五年(西元前 537 年),晉平公二十一年,楚靈王四年。此年春季,晉國韓宣子負責護送嫁往楚國的女子,叔向在此次外交任務中擔任介(次使)的工作。經過鄭國國境,鄭子皮與子大叔設宴以表慰問。《左傳》載之如下:

> 晉韓宣子如楚送女,叔向為介。鄭子皮、子大叔勞
> 諸索氏。大叔謂叔向曰:「楚王汰侈已甚,子其戒之!」
> 叔向曰:「汰侈已甚,身之災也,焉能及人?若奉吾幣
> 帛,慎吾威儀;守之以信,行之以禮;敬始而思終,終
> 無不復。從而不失儀,敬而不失威;道之以訓辭,奉之
> 以舊法,考之以先王,度之以二國,雖汰侈,若我何?」
> [59]

---

[59] 《十三經注疏・左傳》,(臺北:藝文印書館),頁 744。

　　子大叔以楚靈王「汏侈已甚」提醒叔向注意。叔向的回應中，透露出春秋外交辭令謀畫與交際過程中的幾個重要原則：其一「慎吾威儀」，此說明外交辭令表達時之態度必須謹慎，舉止當合於禮儀。所謂「敬始而思終，終無不復」。其二「守之以信，行之以禮」，此說明外交辭令交際時，辭令內容當誠實可信。進行辭令交際時，行為儀態當合禮有分。所謂「從而不失儀，敬而不失威」，即言行舉止要適切交際當時的主、客觀語境。依交際雙方身分地位之不同，而採取適當的應對態度與禮儀。

　　叔向言論中，進一步指出春秋外交辭令謀畫之技巧：「道之以訓辭，奉之以舊法，考之以先王，度之以二國」。所謂「道之以訓辭」，是指徵引前賢古聖之言行，以為說服立論之根據，藉此以增加說服力。「奉之以舊法」，是指以周代舊制、國際慣例為立論依據，藉此證明本身辭令內容之合理與可信。

　　「考之以先王」，是以周代先王言行為典範，用以映證自身辭令說法之合情合理。「度之以二國」，即分析國際形勢與利害得失，藉此以進行說服。叔向所論雖僅針對晉、楚兩國此次行人交際而發，但其論亦可作為春秋外交辭令謀畫之參考。又分析叔向所論外交辭令謀畫之原則，其中除「度之以二國」一項為利害分析角度外，其於皆以德、禮文化說服為主要說服觀點。　由此可見文化制約對外交辭令謀畫之影

響[60]。

　　總而言之，分析《左傳》外交辭令，可歸納發現，說服效果是《左傳》外交辭令謀畫的準則與依歸。此外，要求辭令表達時的禮貌是外交辭令表達技巧謀畫上的重要標準。整體而言，對禮貌性的要求與對說服效果的強調，正是外交辭令修辭藝術與一般修辭技巧之主要區別。

## （二）、辭令謀畫之方式

　　依《左傳》所載，外交辭令謀畫之方式，整體而言以集體商議爲外交辭令謀畫的主要方式。由於外交辭令攸關國家興亡與發展，因此當國家面臨重大外交狀況時，外交辭令之謀畫多由該國主要執政大夫集體商議。此可晉問鄭駟乞之立（昭公十九年）一事中見出。魯昭公十九年（西元前 523年），此年秋季鄭國駟偃去世，駟氏謀立繼承人，由於駟偃兒子年紀尙小，於是立其弟駟乞爲繼承人。對此，晉國有所意見，企圖干涉鄭國內政。當晉國使者前來時，《左傳》載鄭國「諸大夫謀對」亦即鄭國主要負責政治事務的大夫，集體協商如何應對。子產不等諸大夫得出結論，即先以德、禮觀點說退晉國行人。

　　由昭公十九年所載資料可知，鄭國面臨重大外交事件時，行人辭令之應對，是由諸大夫共同「謀對」。此外，襄

---

[60] 有關文化制約與外交辭令之關係，詳見「語用學與《左傳》外交辭令」書中「文化制約與《左傳》外交辭令」一章論述。

公三十一年亦載鄭國行人辭令謀畫之過程：

> 子產之從政也，擇能而使之：馮簡子能斷大事，子大叔
> 美秀而文，公孫揮能知四國之為，而辨於其大夫之族
> 姓、班位、貴賤、能否，而又善為辭令。裨諶能謀，謀
> 於野則獲，謀於邑則否。鄭國將有諸侯之事，子產乃問
> 四國之為於子羽，且使多為辭令；與裨諶乘以適野，使
> 謀可否；而告馮簡子使斷之。事成，乃授子大叔使行之，
> 以應對賓客，<u>是以鮮有敗事</u>。北宮文子所謂有禮也。[61]

《論語・憲問》亦有類似記載：

> 子曰：「為命：裨諶草創之；世叔討論之；行人子羽
> 修飾之；東里子產潤色之。」[62]

由上可知，春秋時期外交辭令之謀劃，首先必須考量現
實國際形勢，確定國家立場與地位。以鄭國為例，公孫揮「能
知四國之為」對於各國之情勢有深入之瞭解，上至該國之政
治態度、立場，下至該國大夫之姓名、才德，皆如數家珍。
因此，當鄭國欲進行外交工作時，子產「乃問四國之為於子
羽」借重公孫揮對各國之瞭解，作為外交工作之基礎。並就

---

[61] 《十三經注疏・左傳》，（臺北：藝文印書館），頁688。
[62] 《十三經注疏・論語》，（臺北：藝文印書館），頁124。

當時之國際外交形勢與國家所處地位，初步擬定外交政策、態度與外交辭令。決定大體之外交方向後，便可因應不同之外交事件作適當的判斷與謀略，並配合謀略，擬定適當的辭令內容。

以鄭國爲例，子產問過子羽，瞭解國際形勢後，便「與**裨諶乘以適野，使謀可否；而告馮簡子使斷之。**」因爲，裨諶善於謀略，馮簡子能斷大事，故與二人商議。在決定外交辭令謀略與內容後，須再加以藝術技巧之潤飾，所謂「**行人子羽修飾之；東里子產潤色之**」，便可令外交使節於實際外交場合中表達。由以上外交辭令謀劃的整個過程來看，各個環節均十分重要，而藝術技巧之潤飾與修辭，對於外交辭令之表情達意，則具有畫龍點睛之重要意義。好的外交謀略與辭令內容，若無精妙的藝術技巧加以潤澤、修飾，其在表達與溝通上，將無法達到婉而有力、奇而精巧之境界。

值得注意的是，由於鄭國外交辭令經過事前的謹慎謀畫，《左傳》載其「是以鮮有敗事」。朱熹對此評曰：「裨諶以下四人，皆鄭大夫。………鄭國之爲辭命，必更此四賢之手而成，詳審精密，各盡所長，是以應對諸侯，鮮有敗事。」

總而言之，外交辭令之謀劃，與該國之外交政策密切相關。正確來說，外交政策是外交辭令謀劃的指導原則。各國執政卿、大夫，審視當時國家所處之外交環境，衡量國際形勢，進而判斷，擬定出國家的外交政策，作爲國家對外謀求生存與發展之準則。在此準則下，針對不同之外交事件，進

行應事制宜的外交辭令謀劃。以處理國家面臨之種種外交事件，謀取國家最大之利益。

　　如前所論，外交主要目的是爲謀取國家之最大利益，因此外交辭令之表達具有強烈的目的性，外交辭令背後藏有強烈的預設立場，企圖說服聽者，取得對方之支持。因此外交辭令必須經過事前詳密的謀劃，外交辭令無論內容上或技巧上，往往藏有謀略之運用。《史通・申左》：「尋《左氏》載諸大夫詞令、行人應答，其文典而美，其語博而奧，述遠古則委曲如存，徵近代則循環可覆。必料其功用厚薄，指意深淺，諒非經營草創，出自一時，琢磨潤色，獨成一手。」[63]由劉氏所言，知春秋外交辭令，大多是事先經過嚴密謀劃、思慮而得，非一人一時之機智所成。蓋外交辭令攸關國家利益，國家外交立場之考量，必於行人出境前，已有所討論，豈容行人一時之巧辯哉。

## 四、外交辭令之功能

　　外交辭令之目的既以爭取國家利益爲依歸，則其功能大體可由消極避免衝突與積極爭取利益兩方面說明。

### （一）、消極功能

　　外交主要的目的在於以和平的方式解決國與國間的衝

---

[63] 唐・劉知幾撰、清・浦起龍釋《史通通釋》，（臺北：里仁書局，1993 年 6 月），頁 419 至 420。

突。外交辭令的消極功能正在於以和平談判的手段，解決本國與他國間的爭端與衝突。如魯展喜犒齊師（僖公二十六年），其以外交辭令往說齊師，促使齊軍撤退，避免齊、魯軍事衝突。又如楚屈完如齊師（僖公四年），面對齊桓公的陳兵威脅，屈完入齊軍以辭令說退齊軍。又如王孫滿退楚師（宣公三年），楚莊王陳兵周疆，顯出問鼎中原之勢，王孫滿以德、禮爲外交辭令內容，說退楚師。又如鄭襄公肉袒牽羊請成（宣公十二年），楚莊王圍鄭，鄭不能守，襄公肉袒牽羊出城請降，其辭令恭謙有理，態度卑弱懇切，楚莊王憫其能信用於民與鄭盟而退兵。其他如戎子駒支賦詩言志（襄公十四年）、子產獻捷（襄公二十五年）等，皆可見出外交辭令的消極作用。總之，以和平方式解決爭端於國於民皆有所利，外交辭令的消極功能正在於此。

## （二）、積極功能

除消極的避免戰端外，外交辭令的積極功能，在於爲國家爭取最大利益。如前所論，外交之目的在於爭取國家最大之利益。外交辭令爲國家對外遂行外交目的的主要手段，因此，爭取國家最大利益成爲外交辭令的重要功能。觀《左傳》所載利用外交辭令積極爭取國家權益者，首推鄭國子產。鄭國介於晉、楚兩強之間，於國際形勢上處於不利的困境。子產能運用鄭國夾處兩強間之形勢，採取「挾楚」、「信晉」等外交謀略，利用晉、楚兩強欲成霸主之心理，將鄭國所處之

形勢巧妙的運用，從而於晉、楚兩國相衡間，爭取鄭國的生存與發展。如子產請范宣子輕幣（襄公二十四年）、子產壞晉館垣（襄公三十一年）、子產爭承（昭公十三年）、子產答晉問駟乞之立（昭公十九年）等事，皆可見出子產發揮外交辭令積極之功效，爲鄭國謀取實質上的利益。

其他如燭之武說秦師（僖公三十年）、賓媚人說晉（成公二年）、魯子叔聲子請歸季孫（成公十六年）、魯孟獻子說晉屬鄶（襄公四年）、衛人饋叔向言叔鮒取貨（昭公十三年）、申包胥如楚請師（定公四年）、夾谷之會孔子說退萊人、辭宴享（定公十年）、子貢辭太宰嚭之召（哀公七年）、茅成子請吳師（哀公七年）、子貢說陳成子（哀公十五年）等亦可見出外交辭令的積極功能。

## 本章小結：

語用學就是語言實用學，是探討語言實際運用的一門學科。就語言角度而言，《左傳》外交辭令本質上是一種言語交際行爲。因此，語用學中語境、言語行爲、會話含義、合作原則等觀念，可作爲探討外交辭令觀點上的借鏡。

會盟政治是春秋時期國際政治的主要形態，外交折衝則是各國解決爭端、衝突的主要方式之一，行人於外交折衝中扮演重要角色。行人是春秋時期對外交使節之稱呼，而外交場所運用的特殊語言系統即爲外交辭令。辭令是特指具強

烈目的性之說服話語而言。外交辭令是以達到外交目的、爭取國家利益為主要目標。行人的職掌可大致別為平時任務、戰時任務與特殊任務三類。平時任務主要處理例行的一般外交應對。戰前的折衝談判、戰時往來請戰、戰後請成、求和等則是行人的戰時任務。此外,當國家面臨重大外交事件時,由國君指派行人出使,以爭取國家權益,此為行人的特殊任務。

試觀春秋行人,德、禮文化觀念是其基本修養,詩學之熟習與運用是行人必備的基礎技能。此外,對史實的廣博認識與對當時社會情況之了解,皆有助於外交辭令的表達與說服。外交辭令因性質不同可分為外交辭令、外交應對與外交術語三類。依表達方式不同,則有對話、賦詩、書面等方式。依說服內容而言,主要有文化觀點、利益觀點、形勢觀點、邏輯觀點與情感觀點五大類。其中又以文化說服為春秋外交辭令之重要特色。外交辭令之謀畫原則,是以積極爭取國家利益,消極避免無謂戰端為謀畫的主要方向。而外交辭令謀畫之方式,則以集體商議為主要形式。

總而言之,運用語用學來探討《左傳》外交辭令,能對外交辭令有新的詮釋與解讀。

# 第三章

# 語用學與《左傳》外交賦詩

提及《左傳》外交辭令，則必先想到外交賦詩。賦詩由於性質特殊。故本文專章加以討論。關於外交賦詩的若干問題，前輩學者成果斐然[1]。因此，本文另由語用學角度，對外交賦詩進行探討。

對於《左傳》外交賦詩之探討，首推晉‧杜預《春秋經傳集解》，其說法影響後學對《左傳》賦詩之解釋。清‧顧棟高《春秋大事表》中有〈春秋左傳引據詩書易三經表〉其對外交賦詩亦稍有說明。此外，馮李驊《左繡》、姜炳璋《讀左補義》於評點論述中，對外交賦詩亦有所說解。勞孝輿《春秋詩話》一書討論春秋之用詩情況，其首卷即列賦詩一章。民國之後，朱自清《詩言志辨》書中，有〈詩言志〉、〈比興〉等章，對於《左傳》外交賦詩之討論，見解精闢。

---

[1] 如《左傳》賦詩記載的可靠性，高本漢、張以仁先生多有定論，肯定《左傳》所載史料之可靠。燕禮與賦詩之關係，楊向時、葉舒憲、李山其《詩經的文化精神》一書中提及《詩經》中的宴飲詩。（武漢：湖北人民出版社，1997年8月3刷）等學者多有論述。「賦詩斷章」的問題，張素卿、曾良勤等學者多有所探討。

　　此外，如楊向時《左傳賦詩引詩考》[2]、黃寶實《中國歷代行人考》[3]、程發軔《春秋要領》[4]、張高評《左傳之文學價值》[5]、林耀潾《先秦儒家詩教研究》[6]、曾勤良《左傳引詩賦詩之詩教研究》[7]、張素卿《左傳稱詩研究》、林葉連《中國歷代詩經學》[8]、裴默農《春秋戰國外交群星》等學者論著中，皆對《左傳》外交賦詩有所探討。總結以上學者對《左傳》外交賦詩之研究，可歸納爲經學、史學與文學三個角度。由經學觀點入手，主要探討《左傳》外交賦詩之經

---

[2] 其書上篇爲〈賦詩考〉，分爲燕禮與歌詩，饗燕賦詩之通則與賦詩彙錄三部分，對《左傳》行人賦詩進行探討。（臺北：中華書局，民國61年5月，頁3至63。）

[3] 其書對春秋行人之職掌、修養、待遇保障及操守等有深入之論述，並分國別羅列各國著名行人之言行，惜對行人賦詩未有深刻之討論。（臺北：中華書局，民國58年六月，頁1至88。）

[4] 第三十一、左傳長於詩一節，論及行人賦詩之重要性。（臺北：三民書局，民國78年4月，頁53至55。）

[5] 張高評《左傳之文學價值》一書，由修辭角度對《左傳》進行文學之探討。其中第五章論及《左傳》行人賦詩之性質及其效用，對春秋行人賦詩有深入論述，（臺北：文史哲出版社，民國71年10月，頁91至99。）

[6] 第二章〈周代詩之運用與詩教〉，分別由典禮用詩與詩教、賦詩言志與詩教、獻詩陳志與詩教及言語引詩與詩教等角度，對周代當時用詩之情況，有深入之論述。（臺北：天工書局，民國79年8月，頁57至121。）

[7] 其書以編年爲序，將《左傳》賦詩、引詩之例，逐一羅列並論述。

[8] 書中〈詩經學之前奏〉一節，對於周代行人賦詩稍有論述。（臺北：學生書局，民國82年3月，頁1至24。）

學意義與詩教意義，大體由比興角度或由經學注疏角度切入。而史學觀點，主要探討《左傳》所載外交賦詩資料之可信度，及春秋當時賦詩之情況。文學觀點，則探討《左傳》外交賦詩之修辭與其所能發揮之功效。

　　本文探討外交賦詩的焦點，主要在於討論交際雙方如何運用賦詩的方式來完成意見的溝通與外交事務的協談。依傳統方式，學者提出比、興以解詩的看法。比興的觀念，在中國詩經學上有著重要的影響，由杜預《春秋經傳集解》至楊伯峻《春秋左傳注》與竹添光鴻《左傳會箋》等，皆以比、興的角度，來解釋《左傳》中所載之春秋外交賦詩。諸學者所論有本有據，亦皆成一家言。

　　但以比、興釋賦詩，所比、所興者何，往往因人而異。由不同角度切入，則所比、所興者亦有差別。本文參考各家比、興之說，另由語用學角度對外交賦詩進行另一角度的討論。若以語用學角度而言，則外交賦詩此一行為，實為間接言語行為之一，其所比、所興者，與交際當時之語境有密切關聯。因此，本文由語用學角度切入，應能對《左傳》外交賦詩之相關問題有更深入之瞭解。

　　本章主要由語用學角度，針對外交賦詩之交際過程，即雙方如何正確理解對方賦詩所寄託的言外之意，進行探討。並對外交賦詩之交際成敗進行分析。說明其如何成功，如何失敗，及其成敗因素何在。本章大體別為三節：第一節，針對外交賦詩之基本問題進行說明。舉凡外交賦詩之定義、起

源、運用與功能皆於本節中論說。第二節，則由「間接言語
行為」角度，對《左傳》外交賦詩進行討論。第三節主要由
「語境」角度來探討《左傳》外交賦詩。須說明的是，《左
傳》所載外交賦詩計二十七見，為方便論述，散見於一、二、
三節之中。讀者欲知全貌，可合而觀之。此外，並於行文中，
略論外交賦詩相關問題。


# 第一節、《左傳》外交賦詩概說

以下先整理《左傳》所載三十六次賦詩情形，取其中二
十七次外交賦詩，製成表格，以為下文論述分析之基礎。接
著定義何謂外交賦詩，說明春秋外交賦詩使用之場合與運用
的方式。最後說明外交賦詩所能達到之效果。

## 一、《左傳》外交賦詩分析表

外交賦詩是春秋時期一種特殊的外交交際方式。今存典
籍中，保留春秋外交賦詩資料者，以《左傳》最多且詳細。
此外，《國語》中亦見若干外交賦詩之記載[9]。其餘如《史記》、
《漢書》中提及春秋外交賦詩者，多論其制，所載事例未若
《左》、《國》詳實。又《公羊傳》、《穀梁傳》因其以闡釋義
理為主，二書皆未見春秋外交賦詩之記載。

---

[9] 《國語‧魯語下》載襄公四年，魯叔孫穆子如晉之事。

　　《左傳》記載賦詩之例，首見於僖公二十三年，晉公子重耳賦〈河水〉請求秦穆公協助返國；終於定公四年，申包胥泣請秦哀公救楚，哀公為賦〈無衣〉。總計三十六見，其中外交賦詩計二十七見，又成功者二十一見，失敗者五見（含成敗兼備一例）[10]，與外交交際成敗較無關聯，屬於單純賦詩言志者二見。表列如下：

| 編號 | 左傳紀年 | 外交賦詩事件 | 賦詩者 | 所賦詩篇 | 類別 | 結果 |
|---|---|---|---|---|---|---|
| ※ | 隱公3年 | 為賦〈碩人〉。 | ※ | ※ | ※ | ※ |
| ※ | 閔公2年 | 許穆夫人賦〈載馳〉。 | ※ | ※ | ※ | ※ |
| ※ | 閔公2年 | 為賦〈清人〉。 | ※ | ※ | ※ | ※ |
| 01 | 僖公23年 | 晉重耳亡至秦，秦穆公享之。 | 公子重耳　秦穆公 | 〈河水〉　〈六月〉 | 逸詩　小雅 | 成功 |
| 02 | 文公3年 | 晉人請改盟。 | 晉襄公　魯文公 | 〈菁菁者莪〉　〈嘉樂〉 | | 成功 |

---

[10] 襄公四年，叔孫穆子如晉一例，兼有失敗與成功二結果。若以最終結果論定，則此例當屬成功之例。但其先因晉侯賦詩不當，導致交際失敗，此部分具有討論之價值。因此，本文將此例列為失敗之例。主要欲討論晉侯選詩不當與交際失敗之關係。

| 03 | 文公<br>4 年 | 衛甯武子聘<br>魯。魯文公<br>享之，賦詩<br>非禮，甯武<br>子不答賦。 | 魯文公 | 〈湛露〉<br>〈彤弓〉 | 小雅<br>小雅 | 失敗 |
|---|---|---|---|---|---|---|
| ※ | 文公<br>6 年 | 秦人哀三<br>良，爲之賦<br>〈黃鳥〉。 | ※ | ※ | ※ | ※ |
| ※ | 文公<br>7 年 | 荀林父賦<br>〈板之三<br>章〉止先蔑<br>之使。 | ※ | ※ | ※ | ※ |
| 04 | 文公<br>13 年 | 鄭穆公與魯<br>文公宴於<br>棐，請平于<br>晉。 | 鄭子家<br>魯季文子<br>鄭子家<br>魯季文子 | 〈鴻雁〉<br>〈四月〉<br>〈載馳之四章〉<br>〈采薇之四章〉 | 小雅<br>小雅<br>鄘風<br>小雅 | 成功 |
| ※ | 成公<br>9 年 | 季文子如宋<br>致女，復<br>命，魯成公<br>享之。 | ※ | ※ | ※ | ※ |

| 05 | 襄公4年 | 魯叔孫穆子如晉，晉悼公歌詩非禮，叔孫穆子不答。後改歌〈鹿鳴之三〉，三拜。 | 晉悼公 | 〈肆夏之三〉<br>〈文王之三〉[11]<br><br>〈鹿鳴之三〉 | 大雅<br>大雅<br><br>小雅 | 失敗<br><br>成功 |
|----|------|------------------------------------------|--------|-----------------------------|------------|------------|
| 06 | 襄公8年 | 范宣子聘魯，告將用師于鄭。 | 晉范宣子魯季武子 | 〈摽有梅〉<br>〈角弓〉<br>〈彤弓〉 | 召南<br>小雅<br>小雅 | 成功 |
| 07 | 襄公14年 | 向之會，晉范宣子數戎子駒支。 | 戎子駒支 | 〈青蠅〉 | 小雅 | 成功 |
| 08 | 襄公14年 | 遷延之役，諸侯之師從晉伐秦，及涇不濟，叔向見魯叔孫穆子。 | 魯叔孫穆子 | 〈匏有苦葉〉 | 邶風 | 成功 |

---

[11] 〈肆夏之三〉包括：〈肆夏〉、〈樊遏〉與〈渠〉。〈文王之三〉包括：〈文王〉、〈大明〉與〈緜〉。

| ※ | 襄公14年 | 衛獻公戒孫文子、甯惠子食。 | ※ | ※ | ※ | ※ |
|---|---|---|---|---|---|---|
| 09 | 襄公16年 | 魯叔孫穆子如晉聘,且言齊故。見中行獻子賦〈圻父〉,見范宣子賦〈鴻雁之卒章〉。 | 魯叔孫穆子 | 〈圻父〉<br><br>〈鴻雁之卒章〉 | 小雅<br><br>小雅 | 成功 |
| 10 | 襄公19年 | 魯季武子如晉拜師,晉侯享之。 | 晉范宣子<br>魯季武子 | 〈黍苗〉<br>〈六月〉 | 小雅<br>小雅 | 成功 |
| 11 | 襄公19年 | 齊及晉平,盟與大隧。穆叔會范宣子於柯。 | 魯叔孫穆子 | 〈載馳之四章〉 | 鄘風 | 成功 |
| 12 | 襄公20年 | 季文子如宋,報向戍之聘。宋褚師段逆之以 | 魯季文子 | 〈常棣之七章〉 | 小雅 | 成功 |

| | | | | | | | |
|---|---|---|---|---|---|---|---|
| | | 受享。 | | | | | |
| ※ | 襄公20年 | （承上）季武子歸復命，魯襄公享之。 | ※ | ※ | ※ | ※ |
| 13 | 襄公26年 | 齊景公、鄭簡公爲衛侯故如晉，晉平公兼享之。國子使晏平仲私於叔向請歸衛侯，叔向告趙文子，文子告晉平公，晉侯言衛侯之罪，使叔向告二君。 | 晉平公齊景公鄭簡公<br><br>齊國景子鄭子展 | 〈嘉樂〉〈蓼蕭〉〈緇衣〉<br><br>〈彎之柔矣〉〈將仲子兮〉 | 大雅小雅鄭風<br><br>逸詩鄭風 | 成功 |
| 14 | 襄公27年 | 齊慶封聘魯，不知賦。 | 魯叔孫穆子 | 〈相鼠〉 | 鄘風 | 失敗 |

| 15 | 襄公 27年 | 鄭伯享趙文子于垂隴,趙孟請賦詩以觀七子之志。 | 鄭子展<br>伯有<br>子西<br>子產<br>子大叔<br>印段<br>公孫段 | 〈草蟲〉<br>〈鶉之賁賁〉<br>〈黍苗之四章〉<br>〈隰桑〉<br>〈野有蔓草〉<br>〈蟋蟀〉<br>〈桑扈〉 | 小雅<br>鄘風<br>小雅<br>小雅<br>鄭風<br>唐風<br>小雅 | 成功 |
| --- | --- | --- | --- | --- | --- | --- |
| 16 | 襄公 27年 | 楚薳罷如晉涖盟,晉平公享之。 | 楚薳罷 | 〈既醉〉 | 大雅 | 賦詩以知其人。 |
| 17 | 襄公 28年 | 齊慶封奔魯,叔孫穆子食慶封,慶封氾祭,穆子不說,使工爲之誦。 | 樂工 | 〈茅鴟〉 | 逸詩 | 失敗 |
| ※ | 襄公 29年 | 襄公自楚還,榮成播賦詩勸歸。 | ※ | ※ | ※ | ※ |
| 18 | 昭公 | 楚令尹子圍 | 楚公子圍 | 〈大明之首章〉 | 大雅 | 成功 |

| | | | | | |
|---|---|---|---|---|---|
| | 元年 | 享趙孟。 | 晉趙文子 | 〈小宛之二章〉 | 小雅 | |
| 19 | 昭公元年 | 趙孟、叔孫豹、曹大夫入于鄭,鄭簡公兼享之。 | 晉趙文子 | 〈瓠葉〉 | 小雅 | 成功 |
| | | | 魯叔孫豹 | 〈鵲巢〉 | 召南 | |
| | | | 魯叔孫豹 | 〈采蘩〉 | 召南 | |
| | | | 鄭子皮 | 〈野有死麕之卒章〉 | 召南 | |
| | | | 晉趙文子 | 〈常棣〉 | 小雅 | |
| 20 | 昭公2年 | 韓宣子聘魯,魯昭公享之。既享,宴于季氏。 | 魯季武子 | 〈緜之卒章〉 | 大雅 | 成功 |
| | | | 晉韓宣子 | 〈角弓〉 | 小雅 | |
| | | | 魯季武子 | 〈節之卒章〉 | 小雅 | |
| | | | 魯季武子 | 〈甘棠〉 | 召南 | |
| 21 | 昭公2年 | 韓宣子聘衛,衛襄公享之。 | 衛北宮文子 | 〈淇澳〉 | 衛風 | 成功 |
| | | | 晉韓宣子 | 〈木瓜〉 | 衛風 | |
| 22 | 昭公3年 | 鄭簡公如楚,子產相。楚靈王享之。 | 楚靈王 | 〈吉日〉 | 小雅 | 賦詩以觀其志 |
| 23 | 昭公12年 | 宋華定聘魯,魯昭公享之。爲賦 | 魯昭公 | 〈蓼蕭〉 | 小雅 | 失敗 |

| | | | | | |
|---|---|---|---|---|---|
| | | 〈蓼蕭〉，弗知，又不答賦。 | | | |
| 24 | 昭公16年 | 鄭六卿餞韓宣子於郊。韓宣子請賦以知鄭志。 | 鄭子齹<br>子產<br>子大叔<br>子游<br>子旗<br>子柳<br>晉韓宣子 | 〈野有蔓草〉<br>〈鄭之羔裘〉[12]<br>〈蹇裳〉<br>〈風雨〉<br>〈有女同車〉<br>〈蘀兮〉<br>〈我將〉 | 鄭風<br>鄭風<br>鄭風<br>鄭風<br>鄭風<br>鄭風<br>周頌 | 成功 |
| 25 | 昭公17年 | 小邾穆公朝魯，魯昭公與之燕。 | 魯季平子<br>小邾穆公 | 〈采叔〉<br>〈菁菁者莪〉 | 小雅<br>小雅 | 成功 |
| 26 | 昭公25年 | 魯叔孫婼聘宋，宋元公享之。 | 宋元公<br>叔孫婼 | 〈新宮〉<br>〈車轄〉 | 逸詩<br>小雅 | 成功 |
| 27 | 定公4年 | 楚申包胥如秦乞師 | 秦哀公 | 〈無衣〉 | 秦風 | 成功 |

---

[12] 《詩》中〈羔裘〉有三，各見於鄭風、唐風、與檜風。《左傳》標明子產所賦爲鄭之羔裘，以別唐、檜之羔裘。

說明：上表僅列出二十七次「外交賦詩」，非外交賦詩之例，標以※號，略述其事以為參考[13]。

## 二、外交賦詩之定義、起源與種類

以上表為基礎，以下討論外交賦詩的定義、起源、種類、運用與功能。

### （一）、何謂外交賦詩

外交辭令是指外交使節於外交場合所運用之特殊語言符號系統。依《左傳》所載，春秋外交辭令之表達，主要有對話、賦詩與書信三種方式。其中以賦詩方式進行表達與溝通者，即為外交賦詩。

外交賦詩，就是運用選賦《詩》中某詩或某詩之某章，委婉地表述己意，或請求、或威脅，以間接、暗示的方式，進行外交交際與溝通的一種方式。簡言之，外交賦詩就是以選賦詩歌的方式，進行外交交際的一種特殊型式，是春秋時

---

[13] 《左傳》行人賦詩表，前輩學者亦有相關分析，如清·顧棟高《春秋大事表》〈春秋左傳引據詩書易三經表 卷四十七〉（北京：中華書局，1993 年 6 月，頁 2549 至 2565，其中引詩部由頁 2555 至 2561）；曾勤良《左傳引詩賦詩之詩教研究》（臺北：文津出版社，1993 年 1 月），張素卿《左傳稱詩研究》附錄一〈左傳賦詩一覽表〉（臺北：臺大文史叢刊 1991 年 6 月，頁 261 至 268）等，本表主要依據《左傳》所載行人賦詩之情況，並參考前輩學者論述而成。

代特有的用詩類型。詩在春秋時期是一種實用的學科。如《論語・陽貨》載：

> 子曰：「小子！何莫學夫《詩》？《詩》可以興，可以觀，可以群，可以怨。邇之事父，遠之事君。多識於鳥獸草木之名。」[14]

孔子於上文中，說明詩與日常生活之關係。又孔子授詩，十分強調詩之實際運用，特別是在政治、外交的運用方面。如云：「不學《詩》，無以言」[15]。此處所謂「無以言」，除指一般的日常言語交談外，有更大部分是特指外交上的專對而言。所謂「誦《詩》三百，授之以政，不達；使於四方，不能專對；雖多，亦奚以為？」[16]即強調詩在外交專對上的重要意義。「學詩賦詩，運用在出使專對，這是春秋時代外交活動的一個特色。」[17]外交在春秋時期國際政治上，有其相當重要之意義。

整體而言，外交辭令是春秋時期解決各國間衝突的主要方式。至戰國時期，外交辭令的重要性大減，逐漸成為各國用來威脅、宣戰的工具，而戰爭成為主要解決國際糾紛的方

---

[14] 《十三經注疏・論語・十七卷・陽貨》（臺北：藝文印書館）頁 155。

[15] 《十三經注疏・論語・十六卷・季氏》，同上，頁 150。

[16] 《十三經注疏・論語・十三卷・子路》，（藝文印書館），頁 116。

[17] 見沈松勤〈試論《左傳》的行人辭令〉，（《杭州大學學報》1983

式[18]。要言之，詩在春秋時期是具有實用意義的，特別是在外交場合，外交辭令中若能引詩、賦詩，則能增加辭令的說服力。

總之，外交賦詩是春秋外交辭令中一種特殊的交際方式。其運用詩本身具有的空白性和不確定性，造成意義詮釋上的模糊。藉此寄寓詩句本意之外的「言外之意」。此即爲外交賦詩的重要特色，亦即本章所欲探討之重點。

## （二）、外交賦詩之起源

探討外交賦詩，則必須說明外交賦詩的起源。但此問題牽涉層面廣泛，加上今存資料真僞雜出與數量不多，只得勉力爲之。

春秋外交行人運用賦詩方式進行外交交際，究竟始於何

---

年第 1 期），頁 138。

[18] 春秋時期外交十分重要，春秋與戰國有所分野，其區別正在於道德觀、價值觀的轉變。春秋雖云禮崩樂壞，但周代文化仍影響價值觀影響是非判斷，至戰國時代，周文日微，各國間只言利害，德、禮文化早不復見。此種情況表現於外交上是最爲明顯。比較春秋與戰國時期之外交情況，春秋二百四十二年間，國與國間的衝突，多選擇經由外交方式和平解決。戰國時代外交活動明顯減少，多成爲威脅、宣戰之工具。運用外交手段和平解決爭端之例，已十分鮮見。這主要是因爲價值觀已有所轉變。春秋五霸雖僭禮以稱霸，但表面上仍有尊王之舉。國與國間雖有爭端，但始終不以滅人國爲目的。然時至戰國，周王室名存實亡，各國間的戰事，以滅國佔領爲目標，這當然也牽涉到武器的進步與生產力的提升。但無論如何，外交在戰國時期，已成爲

時，因年代久遠且現存資料有限，已不可考。關於此問題，歷代學者眾說紛云。但對於賦詩起源於春秋時期外交宴飲之間，似為學者們的共識。今存《周禮》雖有若干為漢儒增損，但為今存保留周代禮制最詳備者。據《周禮》所載，春秋時期的外交交際，即所謂燕、聘之際，其進行中多合樂而行[19]。「徒禮而無樂，禮必拘謹而束縛，徒樂而無詩，又何足以至一唱而三歎！…………宴享之際亦必歌樂以成禮，以收賓主盡歡、融容泄泄之緻」[20]，其樂今已失傳，僅存其辭，即《詩》。

又周禮中之聘禮、燕禮等與外交相關之禮。其制複雜，非片言所能盡述，本文略而不論，詳請見相關學者論著。本文所欲說明的是，在周代外交燕、聘場合中，皆有飲食一環。其又可大別為享與宴兩階段。「享」是嚴肅的簡單祭祀，享之後的「宴」則為較鬆的飲酒與食用場合。而外交賦詩正是產生於「宴」的場合中。

周代宴飲過程中有所謂「無算樂」一項[21]。所謂無算樂，

---

各國謀略的工具，已不具實際意義。

[19] 詩、禮、樂三者在典禮中之關係密不可分。《禮記・仲尼燕居》：「不能詩，於禮繆；不能樂，於禮薄。」又云：「志之所至，詩亦至焉；詩之所至，禮亦至焉；禮之所至，樂亦至焉。」此外，皮錫瑞《經學通論》〈論詩無不入樂，史漢與左氏傳可證〉（臺北：臺灣商務印書館，民國78年10月，頁55。）一文亦有所論述。

[20] 林耀潾〈周代典禮用詩之詩教意義〉，《中華文化復興月刊》185卷第5期，民國74年5月，亦見其《先秦儒家詩教研究》一書，（臺北：天工書局），頁59至76。

[21] 張志忠《周代食舉樂考探》，（逢甲大學中文研究所 碩士論文 民國

就是在典禮中除規定演奏的樂曲外的餘興節目。即宴飲雙方可自由選賦詩歌，以抒發個人心情，表達個人志向。此即所謂賦詩以言志。當外交折衝逐漸成爲春秋時期解決國際爭端的主要方法後，隨著外交交際的增加，宴飲賦詩的機會亦隨之增加。又因春秋國際形勢漸趨複雜，各國間的關係微妙。許多敏感議題不便公開討論。於是逐漸有行人運用宴飲過程中賦詩抒情的「無算樂」，將一些無法公開表示的「言外之意」寄託於賦詩詩句中。久之，逐漸成爲當時行人於外交宴飲場合中，委婉表達敏感問題的方式之一。

「賦詩與其說是宴客相娛的節目，不如說是一種經過巧妙運思的外交辭令，是當時政治社交中，相當重要且能發揮具體作用的禮樂活動。」[22]所謂「相娛節目」是指無算樂。外交交涉最忌語焉不詳，若無法清楚表明己方態度與立場，容易引起對方的誤解，產生不可收拾的結果。但外交辭令又不便過於露骨的談論某些敏感問題，必須運用委婉的方式表達。在以上兩原則交互作用下，春秋時期的外交行人發展出運用賦詩的方式來進行敏感的外交交際。

外交賦詩興起的另一原因，是因爲詩爲當時人所共知的語言表達。由言語交際角度而言，交際進行的基礎，在於表達媒介是否適當。詩爲當時士人所共知，且本身具有解釋上的模糊性，正可用以寄寓言外之意。加上宴飲場合中有賦詩

---

八十七年）。有關周代宴飲相關之禮樂制度，請參見學者相關論著。

[22] 張素卿《左傳稱詩研究》，（臺大文史叢刊之八十九），頁59。

的機會，因此，外交賦詩遂逐漸盛行於春秋中晚期。春秋之後，由於國際形勢的轉變與社會價值觀的不同，外交賦詩遂為絕響。

## （三）、外交賦詩之性質與種類

試觀察上表，《左傳》所載二十七次外交賦詩，依其主要功用可大別為兩類：一、藉外交賦詩進行外交，二、藉賦詩表現言志。必需說明的是，此兩類實為一體兩面，賦詩所以言志也，言志之用則在外交。本文析言為二，主要針對其功能偏重之不同而分。

以賦詩進行外交交際者，其重點著重於外交工作之逐行，雖亦有言志之作用，但整體以外交溝通、談判為主。例如，晉公子重耳賦詩求助秦穆（僖公二十三年），此事主要是重耳欲請秦穆公助其返國，但雙方在賦詩之間，表達出雙方的心意志向，雙方因此達成共識，秦穆公遂助重耳返國。此事以賦詩進行外交交際為主體，亦因賦詩言志而促成雙方共識。

又如，齊、鄭二公請歸衛侯（襄公二十六年），齊景公、鄭簡公至晉國請釋放衛侯，此次外交交際因所涉之事過於敏感，故賦詩以影射難言，因此雙方選擇以賦詩方式進行，齊、鄭二公希望晉國釋放衛侯，其心志皆蘊藉於所賦詩中。晉侯瞭解齊、鄭二公之志後，遂答應其請求。此次外交交際以請歸衛侯為主要，但雙方的意志則藉由賦詩中充分表達。

以賦詩言志、觀志者，其焦點雖在於言志、觀志，但外交交際亦伴隨言志、觀志完成。例如，趙孟請觀鄭七子之志（襄公二十七年），鄭國子展伯有子西子產子大叔印段公孫段應趙孟之請，各選賦一詩以言志，所明之志，是個人之志，但亦爲鄭國之志[23]。晉、鄭兩國之關係，就在七子賦詩言志中，建立更深的情誼。

又如趙孟、叔孫豹、曹大夫入于鄭，鄭簡公兼享一事（昭公元年）。晉、魯、鄭三國大夫藉宴飲間的賦詩表達個人的志向，亦同時暗示各國的外交態度。又如鄭六卿餞韓宣子於郊。韓宣子請賦以知鄭志（昭公十六年），亦是此類例子。六卿爲鄭國主要執政者，其思想觀念影響鄭國政策之制訂與執行。所以韓宣子請六卿以賦詩方式表述心志，以便瞭解鄭國政治未來發展趨勢。總而言之，藉賦詩遂行外交與藉賦詩言志兩者是一體兩面。

外交賦詩最終的目的，皆在進行外交交際，只是在交際過程中偏重者不同。前者偏重外交賦詩之外交交際功能，後者則藉由賦詩言志的方式，間接達到外交交際的目的。此外，後者亦強調由所賦之詩觀察賦詩者之心志思想。此所謂「志」，進一步申論有兩層意義，表層意義爲賦詩者內心所

---

[23] 因爲此七子正是鄭國負責實際政務者，此七人的志向、觀念與想法，將左右鄭國今後之發展與外交走向。因此，趙孟在臨行前，特別要求「觀」七子之「志」，其用意正在於由其賦詩言志中，觀察鄭國今後的外交政策。除伯有賦詩不當外，其餘六人皆表達出對晉國友好的態

思所想；但外交賦詩是外交交際過程一種特殊型態之言語交
際，其深層含義則代表賦詩行人該國之外交態度與立場。

　　因外交賦詩具有此表層與深層兩重意義，則經由外交賦
詩以言志者，有時亦具有一定之外交意義，即賦詩者藉由賦
詩以表明國家之外交立場。兩國外交交際往來時，對於尷尬
無法正面回答之問題，有時可藉賦詩方式委婉的進行表態，
一方面達到外交的功能，又可避免言辭上的正面衝突。

　　總之，以賦詩進行外交交際之例，與由賦詩以言志觀志
之例兩者間，具有相當之關聯，以下分別論述之。


## 1、藉賦詩進行外交

　　外交賦詩爲外交辭令之一類，其主要作用仍是爲進行外
交交際，達成外交目標。外交的主要目的是謀求國家的發展
與利益，國家外交政策的達成則有賴外交談判以進行交涉與
溝通。所謂外交談判，是指代表兩國之外交人員運用語言進
行言語交際活動，在言語交際過程中，表達並溝通雙方的立
場與訴求，並經由協調談判取得雙方共同認可之共識。而在
外交交際過程中所使用之語言即稱爲外交辭令。

　　外交辭令首重成敗，成者能爲國家謀福求利；敗者，或
將招致兵災禍患。因此，討論《左傳》外交辭令，其成敗爲
探討重點之一。以下分別由成功與失敗兩角度說明之。

---

　　度，晉、鄭雙方的友誼，亦於賦詩言志中更加穩固。

　　所謂成功或失敗，是由外交辭令的言語效果來決定。簡言之，外交辭令成敗的判斷標準，是以其「是否達到外交辭令預設之目標」爲依歸。

　　能完成國家預期之外交目的者即爲成功之外交辭令，此正是《漢書・藝文志》所謂「受命不受辭」之意。春秋時期對外派遣外交行人進行外交工作，主要只交代其任務目標，至於如何運用辭令以達成使命則無強制要求。而以賦詩的方式進行外交交際，是春秋時期特有之外交辭令交際，其之所以盛極一時，主要可由「賦詩所產生之效果」來探討。

　　詩是一種精煉之語言，以精簡之文字含蘊豐富之內容。其本身具有相當之含糊性。正因詩本身具有含糊之特性，若運用賦詩方式來進行外交交際，來表達國家外交立場與態度，則能產生曲折委婉之效果，而這種效果是一般直言陳述所無法達到的。這種曲折委婉之效果，對於外交之進行有著相當之助益。交際雙方可各自於可接受之範圍內，對外交賦詩進行有利己方之解釋，雙方各自解釋之間有助平衡點之取得。

　　《左傳》所載外交談判藉賦詩而取得成功者，共二十一見，分別爲：1、重耳賦詩請入（僖公二十三年）2、晉人請改盟（文公三年） 3、鄭穆公與魯文公宴於棐，請平于晉（文公十三年） 4、范宣子聘魯，告將用師于鄭（襄公八年）5、戎子駒支賦詩（襄公十四年）6、遷延之役，叔向賦詩請濟（襄公十四年）7、魯叔孫穆子聘晉（襄公十六年） 8、魯

季武子如晉拜師，晉侯享之（襄公十九年）9、齊及晉平，盟與大隧。穆叔會范宣子於柯（襄公十九年）10、季文子如宋，報向戌之聘（襄公二十年）11、齊景公、鄭簡公爲衛侯故如晉，晉平公兼享之（襄公二十六年）12、韓宣子聘魯，魯昭公享之。既享，宴于季氏（昭公二年）13、韓宣子聘衛，衛襄公享之（昭公二年）14、小邾穆公朝魯，魯昭公與之燕（昭公十七年）15、魯叔孫婼聘宋，宋元公享之（昭公二十五年）16、楚申包胥如秦乞師（定公四年）諸例，其中分合與詳細之分析，請見後文。

關於外交賦詩失敗之例，可別爲兩類：一爲因不合禮而不敢答者，如：衛甯武子聘魯，魯於宴會中賦〈湛露〉、〈彤弓〉兩詩，甯武子以此兩首詩爲天子所用，於禮制不合，因此未作回應（文公四年）。其例分析如下：魯文公四年（西元前 623 年），衛成公十二年。此年秋季，衛國甯武子聘問於魯國。感謝魯國於西元前 626 年（文公元年）晉、衛發生衝突時，魯國未參與伐衛之事[24]。《左傳》記載如下：

> 衛甯武子來聘，公與之宴，爲賦＜湛露＞及＜
> 彤弓＞。不辭，又不答賦。使行人私焉。對曰：「臣

---

[24] 晉文公晚年，衛國接受陳國建議，由孔達率師侵略鄭國，與晉國發生衝突。晉文公卒後，晉襄公即位，於西元前 626 年（文公元年）伐衛。文公二年，衛國以孔達爲人質請和於晉。文公四年，晉國釋放孔達，與衛國達成和談。此時，正值魯僖公卒，魯文公立，因此魯國並未參

以為肆業及之也。昔諸侯朝正於王，王宴樂之，於是乎賦＜湛露＞，則天子當陽，諸侯用命也。諸侯敵王所愾，而獻其功，王於是乎賜之彤弓一、彤矢百、旅弓矢千，以覺報宴。今陪臣來繼舊好，君辱貺之，其敢干大禮以自取戾？」[25]

魯文公設宴款待衛甯武子，於宴席間，請樂工奏賦《小雅·湛露》與《小雅·彤弓》，表達魯國對衛國之外交態度。所謂「為賦」，杜預云：「非禮之常，公特命樂人以示意，故言為賦。」[26]楊伯峻曰：「所以著重表明所以賦此，皆有意為之」[27]。魯文公賦此二詩，主要是欲表達對衛國未參與伐魯的感謝之意，同時亦表明二國友好之關係。《小雅·湛露》：

湛湛露兮，匪陽不晞。厭厭夜飲，不醉無歸。
湛湛露兮，在彼豐草。厭厭夜飲，在宗載考。
湛湛露兮，在彼杞棘。顯允君子，莫不令德。
其桐其椅，其實離離。豈弟君子，莫不令儀。[28]

---

伐衛之事。事見《左傳》文公元年至四年記載。

[25] 《十三經注疏·左傳》，（臺北：藝文印書館），頁306。

[26] 晉·杜預《春秋經傳集解》（卷八，頁十之上），（相臺岳氏本 臺南：利大出版社，民國69年1月），頁131。

[27] 楊伯峻《春秋左傳注》，（高雄：復文書局），頁535。

[28] 《十三經注疏·詩經注疏》，（卷十之一，頁九至頁十二上），（臺北：藝文印書館），頁350至351。

　　《毛詩》說明此詩爲「天子燕諸侯也」，即天子招待諸
侯場合中所使用的音樂。鄭玄《詩經傳箋》：「燕，謂與之燕
飲酒也。諸侯朝覲會同，天子與之燕，所以示慈惠。」魯文
公選賦此詩，表達願與衛國結成兄弟之誼。對於魯文公特令
樂工奏賦〈湛露〉，衛武子未作任何回應。於是魯文公又使
樂工奏賦《小雅・彤弓》：

> 彤弓弨兮，受言藏之。我有嘉賓，中心貺之。
>
> 　　　　　　　鐘鼓既設，一朝饗之。
>
> 彤弓弨兮，受言載之。我有嘉賓，中心喜之。
>
> 　　　　　　　鐘鼓既設，一朝右之。
>
> 彤弓弨兮，受言櫜之。我有嘉賓，中心好之。
>
> 　　　　　　　鐘鼓既設，一朝醻之。[29]

《毛詩》云：「天子賜有功諸侯也。」[30]魯文公選賦此詩之取
義，《左傳會箋》云：「湛露取其不醉無歸。彤弓取其我有嘉
賓一朝饗之。賦詩斷章，似無不可。然二子詩天子爲諸侯歌
之。故武子不辭又不答賦也。不辭，謂不謝。」[31]《左傳會

---

[29] 《十三經注疏・詩經注疏》，（卷十之一，頁十二至頁十五上）。
　　頁 351 至 353。
[30] 《十三經注疏・詩經注疏》，（卷十之一，頁十二上），頁 351。
[31] 日・竹添光鴻《左傳會箋》，（臺北：天工書局），頁 590。

箋》指出，文公選賦此詩的取義，皆是爲表示對衛國的友好與感謝。但由於甯武子認定：此二詩是周天子燕享諸侯及賜有功諸侯時所用之樂。而魯非周天子，其非有功諸侯，因此不接受。但又不便明言拒絕，於是不辭，不謝。

甯武子不作反應。之後，魯文公派使者，私下了解爲何甯武子不作反應。武子回答，魯文公請樂工奏賦之〈湛露〉與〈彤弓〉二詩，是周天子宴享諸侯時所用的，一般諸侯國不應使用。但魯國爲主人，魯文公爲賦此二詩，甯武子不好辭謝，但又不敢接受，因此未作任何反應。由言語交際角度而言，因爲甯武子於宴享場合中，並未能了解魯文公爲賦〈湛露〉與〈彤弓〉二詩的言外之意。且未作任何回應。此次外交賦詩魯文公未能達到賦詩所預期之目的，甯武子未能體會魯文公爲賦的言外之意，因此算是失敗。

在此例中，有一問題值得探討，即魯國奏用周天子之樂的問題。魯國向以德、禮立國，對於周代典章制度之保存與遵行，更是不遺餘力。此由韓宣子聘魯（昭公二年）時發出：「周禮盡在魯矣，………」的感嘆可證。既然如此，何以魯文公於公開宴享場合中，竟僭禮而令樂工奏賦周天子宴享專用之樂？

事實上，魯國是被授予能奏用周天子之樂的諸侯國。其因，主要是周王室爲表彰周公對國家之貢獻。《史記・魯周公世家》載：「魯有天子禮樂者，以襃周公之德也。」（卷三十三頁七上）《禮記・祭統》亦云：「升歌〈清廟〉，下而管

〈象〉，朱干玉戚以舞〈大武〉，八佾以武〈大夏〉，此天子之樂也。康周公，故以賜魯也。」（卷四十九頁二十二下）可知，周王室因周公之功，特別允許魯國使用天子之禮。

值得說明的是，甯武子這種對天子禮樂不敢僭越之心，僅見於春秋早期。僖公晚期及襄公之後，由於價值觀與國際形勢之丕變，各國尊周之心漸失，僭用天子禮樂之事，亦多見。例如，魯叔孫穆子聘於晉（襄公四年），晉悼公僭用天子禮樂，金奏〈肆夏之三〉，工歌〈文王之三〉、〈鹿鳴之三〉，叔孫穆子不敢接受。但晉國僭用天子禮樂之的事實，明顯可見。又如晉范宣子聘魯告將用師於鄭（襄公八年），季武子亦曾賦《小雅‧彤弓》。范宣子未辭，反而接受。總上可見，春秋時期的價值觀隨時間之遷移，而漸有所改變。春秋初期尊王之志，已逐漸爲國家利害所取代。

又如魯叔孫穆子如晉回報去年知武子聘魯。晉悼公奏〈肆夏之三〉歌〈文王之三〉穆子以爲非禮，不敢有所反應。改歌〈鹿鳴之三〉後才敢拜謝。分析如下：魯襄公四年（西元前 569 年），晉悼公五年。魯國叔孫穆子前往晉國答謝知武子在襄公即位時對魯之聘問（襄公元年）。《左傳》載此雙方交際過程如下：

> 穆叔如晉，報知武子之聘也。晉侯享之，金奏
> ＜肆夏＞之三，不拜。工歌＜文王＞之三，又不拜。

歌＜鹿鳴＞之三，三拜。韓獻子使行人子員問之曰：
「子以君命辱於敝邑，先君之禮，藉之以樂，以辱
吾子。吾子舍其大，而重拜其細。敢問何禮也？」
對曰：「三夏，天子所以享元侯也，使臣弗敢與聞。
＜文王＞，兩君相見之樂也，臣不敢及。＜鹿鳴＞，
君所以嘉寡君也，敢不拜嘉？＜四牡＞，君所以勞
使臣也，敢不重拜？＜皇皇者華＞，君教使臣曰：『必
諮於周。』臣聞之：訪問於善為咨，咨親為詢，咨
禮為度，咨事為諏，咨難為謀。臣獲五善，敢不重
拜？」[32]

如上一例所論，晉悼公奏用〈肆夏之三〉，是僭用天子
禮樂。叔孫豹不敢接受，因此「不拜」。晉悼公又使樂工歌
〈文王之三〉，叔孫穆子亦不拜。晉又改歌〈鹿鳴之三〉，叔
孫穆子才三拜接受。事後，韓獻子派遣行人問叔孫豹何以不
敢接受。叔孫豹指出，〈肆夏之三〉是周天子宴享諸侯之盟
主時所用的音樂，〈文王〉是兩君相見時所奏用之樂，其僅
是魯國大夫，不敢受用。而歌〈鹿鳴之三〉是言外有表示對
魯國新君襄公之友好與稱贊之意，因此接受。又〈鹿鳴之三〉
包括〈鹿鳴〉、〈四牡〉與〈皇皇者華〉三首，因此叔孫穆子
「三拜」接受。

由語用學角度而言，此次外交賦詩成功與失敗皆有。晉

---

[32] 《十三經注疏・左傳》，（臺北：藝文印書館），頁503至504。

悼公僭奏天子禮樂，又歌兩君相見之樂，皆不符合交際雙方之身分與場合。因此，造成交際失敗。後改用〈鹿鳴之三〉，叔孫豹三拜而後接受，至此，雙方交際才算成功。由此可之，言語交際必需考量雙方身分與地位，選賦適合對方身方與符合當時公認之合禮的詩篇，才能使賦詩交際順利進行。須說明的是，此例兼有失敗與成功兩結果。本文爲說明交際者身分與成敗之關係，及突顯春秋時期僭用天子禮樂之情況。因此，將此例列爲失敗之例。

　　另一類爲聽者不知詩，無法答之例：如齊國慶封聘魯，叔孫與慶封食，賦〈相鼠〉以譏之，慶封不知，沒有回應。（襄公二十七年）又如齊慶封奔魯，叔孫穆子食慶封，慶封汜祭，穆子不說，使工爲之誦〈矛鴟〉，慶封不知（襄公二十八年）。分析見後文。

　　總之，《左傳》二十七次外交賦詩中，有五次失敗之例。其中叔孫穆子如晉一例（襄公四年），兼含失敗與成功二種結果。文中欲突顯僭用天子禮樂，未考量雙方身分而致失敗之情形，將其列爲失敗之例。又分析以上諸例失敗之因，大體如下：1、賦詩者未顧及交際雙方身分，選賦詩篇不當或不合禮，造成聽者不敢接受，而致失敗。如衛甯武子聘魯（文公四年）、魯叔孫穆子如晉（襄公四年）。2、交際雙方中，有學養不足，不知詩意者。因其不知詩，以賦詩進行交際自然失敗。齊慶封聘魯（襄公二十七年）、奔魯（襄公二十八

年）與宋華元聘魯（昭公十二年）皆是此類。總而言之，言
語交際欲成功，達到預期之目的與效果。則在交際媒介的選
擇上必需注意，對於不懂詩之人，選用賦詩進行交際，交際
自然無法進行。此外，在言語交際亦必需考量雙方之身分與
外交場合，選賦適合雙方身分、地位之詩篇，才能使交際順
利進行。


## 2、藉賦詩言志者

言志傳統是《詩經》學研究重點之一。東漢・許慎《說
文解字・三篇上・言部》：「詩，志也。從言寺聲。」[33]有關
詩與志之關係，朱自清《詩言志辨》一書有詳細的闡述。《左
傳》中所謂言志，可分別由表層意義與深層意義兩角度解
釋。賦詩言志的表層意義，即賦詩者於賦詩過程中表現出的
個人思想、觀念。此部分較易察覺，一般由所賦詩的意義切
入，即可瞭解賦詩者所欲表達之意義。而深層意義則較不易
察知，賦詩者往往運用語境的限制功能，將深層的意義蘊含
於詩句背後。欲瞭解賦詩者真正的意義，則須配合主、客觀
語境對所賦之詩進行深層解讀。

《左傳》所載外交賦詩偏重言志觀志者，又可別為二
類。其一為藉賦詩言志以進行外交交際之例，即表面上是外

---

[33] 漢・許慎 撰、清・段玉裁 注《說文解字注》〈三篇上・言部〉，（臺
北：天工書局，民國 81 年 11 月），頁 90。

交場合之賦詩言志,但暗中寄寓外交立場於所賦之詩與所言之志中。此類例子共四見:趙孟請觀鄭七子之志(襄公二十七年)、楚令尹享趙孟(昭公元年)、鄭簡公兼享趙孟、叔孫豹、曹大夫(昭公元年)及韓宣子請賦以知鄭六卿之志(昭公十六年)。分析請見後文。

另爲偏重單純賦詩言志之例。所謂偏重賦詩言志,是指於外交場合中,賦詩行爲偏重於只表達一己之看法或個人意見,並無企圖進行外交交際之預設目的。但外交賦詩皆見於外交場合,即便賦詩者本身無意進行外交交際,但行人於外交場合之言行,難免會影響雙方之關係。此類例子於《左傳》外交賦詩中二見,各見於襄公二十七年及昭公三年。分析如下:魯襄公二十七年(西元前 546 年),晉平公十二年,楚康王十四年。此年夏季,晉、楚兩國在宋國向戌的居中協調下,雙方於宋締結弭兵之約。同年冬季,楚國蒍罷如晉「蒞盟」。所謂「蒞盟」,就是對盟約進行進一步的細節商訂。「**大國會盟後,常遣使蒞盟。……以今之術語釋之,似在國際大會盟後,又有雙邊條約之互相締結焉。**」[34]《左傳》載此事如下:

> 楚蒍罷如晉蒞盟,晉侯享之。將出賦＜既醉＞。
> 叔向曰:「蒍氏之有後於楚國也,宜哉!承君命,不
> 忘敏。子蕩將知政矣。敏以事君,必能養民,政其

焉往？[35]

　　蔿罷以令尹身分代表楚國至晉國商議雙方弭兵的細則，晉平公設宴招待。宴飲將結束之前，蔿罷賦《大雅・既醉》一詩[36]。關於此詩之內容，《毛詩》云：「大平也。醉酒飽德，人有士君子之行焉。」鄭玄《詩經傳箋》：「志意充滿，是謂之飽德。」楚蔿罷選賦此詩，主要是欲藉此詩表達對晉、楚弭兵之盟祝福之意。此外，亦有勸晉以德之意。杜預注云：「既醉以酒，既飽以德。君子萬年，介爾景福。以美晉侯，比之太平君子也。」[37]

　　整體而言，蔿罷賦此詩，主要欲表達對晉君款待之謝意，並希望晉、楚雙方能維持弭兵之盟。蔿罷此用意，亦可由叔向對其之評語見出，其云「承君命，不忘敏」。即說明雖受君命前來商議弭兵細則，但亦不忘表達對晉君宴享之謝意。蔿罷此次賦詩，僅為單向之表達，並未有雙向之交際溝通。因此，列為賦詩言志之較單純一類。另一例為，鄭簡公

---

[34] 劉伯驥《春秋會盟政治》，（臺北：中華叢書編審委員會），頁 266。

[35] 《十三經注疏・左傳》，（臺北：藝文印書館），頁 650。

[36] 其詩如下：既醉以酒，既飽以德。君子萬年，介爾景福。既醉以酒，爾殽既將。君子萬年，介爾昭明。昭明有融，高朗令終。令終有俶，公尸嘉告。其告維何？籩豆靜嘉。朋友攸攝，攝以威儀。威儀孔時，君子有孝子。孝子不匱，永錫爾類。其類維何？室家之壺。君子萬年，永錫祚胤。其胤維何？天被爾祿。君子萬年，景命有僕。其僕維何？釐爾女士。釐爾女士，從以孫子。

如楚，子產相，楚靈王享之（昭公三年）。論說請見後文。


## （四）、外交賦詩之運用

關於春秋外交賦詩如何運用的問題，可分使用之場合與使用之方式兩角度進行說明。


### *1、運用之場合*

《左傳》所載三十六次賦詩行為中，有二十七次為外交賦詩。觀察外交賦詩之使用，主要用於宴享場合。如前所論，此與周代禮樂制度有關。歸納《左傳》所載二十七次外交賦詩運用之場合，大體可別為三大類。分述於下。


### （1）、正式會盟交際場合

所謂「有事而會，不協而盟」（昭公三年），會盟是春秋時期解決國際爭端的主要手段。劉伯驥《春秋會盟政治》一書，對於春秋會盟制度及其相關問題，有完整詳細的論述。觀察《左傳》外交賦詩，會盟場合是外交賦詩使用的重要場合之一。《左傳》載外交賦詩使用於會盟場合之例者，共四見：晉請改盟（文公三年）、戎子駒支賦詩明志（襄公十四年）、遷延之役，叔向請濟（襄公十四年）與齊、晉盟於大隧（襄公十九年）。此外，另有運用於蒞盟場合者，見於襄

---

[37] 晉・杜預《春秋經傳集解》，（卷十八，頁二十之下），頁264。

公二十七年，楚蓮罷如晉蒞盟。

## （2）、一般外交朝聘場合

朝、聘是春秋時期最常見的外交活動。三年一朝五年一聘，本是諸侯國對周王室應盡的義務。周代施行封建制度，將土地分封各諸侯，諸侯國對周天子有朝聘納貢等義務，依距周王室遠近，定出不同朝聘之期。春秋時期，周天子式微，盟主取代周天子地位，成爲各與盟國朝聘的對象。此外，國與國之間，亦相互爲聘。舉凡新君即位、婚姻嫁娶、求和修好等情形，各國皆會遣使聘問各國。一方面告知其事，另方面結修舊好。總而言之，朝、聘是春秋時期常見的外交活動。《左傳》中記載朝聘之事，近四百次。

外交賦詩運用於朝、聘場合者共十二見，其中朝而宴享場合之例如魯叔孫穆子朝晉（襄公四年）、魯季文子如晉拜師（襄公十九年）、小邾穆公朝魯（昭公十七年）。聘問宴享場合之例如衛甯武子聘魯（文公四年）、晉范宣子聘魯（襄公八年）、魯叔孫穆子聘魯（襄公十六年）、季文子聘宋（襄公二十年）、齊慶封聘魯（襄公二十七年）、韓宣子聘魯（昭公二年）、韓宣子聘衛（昭公二年）、宋華定聘魯（昭公十二年）、魯叔孫婼聘宋（昭公二十五年）等例。

## （3）、宴飲場合

此類例子又包含餞別宴飲、過境招待與私人飲食三者。

春秋時期各國行人往來頻繁，當他國行人將離開時，一般地
主國多設宴爲其餞別。一方面表示禮貌與敬意，並含有敦睦
雙方關係的用意；另方面因春秋時期各國往來費時多日，設
宴餞別，也有體貼行人之意。《左傳》所載外交賦詩，用於
餞別宴享場合者，有韓宣子請鄭六卿賦詩言志一事（昭公十
六年）。用於過境宴享場合者，有鄭伯享趙文子（襄公二十
七年）與鄭簡公享趙孟、叔孫豹、曹大夫（昭公元年）二事。
除以上公開宴享場合外，另有私人宴食者，見於襄公二十八
年，齊慶封奔魯一事。

　　整體而言，觀察《左傳》所載二十七次外交賦詩使用之
場合與時機，發現主要用於各種宴飲場合，這是因爲春秋宴
飲禮節中，恰有賦詩歌詠之一節，外交行人鑒於外交議題之
難以明言，遂以賦詩方式寄寓所欲表達之真義。試圖運用委
婉的方式表達敏感的議題。此可於之前賦詩起源一段所論，
相互爲證。

## 2、運用之方式

　　有關外交賦詩運用的方式，可由取義方式與賦詩方式兩
角度探討。如前所論，外交賦詩是運用選賦詩篇的方式，寄
寓賦詩者「言外之意」於其中，以進行外交交際的一種特殊
形式。因此，外交賦詩「言外之意」的解讀，成爲探討外交

賦詩時重要的問題。此即外交賦詩取義問題。又外交賦詩除運用場合有所不同外，其賦詩之方式，亦有親賦與令樂師為賦之別，下文針對以上二問題進行討論。

## （1）、取義方式

外交賦詩的取義方式，自古即為學者爭訟焦點。其中論述較多且具規模者，首推晉・杜預，其對賦詩取義提出，「其稱全詩篇者，多取首章之義」[38]，又云：「賦詩者取其一章而已」[39]。之後學者或臧或否，但多受杜注影響未能明確釐清賦詩取義問題。推究其因，一方面是受時代環境因素所影響。在經學為學術主流的時代中，學者看法難出經學限制。另方面是切入角度的問題。傳統經學家解釋《左傳》外交賦詩，多以經學角度闡釋，或墨守疏不破注之規，或加諸禮義道德規範。因此，對於《左傳》外交賦詩，始終未有合理、明確的論述。民國之後，學者對此問題有新看法。或由修辭角度切入，或由文化角度闡釋。雖皆有所成，但若能再進一層，針對外交賦詩之本質進行探討，相信能有更清晰之解釋。

外交賦詩的本質，是言語交際。外交賦詩是一種言語交際行為，春秋行人選用賦詩方式進行交際的真正目的，不在禮義道德，而是在國家利益。外交賦詩是外交辭令之一類，

---

[38] 晉・杜預《春秋經傳集解》，（卷六，頁十四下至頁十五上），頁 109 至 110。

[39] 晉・杜預《春秋經傳集解》，（卷十八，頁二十四下），頁 266。

外交辭令是一種具有強烈目的性的言語交際行爲，其主要目的在爭取國家的最大利益。因此。若能把握外交辭令、外交賦詩的本質進行探討，對於外交賦詩問題或許能有新的啓發。擺脫傳統經學注疏束縛，觀察《左傳》所載外交賦詩實際情況，可歸納得出外交賦詩取義方式，大體有二：一、斷章以取義者。二、賦全詩以取義者。以下分別說明。

## 1、賦詩斷章以取義者

「賦詩斷章」一辭，見於《左傳·襄公二十八年》盧蒲癸：「賦詩斷章，余取所求焉。」盧蒲癸此言，主要是用以譬喻的方式，說明其不避同宗，迎娶慶舍之女之事。盧蒲癸脫口所言，透露出春秋當時外交賦詩有斷章取義的情形。

所謂賦詩斷章，是指僅賦某詩之某章，以陳述表達賦詩者之意見，並寄寓言外之意於其中。賦詩者之所以斷章以取義，主要是爲縮小賦詩取義的範圍，使詩句解釋之模糊性降低，以使賦詩者所欲表達之真意，能明顯、明確地爲接受者所了解。有關賦詩斷章與杜預注之關係，張素卿於《左傳稱詩研究》一書中，已提出「反省性的檢討」，本文不贅述[40]。

要言之，賦詩斷章的用意，主要是爲使賦詩所含的言外之意，能更正確地爲接受者所瞭解，進而成功完成外交交際。因爲賦詩本身具有解釋上的模糊性，當賦全詩時，主要是取全詩詩旨之比興義。但有時範圍過大，容易產生誤解。

　　例如文公十三年，鄭國子家賦《小雅・鴻雁》，表達請
求魯國爲鄭國向晉國求和之請託；魯國季文子賦《小雅・四
月》，表達拒絕之意。鄭子家再賦〈載馳之四章〉，其明白指
出賦第四章，主要爲縮小賦詩的解釋範圍，以避免魯國誤解
或不能體會鄭國賦詩的言外意旨。對於鄭國一再的請求，魯
國季文子答賦〈采薇之四章〉，亦明確的表達答應之意。

　　魯文公十三年（西元前 614 年），晉靈公七年，鄭穆公
十四年，衛成公二十一年。此年冬季，魯文公至晉國尋衡雍
之盟（文公八年），回程途經鄭國，鄭穆公於棐會見魯文公，
請文公向晉國謀和，以改善晉、鄭交惡的外交關係。《左傳》
記載此次會面之情形如下：

　　　　冬，公如晉朝，且尋盟。衛侯會公于沓，請平
　　于晉。公還，鄭伯會公于棐，亦請平于晉。公皆成
　　之。
　　　　鄭伯與公宴于棐，子家賦＜鴻雁＞。季文子曰：
　　「寡君未免於此。」文子賦＜四月＞。子家賦＜載
　　馳＞之四章。文子賦＜采薇＞之四章。鄭伯拜。公
　　答拜。[41]

　　《左傳》先敘事件經過及其結果，再補述魯、鄭二公會

---

[40] 張素卿《左傳稱詩研究》，（臺大文史叢刊之八十九），頁 95 至 109。
[41] 《十三經注疏・左傳》，（臺北：藝文印書館），頁 333。

面之實況。此次雙方會面，鄭國因所請託之事關係國家尊
嚴，不便亦不能直接明白提出，於是運用賦詩的方式進行表
達與溝通，請求魯文公向晉國求和。雙方交際的過程大體如
下：

    （1）、鄭穆公會魯文公於棐，請平于晉

    （2）、鄭國子家賦《小雅‧鴻雁》（請魯文公幫忙）

    （3）、魯季文子賦《小雅‧四月》（表示婉拒）

    （4）、子家賦《鄘風‧載馳之四章》（一再請求魯國幫
                                   忙，道德訴求）

    （5）、文子賦《小雅‧采薇之四章》（勉強答應）

    （6）、鄭伯拜

    （7）、魯文公答拜

    魯、鄭兩國關係，向來複雜。鄭國為春秋多事之地，其
外交政策搖擺於晉、楚之間。鄭、魯兩國亦敵亦友。此次會
面，因事關鄭國尊嚴，鄭子家選擇以賦詩的方式進行交際。
子家首先賦《小雅‧鴻雁》，運用比喻的方式，自比為極需
救助的鴻雁，《左傳會箋》：「以鴻雁自比，以之子比魯侯也。」
[42]其詩如下：

       鴻雁于飛，肅肅其羽。之子于征，劬勞于野。

                          爰及矜人，哀此鰥寡。

---

[42] 日‧竹添光鴻《左傳會箋》，（臺北：天工書局），頁641。

鴻雁于飛，集于中澤。之子于垣，百堵皆作。

　　　　　　　　　　　　雖則劬勞，其究安宅。

鴻雁于飛，哀鳴嗸嗸。維此哲人，謂我劬勞。

　　　　　　　　　　　　維彼愚人，謂我宣驕。[43]

　　鄭國子家選賦〈鴻雁〉一詩，蘊含有二層意義。其表層意義，是藉賦此詩以贊美魯文公。〈鴻雁〉一詩內容，主要是贊美周宣王的勤政愛民。《毛詩》云：「美宣王也。萬民離散，不安其居，而能勞來還定安集之，至于矜寡，無不得其所焉。」[44]鄭國將有所求於魯文公，子家選賦此詩以宣王之德比魯文公之德，先推崇魯文公之德，亦為之後的請求預留伏筆。子家賦此詩的深層意義，主要是表達鄭國希望魯國代其向晉國請和。然〈鴻雁〉一詩中未提及有關「請平」之事，子家賦此詩，如何能寄寓請求魯國代向晉國求成之意？

　　此則需配合交際當時之語境來瞭解。客觀語境分析如下：1、鄭國於西元前 618 年（文公九年）春季，因楚國侵略而與楚談和，成為楚陣營。並於隔年（文公十年）冬季與楚軍共同侵略宋國，晉、鄭關係遂交惡。2、鄭國位居南北交通要衝，晉、楚二國皆欲置其於掌握之中。就鄭國整體外交政策而言，此時鄭國的外交立場是傾向親晉。因為鄭國於

---

[43] 《十三經注疏‧詩經注疏》，（卷十一之一，頁一至頁四上），頁373 至 374。

[44] 《十三經注疏‧詩經注疏》，（卷十一之一，頁一上），頁373。

春秋初年曾經是中原大國，後雖衰弱，但向以中原國家自居。楚國位居南方，魯文公時勢力尚在發展中。且楚向以荊蠻自居，此次鄭國迫於楚國之勢，叛晉服楚，但仍欲求和於晉。此後，楚國勢力日盛，鄭國夾於晉、楚二強之間，爲求生存，外交政策逐漸轉爲「與其來者可也」（宣公十一年）[45]，即周旋於二強之中，於雙方勢力之平衡點求生存。而鄭國國內對外交政策之主張，亦分爲親晉與親楚兩派。

3、子家賦〈鴻雁〉一詩，何以魯國季文子能知其寄蘊請魯代向晉請和之事？杜預注對此未有說明，其云：「義取侯伯哀恤鰥寡，有征行之勞。言鄭國寡弱，欲使魯侯還晉恤之也。」[46]僅言鄭國請求魯國幫助之意，對於請和一事並未說明。楊伯峻注云：「子家賦此者，鄭國以鰥寡自比，欲魯文憐惜之，爲之道路奔波，再度去晉，而請和也。」[47]亦未說明何以賦〈鴻雁〉一詩能寄寓鄭國請託魯國代向晉國請和之意。

由語用學角度而言，配合交際當時語境來討論，則魯文公此年前往晉國途中，於杳一地與衛成公會面，衛國即請魯文公代爲向晉國「請平」，亦即求和。鄭國得知此事時，魯

---

[45] 《左傳・宣公十一年》載云：「十一年，春，楚子伐鄭及櫟。子良曰：『晉、楚不務德而兵爭，與其來者可也。晉、楚無信，我焉得有信？』乃從楚。夏，楚盟于辰陵，陳、鄭服也。」《十三經注疏・左傳》，（臺北：藝文印書館），頁383。

[46] 晉・杜預《春秋經傳集解》，（卷九，頁六之下），頁141。

[47] 楊伯峻《春秋左傳注》，頁598。

文公已在自晉返魯的途中，於是鄭國於棐一地設宴招待魯文公一行人，鄭子家於宴飲間，賦《小雅・鴻雁》寄寓請求魯國如助衛國一般，代向晉國請和的言外之意。魯國季文子就交際當時主客觀語境（1、鄭晉新交惡。2、鄭欲親晉。3、魯文公此行答應衛國請平之託）加以分析，推得鄭國欲請魯文公代向晉國請和的言外之意。

　　季文子雖已推知鄭國設宴賦詩之言外意旨，但魯文公已在自晉返魯的途中，且晉、魯相距亦有數百里，季文子不願再折返晉國。於是回答曰：「寡君未免于此。」此回答是由〈鴻雁〉一詩內容而來，主要在於表達婉拒之意。杜預注云：「言亦同有微弱之憂。」[48]楊伯峻云：「言己亦鰥寡也，蓋推諉之辭。」[49]竹添光鴻：「鴻雁肅宿苦，我亦未能免也」[50]總之，皆是表示魯國婉拒之意。爲避免子家誤解，季文子又賦《小雅・四月》表達魯國婉拒之意，並藉賦此詩說明魯國拒絕鄭之請託，主要是因爲路途遙遠，思鄉心切之故。〈四月〉詩如下：

> 四月維夏，六月徂暑。先祖匪人，胡寧忍予？
> 秋日淒淒，百卉具腓。亂離瘼矣，爰其適歸。
> 冬日烈烈，飄風發發。民莫不穀，我獨何害？

---

[48] 晉・杜預《春秋經傳集解》，（卷九，頁六之下），頁141。
[49] 楊伯峻《春秋左傳注》，頁598。
[50] 日・竹添光鴻《左傳會箋》，（臺北：天工書局），頁641。

> 山有嘉卉，侯栗侯梅。廢為殘賊，莫知其尤。
>
> 相彼泉水，載清載濁，我日構禍，曷云能穀。
>
> 滔滔江漢，南國之紀。盡瘁以仕，寧莫我有。
>
> 匪鶉匪鳶，翰飛戾天。匪鱣匪鮪，潛逃于淵。
>
> 山有蕨薇，隰有杞桋。君子作歌，維以告哀。[51]

　　此詩主要是描寫大夫思鄉之情。王先謙《詩三家義集疏》：「此篇為大夫行役過時，不得歸祭，怨思而作。」[52]季文子賦〈四月〉，是藉詩中情景比作魯君一行人，表達出思鄉之情。杜預注云：「義取行役踰時，思歸祭祀也。不欲為還晉也。」[53]若答應協助鄭國，則對季氏本身及對魯國皆有益無害，何以季文子再三推辭？分析季氏婉拒之因，則不僅路途遙遠、思鄉心切之故，更涉及季文子本身之主觀看法與魯國當時的政治結構。但文子主觀之看法，無從考究，今僅能由魯國政治結構一點切入。魯國自僖公起，三桓[54]勢力日增，逐漸掌握政權。至魯文公時，三桓瓜分魯國政權。此後魯國執政大夫，皆由三桓之強者出任。魯襄公曾計畫由三桓

---

[51] 《十三經注疏・詩經注疏》，（卷十三之一，頁十四至十九上），頁 441 至 444。

[52] 清・王先謙《詩三家義集疏》，（臺北：明文書局），頁 735。

[53] 晉・杜預《春秋經傳集解》，（卷九頁六之下），頁 141。

[54] 所謂三桓，是指魯桓公的三位兒子。桓公之後政權由莊公繼承，桓公的另外三位兒子，孟孫、慶父、叔公子牙、成季友。有關三桓及其消長，請見相關史書記載與學者論著。

手中奪回政權，未成，最後出奔。三桓間是一種相輔相衡的關係，孟孫、叔孫、季孫三家相互幫助，亦相互制衡。此時三桓政治體勢剛剛建立，季文子恐本身長期在外，國內政治生變，因此極欲返國。

面對魯國以路程遙遠，拒絕鄭國「請平于晉」的請求後，子家再賦〈載馳〉一詩，並明確的賦〈載馳之四章〉[55]。由子家特賦第四章的舉動，可明顯看出，縮小賦詩範圍，降低賦詩解釋的模糊性，藉以更明確的表達鄭國對魯國之請託，是有必要的。杜預注云：「義取小國有急，欲引大國以救助也。」[56]由此可知，賦詩時，言明賦某詩之某章者，主要用意在更明確的呈現所欲表達之言外意。因為賦詩本身具有解釋上的模糊性，若所賦詩篇內容過多、範圍過大，則接受者在解釋上，難免因誤判而產生誤讀、誤解。

何以子家選賦〈載馳〉一詩？此與〈載馳〉一詩的作者與內容有關。作者方面，《毛詩》稱此詩為：「許穆夫人作也。」稱其作意為：「閔其宗國顛覆，自傷不能救也。……許穆夫人閔衛之亡，傷許之小，力不能救。思歸唁其兄，又義不得，故賦是詩也。」[57]《左傳‧閔公二年》載衛懿公好鶴，與狄

---

[55] 有關〈載馳〉一詩分章之爭議，鄭玄，杜預、朱熹等學者各有不同說法。竹添光鴻《左傳會箋》對各家說法有所評述，今從竹添光鴻之說。日‧竹添光鴻《左傳會箋》，（臺北：天工書局），頁641。

[56] 晉‧杜預《春秋經傳集解》，（卷九頁六之下），頁141。

[57] 《十三經注疏‧詩經注疏》，（卷三之二，頁六下至頁七上），頁124至125。

人戰,「衛師敗績」,衛國滅亡。齊桓公保護衛國遺民,遷於曹,許穆夫人馳驅而弔唁衛侯,有所感而作此詩[58]。總上可知,〈載馳〉作者爲衛惠公之女,嫁至許國的許穆夫人。在內容方面,主要是許穆夫人感傷其祖國爲狄所滅,而遺憾自身無法救助[59]。

配合之前所論的語境,分析子家選賦〈載馳〉之用意,大體如下:鄭國希望比照衛國的模式,請魯國代向晉國求和。〈載馳〉一詩作者爲衛惠公之女,許穆夫人;其詩內容主要感嘆無大國出面爲小國主持公道。子家選賦此詩,一方面藉其作者爲衛出嫁之女,企圖引起季文子的聯想。另方面,藉此詩的內容,表達希望大國主持公道之意。聯結之前所賦〈鴻雁〉一詩,對魯文公德行之盛贊。鄭子家希望藉此能說服季文子助鄭。〈載馳之四章〉:「我行其野,芃芃其麥。控于大邦,誰因誰極?」[60]是說,行至郊外,見到生長茂盛的麥子,想起祖國種種。想向大國提出求救,但誰是祖國可以依恃的盟友?誰肯爲祖國主持公道[61]?此章內容明確表達期望大國主持公道之感嘆,鄭子家於是選擇賦此章,以縮小詩句解釋的模糊性。

面對鄭國再三請求,季文子考量各方因素後,賦〈采薇

---

[58] 此爲魯詩說法,見《詩三家義集疏·卷三中》,頁257至258。

[59] 有關此詩之所由作,即相關論述。學者多有探討,本文不述。

[60] 《十三經注疏·詩經注疏》,(卷三之二,頁九),頁126。

[61] 參考屈萬里《詩經選注》,王靜芝《詩經通釋》。(芃:茂盛貌)(因:

之四章〉，表達魯國願意幫助之意。〈采薇之四章〉：「彼爾維何？維常之華。彼路斯何？君子之車。戎車既駕，四牡業業豈敢定居，一月三捷。」[62]內容描寫，棠棣花之盛開，將帥四馬之車於道路上行進。將帥不敢安居，希望在一個月內能贏得三次勝仗[63]。季文子選賦此章，以詩中君子比魯國，表達願意再前往晉國，代鄭請平之意。杜預注云：「義取其豈敢定居。一月三捷，許爲鄭還，不敢安居也。」[64]何以季文子會改變態度？由雙方交際之過程中，可知，魯國本不欲答應鄭國的請託，但在鄭國子家賦〈載馳之四章〉的請求下，魯國執政大夫季文子基於道德考量與國際形勢的考量，勉強答應。

所謂國際形勢，是指鄭國若與晉國不和，則晉國勢必伐鄭，晉國出兵則魯國亦須助之，此對魯國之損失，遠較折返晉國爲大。且鄭國爲南北交通要衝，若鄭國長期親楚，則將威脅魯國之安全。所謂道德因素是指，鄭國賦〈鴻雁〉一詩以周宣王之德，贊美魯文公；又賦〈載馳之四章〉感嘆無有德之大國出面主持正義。子家所賦兩詩前後呼應，令魯國不得不答應，因爲德、禮向爲魯國所重。且鄭國態度低調，處處請求，魯國向以德禮立國，面對鄭國如此殷殷懇求，季文

---

依恃、憑仗）（極：正，標準，公道。）

[62] 《十三經注疏・詩經注疏》，（卷九之三，頁十四），頁333。

[63] 爾：同薾，是指花盛開之狀。常：即棠棣花。路：車也。君子：指將帥，古於有官位之人亦稱爲君子（屈萬里《詩經詮釋》，頁296。）

子終於答應。

雙方達成共識後，鄭穆公拜答魯文公，文公回禮。魯文公一行人，再前往晉國，爲鄭請平。隔年（西元前 613 年）六月，晉、魯、鄭、衛、宋、陳、許、曹等國，盟於宋國新城。稱爲「新城之盟」。總而言之，在此次交際過程中，交際雙方爲避免賦詩解讀之誤解，採用賦詩斷章的方式。

又如，魯襄公二十六年（西元前 547 年），晉平公十一年，齊景公元年，鄭簡公十九年。此年七月，齊景公、鄭簡公爲替衛侯請命，前往晉國。由於請求晉國釋放衛侯一事十分敏感，不便明言。雙方於是選擇以賦詩的方式進行交際、溝通。《左傳》載其交際過程如下：

> 六月，公會晉趙武、宋向戌、鄭良霄、曹人于
> 澶淵，以討衛，疆戚田。…………衛侯如晉，晉人
> 執而囚之於士弱氏。秋，七月，齊侯、鄭伯為衛侯
> 故如晉，晉侯兼享之。晉侯賦＜嘉樂＞。國景子相
> 齊侯，賦＜蓼蕭＞。子展相鄭伯，賦＜緇衣＞。叔
> 向命晉侯拜二君，曰：「寡君敢拜齊君之安我先君之
> 宗祧也，敢拜鄭君之不貳也。」國子使晏平仲私於
> 叔向，曰：「晉君宣其明德於諸侯，恤其患而補其闕，
> 正其違而治其煩，所以為盟主也。今為臣執君，若

---

[64] 晉・杜預《春秋經傳集解》，（卷九頁六之下），頁 141。

之何？」叔向告趙文子，文子以告晉侯。晉侯言衛
侯之罪，使叔向告二君。國子賦＜轡之柔矣＞，子
展賦＜將仲子兮＞，晉侯乃許歸衛侯。叔向曰：「鄭
七穆，罕氏其後亡者也，子展儉而壹。」[65]

　　有幾個關於語境的問題需要探討：其一、為何晉國要執
衛侯？其二、齊、鄭二君為何前往晉國請求釋放衛侯？其
三、晉國何以答應要求？首先說明晉國扣押衛獻公的原因。
此牽涉衛國複雜的內亂問題。大致說明如下：襄公十四年，
衛獻公因衛國內亂，出奔齊國。齊國將衛獻公安置於郲。至
襄公二十五年時，晉國基於本身利益考量[66]，有意幫助衛獻
公返國，先助其至夷儀一地。

　　襄公二十六年衛獻公返國，同年討伐當年參與內亂的孫
氏，但孫氏與晉國關係密切。（見成公七年，衛定公惡孫林
父，出奔。晉國反於戚一事）於是晉國藉與衛國盟會之際，
將衛獻公扣留。何以齊、鄭二君親自出面，請由晉國釋放衛
獻公？衛獻公本身與齊國關係密切，因此當衛國內亂時，獻
公出奔至齊國。

　　此外，衛獻公之外交立場傾向齊國。而鄭、衛兩國相鄰，
衛國連年內亂，廢立不斷。除造成衛國國內動盪外，亦對鄭
國之經濟與治安產生負面影響。基於上述諸原因，齊、鄭二

---

[65] 《十三經注疏・左傳》，（臺北：藝文印書館），頁632至633。
[66] 欲其亂以伐之。見襄公十四年，晉侯問衛故，中行獻子之謀略。

君前往晉國,請求釋放衛獻公。由於事關重大,且敏感。齊、鄭二君於是以賦詩的方式,表達請求。分析交際過程如下:

晉平公於宴飲間賦《大雅·嘉樂》,其詩如下:

> 嘉樂君子,顯顯令德。宜民宜人,受祿于天。
>
> 保右命之,自天申之。
>
> 干祿百福,子孫千億。穆穆皇皇,宜君宜王。
>
> 不愆不忘,率由舊章。
>
> 威儀抑抑,德音秩秩。無怨無惡,率由群匹。
>
> 受福無疆,四方之綱。
>
> 之綱之紀,燕及朋友。百辟卿士,媚于天子。
>
> 不解于位,民之攸墍。[67]

　　此詩內容主要是贊美為君之德。對於晉平公賦此詩的取義,杜預注云:「取其嘉樂君子,顯顯令德,宜民宜人,受祿于天也。」[68]楊伯峻以為「蓋嘉樂齊、鄭二君也。」[69]竹添光鴻云:「嘉樂君子猶樂只君子愷悌君子。此美齊鄭二君也。蓋小人之心險阻不測,君子則坦蕩蕩常和樂也。」[70]以上三家說法,多由詩句的表層意義來解釋晉平公賦詩之用意。

---

[67] 《十三經注疏·詩經注疏》,(卷十七之三,頁一至頁三),頁615至616。

[68] 晉·杜預《春秋經傳集解》,(卷十八頁五下),頁257。

[69] 楊伯峻《春秋左傳注》,頁1116。

[70] 日·竹添光鴻《左傳會箋》,(臺北:天工書局),頁1215。

　　若由語用學角度，配合交際當時之語境，則晉平公選賦
此詩，除表達對二君嘉勉慰問之意外，其賦詩背後，寄寓許
多言外之意。如前所論，交際當時之語境，主要是晉國扣留
衛獻公，齊、鄭二君前往晉國，希望能令晉國釋放衛獻公。
齊、鄭二君之來意，晉平公不可能不知。外交交際場合中，
知己知彼是基本的要求。以晉之大國，不可能不知二君之來
意。

　　在此前提下，晉平公選擇賦〈嘉樂〉一詩，其動機是爲
說明晉國本身之立場。晉平公選賦此詩之取義，主要有三：
其一，表示晉國扣留衛侯之舉動，依舊制慣例而行並無不當
之處。詩中第二章云「**不怨不忘，率由舊章**」，正是此意。
其二、晉平公選賦此詩，表示晉國與衛侯並無私人恩怨，之
所以執衛侯，是出於形勢所逼。晉平公斷章取〈嘉樂〉第三
章中「**無怨無惡，率由群匹**」之意。其三、晉平公賦詩表示，
希望齊、鄭二君不要涉入此事，將國家治理好，才是人民之
福。其取第四章「**不解于位，民之攸墍**」之意。

　　此外，昭公元年，虢之會，楚國令尹公子圍設宴招待晉
國趙孟。由於雙方於襄公二十七年幾經波折終於達成弭兵之
盟，此次虢之會主要亦是爲鞏固「宋之盟」。因此晉、楚雙
方賦詩皆十分謹慎。雙方賦詩皆以歌訟對方爲主，又爲避免
誤解，雙方皆採取斷章賦詩的方式，楚國令尹賦《大雅・大
明之首章》，晉國趙孟回賦《小雅・小宛之二章》，亦是斷章
以取義之例。其他如季文子如宋，報向戌之聘（襄公二十

年)、韓宣子聘魯(昭公二年)等亦是賦詩斷章之例。

　　總而言之,賦詩斷章的主要用意,在於縮小賦詩範圍,降低詩句解釋上的模糊性,使接受者更精確的了解賦詩者所欲表達之真正信息意義。外交賦詩表明斷章者,其取義自然以此章爲限。對於賦詩所含「言外之意」的解釋,也須由所賦該章切入。換言之,即配合交際當時語境,以所賦某章爲聯想的基礎,進而解析賦詩所寄寓的言外之意。

## 2、賦全詩以取義者

　　杜預於《春秋經傳集解》中對於賦全詩的取義原則,提出「其全稱詩篇者,多取首章之義」的主張。杜預此說影響後學,之後學者,多將焦點置於取首章之義或取多章之義。而忽略了賦詩的意義,主要在於進行言語交際。言語交際的成敗,是由語效大小決定。即外交賦詩進行外交交際之成敗,是由交際結果來判斷。無論在交際過程中,雙方對賦詩的取義與了解情況如何。能夠達成預設外交目的者,此次外交賦詩才有意義。因此,賦詩的取義,應當置於賦詩交際過程中討論。雙方能持續進行言語交際,進而達成共識,完成交際目的,才是外交賦詩的真正意義。因此,欲探討外交賦詩,則須還原語境。在交際當時語境的基礎上,才能進一步推敲交際當時,雙方對於賦詩取義的了解。

　　觀察《左傳》二十七次外交賦詩,除斷章以取義者外,另有賦全詩以取義之例。例如,鄭簡公兼享趙孟、叔孫豹(昭

公元年）一事，各方運用賦詩進行交際時，亦是取全詩之義。魯昭公元年（西元前 541 年），鄭簡公二十五年，晉平公十七年，曹武公十四年。此年正月，晉、楚、齊、魯、宋、衛、陳、蔡、鄭、許、曹等國，依襄公二十七年弭兵之盟，尋盟（即對盟約之再確定）於虢。盟會結束後，晉國趙孟、魯國叔孫豹、曹國大夫等人返國途經鄭國，鄭簡公設宴招待。賓主雙方於宴飲之間，藉賦詩的方式，一方面陳述己見，一方面亦表達各國之外交立場。《左傳》載之如下：

> 夏，四月，趙孟、叔孫豹、曹大夫入于鄭，鄭伯兼享之。子皮戒趙孟，禮終，趙孟賦＜瓠葉＞。子皮遂戒穆叔，且告之。穆叔曰：「趙孟欲一獻，子其從之。」子皮曰：「敢乎？」穆叔曰：「夫人之所欲也，又何不敢？」及享，具五獻之籩豆於幕下。趙孟辭，私於子產曰：「武請於冢宰矣。」乃用一獻。趙孟為客。禮終乃宴。穆叔賦＜鵲巢＞，趙孟曰：「武不堪也。」又賦＜采蘩＞，曰：「小國為蘩，大國省穡而用之，其何實非命？」子皮賦＜野有死麕＞之卒章，趙孟賦＜常棣＞，且曰：「吾兄弟比以安，厖也可使無吠。」穆叔、子皮及曹大夫興，拜，舉兕爵，曰：「小國賴子，知免於戾矣。」飲酒樂，趙孟

　　出曰：「吾不復此矣。」[71]

　　以上所載，包含二次賦詩交際。首先是鄭國子皮迎接趙孟，轉告舉行宴享時間（此即所謂「戒」[72]）時，趙孟賦《小雅·瓠葉》間接地表達不願燕享過盛的意見。其次是燕享之間，各國代表運用賦詩的方式，進行外交交際。

　　當趙孟一行人抵達鄭國後，鄭國子皮出面迎接。趙孟不願鄭國招待過豐，但此事不便明講，於是賦〈瓠葉〉，間接地表達此意，其詩如下：

　　　　幡幡瓠葉，采之享之。君子有酒，酌言嘗之。
　　　　有兔斯首，炮之燔之。君子有酒，酌言獻之。
　　　　有兔斯首，燔之炙之。君子有酒，酌言酢之。
　　　　有兔斯首，燔之炮之。君子有酒，酌言醻之。[73]

　　楊寬以為此詩主要描述春秋時期低級貴族舉行飲酒禮的情況。的確，此詩內容主要是敘述燕飲之過程。《毛詩》說明此詩所欲表達之意，云：「大夫刺幽王也。上棄禮而不能行，雖有牲牢饔餼，不肯用也。故思古之人，不以微薄廢

---

[71] 《十三經注疏·左傳》，（臺北：藝文印書館），頁701。

[72] 楊伯峻《春秋左傳注》，戒，告也。公食大夫先告以期。意即事先通知宴享舉行之時間。

[73] 《十三經注疏·詩經注疏》，（卷十五之三，頁三至頁六上），頁522至523。

禮焉。」[74] 由上所述可知，此詩主要表達禮義更重於禮儀。
若心存禮義，則禮儀雖輕亦重；若無禮敬之心，禮儀雖重亦
輕。趙孟賦此詩主要取此意，進一步而言，即暗示鄭國不必
過於鋪張，若存禮敬之心，簡單的宴飲亦能表達心意。杜預
注云：「義取古人不以微薄廢禮。雖瓠葉兔首，猶與賓客享
之也。」[75]

　　對於趙武賦詩的言外之意，子皮並未能完全確定。於是
在通知魯國大夫叔孫豹宴享之期時，順便提出與穆叔商議，
因為叔孫豹以能詩知禮聞明當時。叔孫豹以交際當時主客觀
語境為解讀基礎，認為趙孟賦〈瓠葉〉一詩，主要是要求鄭
國燕享之禮從簡。穆叔云：「趙孟欲一獻，子其從之。」叔
孫豹之所以如此解讀，主要因為趙孟當時身體有恙，五獻之
禮[76]為時過長。

　　由於趙孟是以賦詩的方式間接表達不願宴享過盛之
意。子皮無法完全確定趙孟之意，在此情況下，子皮仍依招
待大國上卿之禮，準備豐盛的宴飲。宴享開始後，趙孟因過
於豐盛，未接受，改用一獻後，才繼續進行燕享。

　　分析雙方心理，趙孟所以要求燕享從簡，主要是趙孟

---

[74] 《十三經注疏・詩經注疏》，（卷十五之三，頁三上），頁522。

[75] 晉・杜預《春秋經傳集解》，（卷二十，頁七上），頁285。

[76] 鄭玄《禮記・樂記》注指出，所謂一獻，即在燕享間，主人向客人敬
　　一次酒。若依《周禮・秋官・大行人》中所論，「上公之禮……九獻，
　　侯伯之禮……七獻，子男之禮……五獻…」（卷三十七，頁十三，頁
　　526）。

此時身體已弱，過長的典禮與宴飲，恐怕身體負荷不了[77]。因此要求改爲敬酒一次的一獻之禮。另方面，趙孟辭盛禮，有提醒鄭國禮義重於禮儀之意。此舉暗示鄭國，切勿存貳心。而子皮的心理方面，因晉國大國，子皮雖約略了解趙孟賦詩的言外之意但基於對大國的禮敬，及避免引起誤解，仍舊準備五獻之禮。待趙孟辭，而後改。

在宴飲進行之間，魯國叔孫豹賦《召南·鵲巢》一詩，其詩如下：

> 維鵲有巢，維鳩居之。之子于歸，百兩御之。
> 維鵲有巢，維鳩方之。之子于歸，百兩將之。
> 維鵲有巢，維鳩盈之。之子于歸，百兩成之。[78]

〈鵲巢〉一詩，其內容大體是說明諸侯之女出嫁時，迎接車隊之盛大。關於叔孫豹賦此詩的取意，杜預注云：「言維鵲有巢，維鳩居之。喻晉君有國，趙孟治之。」[79]若依杜預注所云，則叔孫豹賦此詩，恐稍有貶損之意。恐不適合當時之場合與情境。而竹添光鴻則云：「享禮鄭伯爲主人，宴則諸大夫自宴。鵲巢以喻趙孟任勞而小國得安之。指免己于

---

[77] 趙孟於此年冬季十二月卒。

[78] 《十三經注疏·詩經注疏》，（卷一之三，頁十二下至頁十四）頁 45 至 46。

[79] 晉·杜預《春秋經傳集解》，（卷二十，頁七下），頁 285。

楚。」[80]其說與杜說相似。魯國叔孫豹之所以賦此詩，旨在主緩和先前趙孟辭宴之事的尷尬氣氛。

如前所論，當子皮略知趙孟要求典禮從簡之意後，曾與魯國叔孫豹商議。但基於諸多因素考量，鄭國仍備厚宴以饗趙孟。趙孟辭謝，鄭國改從一獻之禮，燕享才繼續進行。在此情況下，宴飲的氣氛尷尬。於是叔孫豹賦〈鵲巢〉一詩，以諸侯嫁女，車隊百輛出迎為譬，暗指趙孟途經鄭國，鄭國亦以厚宴相待。言外之意，替鄭國解釋何以備五獻以享趙孟。對於穆叔的賦詩，趙孟答曰：「武不堪也。」表示盛受不起鄭國厚宴。魯叔孫豹又賦《召南·采蘩》，其詩如下：

> 于以采蘩？于沼于沚。于以用之？公侯之事。
> 于以采蘩？于澗之中。于以用之？公侯之宮。
> 被之僮僮，夙夜在公。被之祁祁，薄言還歸。[81]

此詩內容主要描寫婦人採蘩以供祭祀之用。《毛詩》云：「夫人不失職也。夫人可以奉祭祀，則不失職矣。」[82]是說，諸侯大夫之夫人，盡職地外出採蘩菜以供祭祀使用。鄭玄《詩經傳箋》云：「奉祭祀者，采蘩之事也。不失職者，夙夜在

---

[80] 日·竹添光鴻《左傳會箋》，（臺北：天工書局），頁 1350。

[81] 《十三經注疏·詩經注疏》，（卷一之三，頁十四下至十七上），頁 46 至 48。

[82] 《十三經注疏·詩經注疏》，（卷一之三，頁十四下至十五上），頁 46 至 47。

公也。」其注《鄉飲酒》亦云:「〈采蘩〉,言國君夫人不失職也。」王先謙案:「不失職」者,助祭祀是國君夫人之職,能供祭祀,是「不失」也。」[83]總之,此詩詩旨主要著眼於「不失職」之上。竹添光鴻亦云:「采蘩,夫人不失職之詩也,比不敢失職於大國,乃下所言此其意也。」[84]

魯叔孫豹在當時語境下,選賦此詩,主要用意在替鄭國解釋,說明鄭國之所以未從趙孟之前所要求,將燕享之禮從簡辦理,主要是職責所在。並非有意忽視趙孟之請。由於當時氣氛尷尬,穆叔連賦二詩,替鄭國解釋。爲免趙孟有所誤解,叔孫豹乾脆於賦詩後,以譬喻的方式,將事情稍微講明。其云:「小國為蘩,大國省穡而用之,其何實非命?」是將鄭國比作蘩菜,說明鄭、魯等小國國力有限,今大國體恤要求宴享從簡,小國自當歡喜從命。但今日鄭國之所以仍備厚宴,主要是出於對晉國之敬重與本身職責所在。對於叔孫豹賦詩且說明之,趙孟遂不再提辭宴一事。

在魯國叔孫豹爲鄭國解釋後,鄭國子皮賦〈野有死麕〉一詩,表達鄭國對趙孟之歉意。爲避免趙孟解讀上之誤會,子皮明言賦〈野有死麕之卒章〉,其詩云:「舒而脫脫兮,無感我帨兮!無使尨也吠。」此詩本是描寫男女幽會之詩。子皮選賦此詩之卒章,其取義爲何?杜預注云:「義取君子徐以禮來,無使我失節而使狗驚吠也。喻趙孟以義撫諸侯,無

[83] 王先謙《詩三家義集疏》,(臺北:明文書局),卷二,頁69。
[84] 日・竹添光鴻《左傳會箋》,(臺北:天工書局),頁1350。

以非禮相加陵也。」[85]

　　竹添光鴻對子皮選賦此詩的動機解釋如下：「子皮賦此詩主意在使尨也吠一句。觀下文趙孟特受此一句可見。尨以喻楚，時諸侯惡公子圍，故欲趙孟安徐馴擾之。如杜解主意卻在舒而脫脫兮句，下尨也可使無吠不成義矣。且趙孟待諸侯素有禮，不應喻非禮無相加陵。」[86]若由下文趙孟賦〈常棣〉後又曰：「吾兄弟比以安，尨也可使無吠。」來判斷，竹添光鴻的說法有其道理。

　　配合語境，整體而言，鄭子皮賦〈野有死麇之卒章〉一方面表達道歉之意，另方面表示鄭國服晉之心，並要求晉國予以安全上的保障。因為，鄭國地處南北之交，晉、楚兩國皆欲掌控。今日鄭國歸服於晉，子皮身為鄭國執政，自然要求晉國保障鄭國之安全。對於子皮賦詩之要求，趙孟賦《小雅・常棣》以為回應。其詩如下：

　　　　常棣之華，鄂不韡韡。凡今之人，莫如兄弟。

　　　　死喪之威，兄弟孔懷。原隰裒矣，兄弟求矣。

　　　　脊令在原，兄弟急難。每有良朋，況也永歎。

　　　　兄弟鬩牆，外禦其務。每有良朋，烝也無戎。

　　　　喪亂既平，既安且寧。雖有兄弟，不如友生。

　　　　儐爾籩豆，飲酒之飫。兄弟既具，和樂且孺。

---

[85] 晉・杜預《春秋經傳集解》，（卷二十，頁七下），頁285。

[86] 日・竹添光鴻《左傳會箋》，（臺北：天工書局），頁1351。

> 妻子好合，如鼓瑟琴。兄弟既翕，和樂且湛。
> 宜爾室家，樂爾妻帑。是究是圖，亶其然乎！[87]

　　此詩內容主要敘述兄弟友好之情。趙孟選賦此詩之用意，杜預注云：「義取其凡今之人，莫如兄弟。言欲親兄弟之國也。」[88]《左傳會箋》亦云：「趙孟賦〈常棣〉，實取欲兄弟之國相親，然主意蓋在第四章，兄弟鬩牆，外禦其侮。言兄弟之國，義當同心禦外侮，苟然，圍雖縱彊虐，不足為患也。故云吾兄弟比以安尨也可使無吠，其意可見。」[89]二人之說大體正確，惟竹添光鴻以趙孟賦此詩，以第四章為取義重點，杜預則取首章之義。

　　若配合當時交際語境，趙孟賦此詩當取全詩之義。其理如下：1、全詩內容所描寫的情況，正好符合鄭、晉二國間微妙的外交關係。〈常棣〉一詩，描寫兄弟之間雖不免有鬩牆不合之情況，但面對外侮則能共同抵禦。

　　鄭國由於地理位置的關係，成為晉、楚兩國必爭之地。鄭國多次服晉，亦多次叛晉服楚。兩國若即若離的微妙關係，正與詩中內容相似。趙孟藉賦此詩，表達晉、鄭兩國過去雖不合，但今後將共同抵禦楚國。2、由當時國際形勢而

---

[87] 《十三經注疏・詩經注疏》，（卷九之二，頁十一下至頁十七），頁 320 至 323。

[88] 晉・杜預《春秋經傳集解》，（卷二十，頁七下），頁 285。

[89] 日・竹添光鴻《左傳會箋》，（臺北：天工書局），頁 1351。

言，晉、楚及各諸侯剛達成弭兵之盟，整個國際形勢有了新的轉變。因弭兵之故，外交手段成爲晉、楚兩國爭勝的新方式。趙孟藉賦詩，表達晉國對鄭國之關愛，並承諾對鄭國安全之保障。總而言之，趙孟賦〈常棣〉一詩，表達對鄭國友好之意，並希望鄭國能與晉國持續維持友好關係。

又如，遷延之役（襄公十四年）。晉國會同諸侯聯軍伐秦，大軍行至涇水，各國軍隊不願渡河。晉叔向賦詩請魯詩先渡河，雙方賦詩進行交際，即是取全篇之義。其他如范宣子聘魯（襄公八年）、鄭七子賦詩言志（襄公二十七年）及鄭六卿賦詩言志（昭公十六年）等例，於交際過程中亦有賦詩取全詩之義者。

如上所言，外交賦詩若明言斷章者，主要爲使賦詩之寓意明確，避免產生紛歧與誤解。則賦全詩者，其取義爲何？杜預提出「多取首章之義」的看法是否正確？針對《左傳》賦詩實際情況進行分析歸納後，筆者以爲，未言取某章者，則取全詩之旨。所謂取全詩之旨，是指由全篇詩整體所欲表達之要旨爲切入點，配合交際當時主、客觀語境，聯想、引申、推敲所得之言外意義。杜預之所以提出賦全詩者多取首章之意的看法，或許因爲全詩之旨多蘊於首章之中。

春秋行人之所以選用賦詩的方式進行外交交際，主要多因爲討論議題敏感，或無法公開。而賦詩的方式正提供此類

議題適當的表達管道。觀察《左傳》外交賦詩，除爲避免誤解而斷章取義的情形外，賦全詩以取義是外交賦詩的主要方式。因爲賦全詩的範圍較廣，其中能解釋的範圍較寬，模糊性較高，有助於雙方基本共識的達成。語言的模糊，是外交辭令的重要特色。因其模糊，便留給雙方解釋的空間，爲下次的外交交際預留空間。其他如晉請改盟一事（文公三年），亦是取全詩之義，詳見後文。

　　總而言之，外交賦詩取義的方式，大體有二。由語用學角度分析，當交際雙方涉及敏感問題、攸關國家存亡，或雙方關係緊張時，爲避免誤讀賦詩的言外之意，進而造成無謂的爭端，賦詩者往往將賦詩取義範圍縮小，僅取某章之義，以使接受者能清楚的解讀賦詩的真義，此即斷章取義。例如鄭子家賦〈載馳之四章〉表達鄭國急需魯國救助之意（文公十三年），又如魯叔孫穆子賦〈鴻雁之卒章〉表達魯國盼晉援之情（襄公十六年），又如楚令尹享趙孟（昭公元年）。

　　而當雙方進行交際，欲達成某種程度的外交共識時，爲促進雙方共識之達成，交際雙方往往會提高賦詩解釋的模糊性，使交際雙方能在一定範圍內，作出有利己方之解釋，進而達成初步共識。例如齊景公、鄭簡公如晉請釋衛侯（襄公二十六年）一事，雙方賦詩即具有相當的模糊性。分析二十七次外交賦詩可發現，未言賦某章者，主要取全詩之義。

　　需說明的是，無論斷章取義或取全詩之義。外交賦詩所

146

取之義，多是引申義。即隱藏於詩句背後的深層意義。以詩句內容或全詩篇旨爲聯想引申之出發點。在交際當時的語境配合下，解讀詩句背後隱藏的「言外之意」。若未言賦某章者，則當由全詩之旨，配合交際當時語境，取比興、引申之義。若明言賦某詩之某章者，則配合語境，取該章之比興、引申之義。

## （2）、賦詩方式

觀察《左傳》外交賦詩的方式，大體有二：一爲表達者親自賦詩。親自賦詩的方式，是外交賦詩正常的使用方式。另爲由表達者請宴飲時在旁的樂師代替表達。運用此種方式的原因，主要是賦詩者爲表達對接受者某種程度的不滿[90]。此類例子見於齊慶封聘魯（襄公二十七年）。分析如下：魯襄公二十七年（西元前 546 年），齊景公二年。齊國慶封聘於魯國。叔孫穆子此時負責魯國外交事務，設宴款待慶封。《左傳》載此事曰：

> 齊慶封来聘，其車美。孟孫謂叔孫曰：「慶季之

---

[90] 「爲賦」於《左傳》共五見：1、隱公三年：衛莊公取得臣之妹，衛人所爲賦〈碩人〉（非外交賦詩）2、文公四年：衛甯武子奔魯，魯文公爲賦〈湛露〉〈彤弓〉（皆小雅）3、文公七年：先蔑奔秦，荀林父爲賦〈板〉之三章。（非外交賦詩）4、襄公二十七年：齊慶封聘魯，魯叔孫與慶封食，爲賦〈相鼠〉（鄘風）5、昭公十二年：宋華定聘魯，享之爲賦〈蓼蕭〉（小雅）。

147

車，不亦美乎！」叔孫曰：「豹聞之：『服美不稱，必以惡終。』美車何為？」叔孫與慶封食，不敬。為賦＜相鼠＞，亦不知也。[91]

慶封此時專斷齊國，其出使魯國時，乘作裝飾華美僭越身分的車子。魯國孟孫氏見慶封之車，贊其華美。叔孫豹以為慶封乘車，裝飾僭越身分，表現其人言行不合於禮，終將會有災禍。由此，亦見孟孫、叔孫二人觀念之不同。在宴飲之間，慶封言行不敬，加上之前其乘車不合身分之裝飾。叔孫穆子於是請樂工賦《鄘風・相鼠》一詩，加以諷刺。詩如下：

相鼠有皮，人而不儀！人而無儀，不死何為！
相鼠有齒，人而無止！人而無止，不死何俟！
相鼠有體，人而無禮！人而無禮，胡不遄死！[92]

此詩主要以相鼠為比，諷刺人之無禮。毛詩序：「刺無禮也。」相鼠尚且有皮，身為人卻不之儀節；相鼠尚且有齒，身為人卻不知行為規矩；相鼠尚有體，身為人卻不知禮節。可見人不如鼠。詩中運用比興聯想的技巧，以鼠之皮與體比

---

[91] 《十三經注疏・左傳》，（臺北：藝文印書館），頁643。

[92] 《十三經注疏・詩經注疏》，（卷三之二，頁二至頁三上），頁122至123。

喻人之禮。以鼠之「齒」字，雙關「恥」，說明鼠尚有齒（恥），身爲人怎可不知恥。

　　總之，叔孫豹賦〈相鼠〉一詩，諷刺慶封之意，十分明顯。但慶封對此並無反應，《左傳》載其：「不知也」。杜預注云：「慶封不知此詩爲己，言其闇甚也。」[93]由《左傳》中所載慶封之言行，及此次聘魯其乘車之過飾，皆顯示慶封之不學無禮。


　　此外，另有「誦」的方式，所謂「誦」，即不搭配音樂，單純運用口語念出。此事《左傳》所載外交賦詩中特別之例，僅見於慶封奔魯一事（襄公二十八年）。魯叔孫穆子之所以令樂工以誦的方式賦〈茅鴟〉一詩，是鑑於前一年，慶封聘魯，不知詩一事。因此改以較易懂的方式表達。由於慶封無禮，叔孫穆子不願親自賦詩，於是令樂工爲之。

　　分析如下：魯襄公二十八年（西元前 545 年），齊景公三年。此年冬季，齊國當國慶封，將政事交給兒子慶舍。沉於田獵與酒色。同年十一月，齊國盧蒲癸、王何等人叛亂，殺慶舍。慶封無力平亂，於是奔魯[94]。叔孫穆子出面接待，設宴款待。《左傳》載此事如下：

---

[93] 晉・杜預《春秋經傳集解》，（卷十八，頁十三上），頁 261。

[94] 《左傳》載曰：「慶封歸，遇告亂者。丁亥，伐西門，弗克。還伐北門，克之。入，伐內宮，弗克。反，陳于嶽，請戰，弗許，遂來奔。」（《十三經注疏・左傳》，（臺北：藝文印書館），頁 654）

　　　　叔孫穆子食慶封，慶封氾祭。穆子不說，使工
　　為之誦＜茅鴟＞，亦不知。既而齊人來讓，奔吳。[95]

　　古代飲食前，必先祭祖祭天而後食用。慶封不待祭便食
用，叔孫穆子對此行為十分不悅，但於公開場合，又不便明
言。於是請樂工誦〈茅鴟〉一詩，表達對慶封舉止的不滿。
〈茅鴟〉一詩未見於今存《詩經》中，故其內容不可知。但
《爾雅》中提及鴟有四類，茅鴟為其中之一，其特徵是「惡
聲而攫食」，有此可知，叔孫豹賦此詩，以諷刺慶封之攫食
無禮。

　　值得討論的是，叔孫穆子為何不以賦的方式表達，而令
樂工以誦的方式陳述。竹添光鴻之論述可為參考：「去年為
賦相鼠不知，今乃使樂師誦而易曉也。」[96]如上一例所論，
慶封於襄公二十七年聘魯，其言行舉止表現失禮，叔孫穆子
賦〈相鼠〉以諷諫之。今年，慶封奔魯，其氾祭無禮，叔孫
穆子改用較易明白的誦詩方式，表達對其無禮之不悅。不
料，慶封依然無所回應，慶封其人之粗鄙無禮由此顯見。由
於慶封無法理解叔孫穆子令樂工誦〈茅鴟〉一詩的意義，雙
方交際就此中斷，此次交際亦以失敗收場。之後，齊國遣使
要求魯國遣返慶封，慶封於是投奔吳國。

---

[95] 《十三經注疏・左傳》，（臺北：藝文印書館），頁 655。
[96] 日・竹添光鴻《左傳會箋》，（臺北：天工書局），頁 1264。

除上二種方式外，春秋賦詩另有歌詩等形式，因未見於外交場合使用，本文略而不論。總之，無論賦詩的方式爲親賦或請樂工爲之。外交賦詩的主要意義，乃在於進行外交交際，達成外交目標。以下略論外交賦詩的功能。

### （五）、外交賦詩之功能

如前所論，外交賦詩最主要的目的在於進行外交交際。而外交交際的目的，在於爲國家尋求最大的利益與最佳的發展。所謂功能，簡言之，就是指運用賦詩的方式進行外交活動，其所能達成之功效如何？外交賦詩的功能與外交辭令類似，可由積極與消極兩角度論述。

就積極方面而言，外交賦詩能夠以外交方式解決國家面臨的外交問題，並進而爭取個人或國家的最大利益。如晉公子重耳賦詩請入（僖公二十三年）；鄭穆公以賦詩方式，請魯文公代向晉國求和（文公十三年）；戎子駒支賦〈青蠅〉（襄公十四年）。其他，如遷延之役，叔向賦詩請濟（襄公十四年）；季武子如晉拜師（襄公十九年）；齊、鄭二君如晉請釋衛侯（襄公二十六年）；申包胥如秦乞師（定公四年）等，皆屬此類例子。

與外交辭令稍有不同的是，外交賦詩所解決的問題，多爲敏感或無法公開說明的問題。消極方面而言，則在避免外交衝突，確保國家安全。如鄭七子賦詩言志（襄公二十七

年），及鄭六卿賦詩言志（昭公十六年），與小邾穆公朝魯（昭
公十七年）等皆爲此類例子。此外，張高評指出春秋外交賦
詩之實用功效有四：「一曰裨情意之曲達，二曰資典禮之祝
頌，三曰觀政俗之得失，四曰見詩史之類通」[97]，其中第一
項與本論文有關。

　　欲探討外交賦詩的功能，舉實例說明最具說服力，以下
試舉戎子駒支賦〈青蠅〉一事爲例，他例請見後文。魯襄公
十四年（西元前 559 年），晉悼公十五年，楚康王元年。此
年春季，晉國會各國於向。會中，晉國以通楚之罪名，企圖
拘捕戎子駒支。戎子駒支運用巧妙的外交辭令，配合外交賦
詩。成功的說服范宣子，不但確保本身的安全，更爲其國家
爭取利益與避免可能的戰爭。《左傳》載此事曰：

　　　　將執戎子駒支，范宣子親數諸朝，曰：「來！姜戎
　　氏！昔秦人迫逐乃祖吾離于瓜州，乃祖吾離被苫蓋、蒙
　　荊棘來歸我先君，我先君惠公有不腆之田，與女剖分而
　　食之。今諸侯之事我寡君不如昔者，蓋言語漏洩，則職
　　女之由。詰朝之事，爾無與焉。與，將執女。」
　　　　對曰：「昔秦人負恃其眾，貪于土地，逐我諸戎。
　　惠公蠲其大德，謂我諸戎，是四嶽之裔胄也，毋是翦棄。
　　賜我南鄙之田，狐貍所居，豺狼所嗥。我諸戎除翦其荊

---

[97] 詳見張高評《左傳之文學價值》〈第五章 爲詩歌致用之珠澤〉，
　　頁 93 至 99。

棘，驅其狐狸豺狼，以為先君不侵不叛之臣，至于今不
貳。昔文公與秦伐鄭，秦人竊與鄭盟而舍戍焉，於是乎
有殽之師。晉禦其上，戎亢其下，秦師不復，我諸戎實
然。譬如捕鹿，晉人角之，諸戎掎之，與晉踣之。戎何
以不免？自是以來，晉之百役，與我諸戎相繼于時，以
從執政，猶殽志也，豈敢離逷？今官之師旅無乃實有所
闕，以攜諸侯而罪我諸戎！我諸戎飲食衣服不與華同，
贄幣不通，言語不達，何惡之能為？不與於會，亦無瞢
焉。」

賦〈青蠅〉而退。宣子辭焉，使即協會，成愷悌
也。[98]

戎子駒支的外交辭令主要扣緊兩大主軸，首先指出姜戎
氏對晉國忠心不貳，自晉文公建立霸業以來，即與晉國保持
密切友好關係；其次由利害關係切入，說明兩國友好關係對
雙方皆有利無害，並引證指出：自殽之役起姜戎與晉國合作
抗秦之事實。戎子駒支一番慷慨陳辭後，賦〈青蠅〉一詩，
更具有畫龍點睛之效，大大提升整篇外交辭令之說服效果。
《左傳會箋》云：「但將己事晉終始如一處，極力鋪張，則
諸侯之攜與我無涉。不煩言而已喻。實有所闕，中其要害，
妙在〈青蠅〉一賦，令他得以轉向。」[99]《小雅·青蠅》其

---

[98] 《十三經注疏·左傳》，（臺北：藝文印書館），頁557。
[99] 日·竹添光鴻《左傳會箋》，（臺北：天工書局），頁1074。

詩如下：

> 營營青蠅，止于樊。豈弟君子，無信讒言。
> 營營青蠅，止于棘。讒人罔極，交亂四國。
> 營營青蠅，止于榛。讒人罔極，構我二人。[100]

此詩內容主要是以青蠅比作讒佞，藉由對青蠅的描寫，諷喻讒人之離間與媾陷。配合交際當時語境而言，戎子駒支選賦此詩，可謂十分適當。無論在內容與取義上，皆能與交際當時之語境緊密結合。關於戎子駒支選賦此詩之取義，杜預注云：「取其愷弟君子，無信讒言也。」[101]戎子賦此詩主要取全篇之義。〈青蠅〉全詩有三章，分三個角度陳述讒人之禍國。首章云：「豈弟君子，無信讒言。」主要說明讒佞之人離間兄弟之情。戎子藉此章以表達希望晉國勿信讒言，而破壞兩國兄弟之誼。二章云：「讒人罔極，交亂四國。」是說明奸佞之人，造謠生事，為害無止境，欲使各國相互攻伐。駒支藉此表達，希望晉國能明察謠言內容，還其清白。其三章云：「讒人罔極，構我二人。」戎子以讒佞暗喻楚國，指出此次事件，楚國為首謀，其目地是欲離間晉戎間的情誼，使兩國相互攻伐。

整體而言，戎子駒支賦〈青蠅〉一詩，娓娓道出姜戎氏

---

100 《十三經注疏・詩經注疏》，（卷十四之三，頁一），頁489。
101 晉・杜預《春秋經傳集解》，（卷十五，頁十八上），頁226。

無辜受屈之心情，並指出此次事件為楚國離間之計。其於賦
詩中寄寓希望晉國勿信讒言之諷勸。戎子駒之的外交辭令，
內容正當有理，雖有若干誇大之修辭，但所言大抵不離事
實，並於盟會場合公開宣示。范宣子遂知駒支不貳之心，於
是公開道歉，並重新與姜戎氏結盟。戎子駒支，此次外交交
際極為成功，辭令與賦詩兼用，更加提升了辭令的說明力。
由於其外交辭令之成功，使姜戎氏避免一場戰亂，同時亦爭
取到晉國之保護與支持。

又如，魯定公四年（西元前 506 年），即秦哀公三十一
年，楚昭王十年。此年冬季十一月，吳國聯合蔡國入侵楚國，
即所謂「柏舉之役」。吳軍攻陷楚國郢都，楚昭王出奔至鄭。
申包胥到秦國請求援軍。《左傳》載：

> 及昭王在隨，申包胥如秦乞師，曰：「吳為封豕、
> 長蛇，以荐食上國，虐始於楚。寡君失守社稷，越在草
> 莽，使下臣告急，曰：『夷德無厭，若鄰於君，疆場之
> 患也。逮吳之未定，君其取分焉。若楚之遂亡，君之土
> 也。若以君靈撫之，世以事君。」秦伯使辭焉，曰：「寡
> 人聞命矣。子姑就館，將圖而告。」對曰：「寡君越在
> 草莽，未獲所伏，下臣何敢即安？」立，依於庭牆而哭，

日夜不絕聲，勺飲不入口七日。秦哀公為之賦＜無衣
＞。九頓首而坐。秦師乃出。[102]

面對申包胥之請援，秦哀公本無強烈意願救楚，後因申
包胥七夜哭楚，感動秦公，加上秦國衡量國際形勢之後，決
定救楚。但秦哀公並不明確說明答應援楚，而以賦詩之方式
「間接」表達其意，此正所謂「間接言語行為」。

「間接言語行為」之溝通，主要取決於雙方對於「言外
之旨」的解讀與詮釋。以下試析秦哀公與申包胥間「間接言
語行為」之溝通過程：（1）、秦哀公之態度與表達：秦楚本
無密切交情，秦晉殽之役後，秦國與晉國之關係交惡，晉國
與楚國和談，企圖全力對秦。秦國面對晉國如此之態度，逐
漸與楚國交好，冀能利用楚國牽制晉國。楚國於定公四年柏
舉之役，遭吳國攻陷郢，楚王奔鄖，申包胥如秦乞師。面對
申包胥之求援，秦哀公本無強烈意願出兵救楚，於是以「寡
人聞命矣。子姑就館，將圖而告」作為敷衍之回應。

（2）、申包胥之決心與態度：面對秦哀公「子姑就館，
將圖而告」的回應，申包胥約略瞭解秦哀公並無強烈救楚之
意。申包胥一改原先陳述利害之方式，轉而訴諸情感，「立，
依於庭牆而哭，日夜不絕聲，勺飲不入口七日」。（3）、秦哀
公對國際形勢之考量：由秦哀公第一次回應申包胥時所言
「將圖而告」，可以瞭解，秦哀公對於是否援楚，需要時間

---

[102] 《十三經注疏・左傳》，（臺北：藝文印書館），頁952。

加以考量。吳國是春秋晚期新興之勢力，以東南之一隅，數年間竟能敗楚，且陷其首邑，足見其勢之盛。秦國自穆公以後，遂有東進之思，晉文公在位時，秦、晉交好，秦國乃向西圖謀發展。文公卒後，秦、晉遂有殽之戰，雙方關係交惡。晉國欲全力抗秦，然南方有荊楚虎視，使之有所顧忌。秦國基於國際勢力平衡之考量，及被申包胥忠義所感動，遂答應以車五百乘助楚。

雙方溝通過程如下：秦哀公經過慎重的考量後，決定出兵援楚，《左傳》記載「**秦哀公為之賦〈無衣〉**」。申包胥聞之「**九頓首而坐**」，古無九頓首之禮，楊伯峻注云：「申包胥求救心切，秦哀肯出師，故特別感謝以至九頓首」[103]。依《左傳》所載，秦哀公只是賦詩一首，並未說明是否出兵救楚，何以申氏聞之，「九」頓首以謝之？這與接受者對於所賦之詩解讀有關。

以下說明申包胥對於秦哀公「賦〈無衣〉」(間接言語行為)之解讀過程：欲解讀賦詩之真義，首先當由詩之原意入手，〈無衣〉為《詩經‧國風》中〈秦風〉之一首，其詩共有三章，曰：

> 豈曰無衣？與子同袍。王于興師，修我戈矛，與子
> 　　　　　　　　　　　　　　　　　　同仇。
> 豈曰無衣？與子同澤。王于興師，修我戈戟，與子

偕作。

豈曰無衣？與子同裳。王于興師，修我甲兵，與子
偕行。[104]

其內容主要描寫秦王出兵，百姓從軍之情景。就內容而
言，與是否援楚，並無直接關聯。但若進一步結合申包胥哭
請秦援之語言環境，則可瞭解秦哀公賦〈無衣〉一詩的「弦
外之音」。

關於「賦詩言志」之運用原則，自晉杜預始，學者便爭
論不斷，或云「其全稱詩篇者，多取首章之義」、「賦詩者取
其一章而已」[105]，或有駁反之說者[106]。然終因時之遷移，事
之難考，無所論定，皆一家之言說。但有一點可以確定，即
賦詩所欲表達之真正含意，與原詩之內容、情志，並無絕對
之關聯。《左傳》中所載「賦詩斷章，余取所求焉」[107]，是
「賦詩言志」行為主要原則，亦是古今學者之共識。

---

[103] 楊伯峻《春秋左傳注》，頁 1548。

[104] 《十三經注疏‧詩經注疏》，（卷六之四，頁八至頁十上），頁 244
至 245。

[105] 此兩點為杜預之見解。

[106] 孔穎達《正義》引劉炫云：「春秋賦詩有雖舉篇名，不取首章之義
者。故襄二十七年公孫段賦桑扈，趙孟曰：『匪交匪類』，乃是卒
章。又昭元年云：『令尹賦大明之首章』，既特言首章，明知舉篇
名者不是首章」《十三經注疏‧左傳》，（臺北：藝文印書館），
僖公二十三年，頁 253。

[107] 《十三經注疏‧左傳》，襄公二十八年，頁 654。

由上，知秦哀公賦〈無衣〉一首，主要乃取其「與子同仇」、「與子偕作」、「與子偕行」之意。說明秦哀公爲申包胥感動，與楚同仇；進而「偕作」「偕行」，暗示願意出兵救援之意。由於申包胥此行，本爲求援而來，先前秦公以「子姑就館，將圖而告」敷衍之，經其七夜之哭，秦公爲賦〈無衣〉，又〈無衣〉詩中，有「與子同仇」、「與子偕作」、「與子偕行」等句。故申包胥判斷秦公有出援之意，若初衷無變，何故再賦〈無衣〉？申包胥聽聞秦公賦〈無衣〉後，領會其意，「九頓首而坐」，秦哀公於是發兵救楚[108]。由於申包胥外交賦詩之成功，爭取到秦師爲楚復國。其他如，晉公子重耳賦〈河水〉獲得秦穆公之幫助返國（僖公二十三年）、齊、鄭二君如晉請歸衞侯（襄公二十六年）等，皆是運用賦詩的交際方式，爭取利益之例。

綜觀《左傳》所載二十七次外交外交賦詩，成功達成預設外交目的者，計二十一見，失敗之例計五見，其餘二例爲賦詩言志之例[109]。由此數字可知，外交賦詩成功之例過半，

---

[108] 《左傳·定公五年》：「申包胥以秦師至。秦子蒲、子虎帥車五百乘以救楚」，《十三經注疏·左傳》，（臺北：藝文印書館），頁958。

[109] 例如，襄公二十七年，晉趙孟請鄭七子賦詩以觀七子之志，而鄭七子分別位居鄭國政治上重要執政職位，七子之志可以說等於是鄭國內政、外交上的態度與走向。試觀七子所賦之詩，除伯有賦〈鶉之賁賁〉無關晉鄭關係外，其餘六子所賦之詩皆多少表達出鄭國順服晉國之外交立場。

何以運用賦詩的方式，依然能夠進行交際溝通，並進而達到預設的外交目標？此與外交賦詩本身性質有關。外交賦詩使用之交際媒介爲詩，詩在春秋時期是合樂而行的。詩是一種抒情言志的文體。其藉由對具體事物之描寫，寄託作者情志於其中，所謂「體物言志」。由於詩這一特性，使其在詩義解釋上具有一定程度的模糊性。

而外交辭令在禮貌原則的考量下，必須盡量以委婉的方式表達。且若干外交議題，因其本身敏感之性質，無法公開討論，必須以間接的方式，暗示對方。而詩本身具有之特性，正符合外交辭令間接表達與模糊解釋之需求。加上詩爲當時燕享場合中，合樂運用之一部分。春秋行人遂運用賦詩的方式，以寄託言外之意。

關於《左傳》所載外交賦詩，僅二十七見，數量不多，又多爲成功之例。《左傳》在取材上是否有所偏重？此問題因文獻不足，難有定論。但若就《左傳》史書編纂角度而言，無論成敗，皆會有所記錄。且《左傳》寓有褒貶資鑑之意，賦詩失敗的歷史意義與資鑑功能，自有參考價值。因此，若有失敗之例，《左傳》當會有所記載。

但這其中有涉及《左傳》材料的來源與敘寫的角度。《左傳》以魯國史料爲核心，大部分以魯國角度爲出發點。因此，他國若賦詩失敗，卻沒有赴告魯國，則魯史不會記載，以魯史爲取材的《左傳》自然未見。事實上，外交賦詩以進行外交交際，所涉及的問題是敏感且無法公開的。若有失敗的情

形，交際雙方自然不會公開赴告他國。

以上觀點可由《左傳》所載失敗例子中，得到若干線索。《左傳》所載失敗五例，分爲是：1、衛甯武子聘魯（文公四年）2、魯叔孫穆子如晉（襄公四年）3、齊慶封聘魯（襄公二十七年）4、齊慶封奔魯（襄公二十八年）5、宋華定聘魯（昭公十二年）。以上五例，或發生於魯國行人出使之際，或出現在魯國卿大夫宴享他國行人之時。無論如何，此五例皆與魯國有關，可見記載與否與「赴告」有關。

總而言之，外交賦詩爲外交辭令之一類，其具備之功能亦同。其積極意義在能爭取國家利益，促進國家發展；消極能避免爭端，確保國家安全。春秋時期各國史書對於他國史事之記載，有一原則，即有赴告，才會記錄於史書中。因外交賦詩失敗，涉及敏感政治問題，因此不會告知他國。《左傳》以魯史爲主要取材，因此所載外交賦詩失敗之例，僅有魯國本身發生的五例。


## 第二節、間接言語行爲與《左傳》外交賦詩

外交交際是一種複雜的言語交際行爲。外交賦詩又是外交交際中特殊的形式，外交賦詩將所欲表達的真正信息意義，隱藏於所賦詩句背後。接受者必須配合交際當時語境，才能進行解讀。

　　承上節所論，外交賦詩即運用選賦詩歌的方式，進行外交溝通的一種特殊外交辭令。又以賦詩方式進行外交交際，其關鍵在於所賦詩中之「志」。若雙方能達成一定程度的共識，則外交交際可能成功，若雙方誤解對方賦詩中所蘊藏之真意，則外交賦詩的外交交際將致失敗。換言之，外交賦詩是否能達到預期之效果，關鍵在於交際雙方對賦詩意含的正確解讀。

　　簡言之，若雙方能正確解讀對方所賦詩句、篇章中所蘊藏之言外意旨，則外交交際活動才能繼續進行，方有達成共識的機會。反之，若有一方或雙方皆對對方所賦詩句、篇章之含義有所誤解，則言語交際活動將難以繼續，外交溝通亦將隨之失敗。因此，如何正確理解對方所賦詩句中，蘊含的真正含義，成為賦詩溝通方式中重要之成敗關鍵。

　　然則，如何才能正確解讀出對方賦詩中所蘊藏之真義？由語用學角度而言，語境是關鍵所在，言語的正確解讀與理解必須以語境為其基礎。所謂語境就是言語交際當時的主、客觀環境，同一語句在不同語境中，會蘊含不同意義，會有不同解釋。因此，語境是言語解讀的基礎。

　　《左傳》外交賦詩運用的是一種「間接言語行為」的方式進行溝通，因此語境對於外交賦詩真義之解讀，更為重要。欲真正理解對方所賦詩句之蘊意，語境提供解讀的線索。

　　對於《左傳》中所載之外交賦詩，前輩學者或由比、興角度切入，或由修辭角度探討，成果斐然。本節則採用討論

語用學理論中「間接言語行為」觀念，與《左傳》外交賦詩
之關係。

## 一、《左傳》外交賦詩是間接言語行為之一

　　如第二章所論，所謂間接言語行為，即表達者因某些原
因或考量，不便以公開明白的方式表達意見；而運用間接的
方式，委婉地將所欲表達的信息內容寄寓於話語的表層意義
之下。對於此類話語，接受者必須配合交際當時雙方所處的
主客觀語境，進行解讀，以便真正理解表達者所欲表達之真
意，此種言語交際行為即為間接言語行為。觀察《左傳》所
載外交賦詩，其表達之方式，與上述相合，正是一種間接言
語行為。

　　如本章第一節所論，外交賦詩是選賦《詩》中某詩或某
詩之某章，以間接、暗示的方式，委婉地表述己意，進行外
交交際與溝通的一種特殊方式。藉由賦詩的方式，將表達者
所欲表達之信息內容，寄寓於所賦詩句的表層意義之下。仔
細分析《左傳》所載外交賦詩，在選賦某詩或某章時，是配
合交際當時主客觀語境，即在考量國際形勢、兩國關係、雙
方地位、與接受者心理等因素後，才決定選賦最能表達己意
且能令對方正確解讀之詩。而接受者，亦在配合交際當時語
境後，對表達者所賦之詩進行深層含意的解釋，雙方運用賦
詩的形式，間接地進行言語交際與溝通。

　　試觀《左傳》外交賦詩之種類，其中以賦詩言志進行外

交交際者，正是間接言語行爲之典型。以下舉趙孟請觀鄭七子之志（襄公二十七年）一例，說明外交賦詩是間接言語行爲之一。

　　魯襄公二十七年（西元前 546 年），晉平公十二年，鄭簡公二十年。此年夏季，晉、楚兩國在宋國向戌居中斡旋下，達成議和，史稱「弭兵之會」，因各諸侯國會盟於宋，又稱爲「宋之盟」。晉國執政趙武一行人，參加「弭兵之會」返國途中，過境鄭國，鄭簡公設宴招待。《左傳》載此事如下：

　　　　鄭伯享趙孟于垂隴，子展、伯有、子西、子產、子大叔、二子石從。趙孟曰：「七子從君，以寵武也。請皆賦，以卒君貺，武亦以觀七子之志。」子展賦＜草蟲＞，趙孟曰：「善哉，民之主也！抑武也，不足以當之。」伯有賦＜鶉之賁賁＞，趙孟曰：「床笫之言不踰閾，況在野乎？非使人之所得聞也。」子西賦＜黍苗＞之四章，趙孟曰：「寡君在，武何能焉！」子產賦＜隰桑＞，趙孟曰：「武請受其卒章。」子大叔賦＜野有蔓草＞，趙孟曰：「吾子之惠也。」印段賦＜蟋蟀＞，趙孟曰：「善哉，保家之主也！吾有望矣。」公孫段賦＜桑扈＞，趙孟曰：「『匪交匪敖』，福將焉往？若保是言也，欲辭福祿，得乎？」
　　　　卒享，文子告叔向曰：「伯有將為戮矣。詩以言志，志誣其上而公怨之，以為賓榮，其能久乎？幸

　　而後亡。」叔向曰:「然,已侈,所謂不及五稔者,
　　夫子之謂矣。」文子曰:「其餘皆數世之主也。子展
　　其後亡者也,在上不忘降。印氏其次也,樂而不荒。
　　樂以安民,不淫以使之,後亡,不亦可乎!」[110]

　　在宴飲之間,趙孟提出請鄭國七位與會大夫賦詩言志的要求。趙孟何以提出這樣的要求?其中,含有深刻的外交意義:宋之盟於此年剛成立,晉、楚兩國協議,雙方的盟國必須「交相盟」、「交相見」,即雙方盟國必須同時對晉、楚兩國提供賦貢。在此國際形勢下,晉國執政趙孟藉鄭國宴享之際,要求鄭國七子賦詩以觀其志,主要是為了解鄭國的外交立場,同時亦含有鞏固晉、鄭外交的用意。鄭國諸大夫亦瞭解趙孟要求賦詩的原因(除伯有以外),因此賦詩表現出對晉國不貳的立場。

　　交際過程分析如下:各大夫按地位之高低,依序賦詩。顧棟高案:「此七卿班次。是鄭執政之次第。去年子產曰:臣位在四。謂上有子展、伯有、子西三人也。故子展卒而伯有為政,伯有誅,子西即世,而子產為政,子產死,子太叔為政。」[111]首先由子展賦《召南・草蟲》,其詩如下:

　　喓喓草蟲,趯趯阜蟲。未見君子,憂心忡忡。

---

[110] 《十三經注疏・左傳》,(臺北:藝文印書館),頁648。
[111] 顧棟高《春秋大事表・卷二十五》〈春秋鄭執政表〉,頁1933。

> 亦既見止，亦既覯止，我心則降。
>
> 陟彼南山，言采其蕨。未見君子，憂心惙惙。
>
> 亦既見止，亦既覯止，我心則說。
>
> 陟彼南山，言采其薇。未見君子，我心傷悲。
>
> 亦既見止，亦既覯止，我心則夷。[112]

此詩本意是描寫婦人思念行役在外丈夫的懷念之情[113]。詩中「未見君子，憂心忡忡」、「未見君子，憂心惙惙」、「未見君子，我心傷悲」等句，表達出深切的思念之情。「亦既見止，亦既覯止，我心則降」、「……我心則說」、「……我心則夷」等句，則表現出婦人見到丈夫欣喜之情。子展亦藉此詩，寄寓對晉國思念之情，並暗示對晉國不貳之心。

杜預注云：「曰『未見君子，憂心忡忡。亦既見止，亦既覯止，我心則降。』以趙孟為君子也。」[114]杜預說法是取詩句的表層意義，就詩中提及「君子」二字，而以為子展賦此詩用意在贊美趙武為君子。若就子展賦此詩的深層意義而言，竹添光鴻與楊伯峻二人所論較為深刻。竹添光鴻云：「草蟲鳴則阜螽躍而從之。上卿以國從趙孟之意也。宋之會噴有煩言，故未見則憂也。既見而心降，有以國心服之意。」[115]

---

[112] 《十三經注疏·詩經注疏》，（卷一之四，頁五上），頁51至52。

[113] 屈萬里《詩經詮釋》：「此婦人懷念征夫之詩」，頁24。

[114] 晉·杜預《春秋經傳集解》，（卷十八，十七頁下），頁263。

[115] 日·竹添光鴻《左傳會箋》，（臺北：天工書局），頁1242。

子展具體以草蟲鳴叫而阜螽隨之跳動爲例，說明鄭國正如未
生翅膀的幼蝗（即阜螽），遵循晉國號令而行。楊伯峻云：「趙
武知子展賦〈草蟲〉之意在于憂國而信晉。」[116]

此外，由趙武的回答，亦可知子展賦此詩的深層意義。
趙孟回答：「善哉，民之主也！抑武也，不足以當之。」杜
預注云：「在上不忘降，故可以主民。」[117]趙孟以爲子展能
體恤百姓，爲求鄭國生存，屈降賦詩表達服晉之意。趙武並
禮貌性的表示辭謝。整體而言，子展賦〈草蟲〉一詩，主要
欲表達鄭國對晉國不貳之心。

子展之後，接著由良霄（伯有）賦詩，賦《鄘風・鶉之
賁賁》：

> 鶉之奔奔，鵲之彊彊。人之無良，我以為兄。
>
> 鵲之彊彊，鶉之奔奔。人之無良，我以為君。[118]

此詩本意在諷刺衛宣姜之淫亂。杜預注云：「衛人刺其
君淫亂，鶉鵲之不若。義取人之無良，我以爲兄，我以爲君
也。」[119]伯有賦此詩，主要取「人之無良，我以爲兄」、「人
之無良，我以爲君」二句。何以選賦此詩？欲對晉趙孟表達

---

[116] 《十三經注疏・左傳》，（臺北：藝文印書館），頁1134。

[117] 晉・杜預《春秋經傳集解》，（卷十八，頁十七下），頁263。

[118] 《十三經注疏・詩經注疏》，（卷三之一，頁十一下至頁十二），
頁114。

[119] 晉・杜預《春秋經傳集解》，（卷十八，十八頁上），頁263。

何種意含？對此竹添光鴻有所論述：「應十三年廢其使，怨其君以疾其大夫。表記引之，以徵君命順則臣又順命，君命逆則臣有逆命。伯有慁己忿怨，欲使文子匡正其君大夫之不良也，非慁君淫亂也。文子以為床第之言者，為不解而避其大妄也。」[120]

　　鄭簡公四年，鄭國派伯有與大宰石㚟出使楚國，說明鄭國將服於晉國的外交立場。楚國將二人扣留。（襄公十一年）二年後，在子囊的勸說下，楚國釋放二人，但良霄從此不被重用。（襄公十三年）此為伯有賦此詩的客觀語境。良霄藉此次趙孟請賦詩言志的機會，選賦〈鶉之奔奔〉表達本身對國君及執政的不滿。趙孟對於伯有選賦〈鶉之奔奔〉深感驚訝，雖已明白伯有賦詩的言外之意，但不欲亦不便干涉鄭國內政，於是顧左右而言他，回答曰：「床第之言不踰閾，況在野乎？非使人之所得聞也」，言外之意暗示伯有，此事正如夫妻之事，是鄭國內政問題，趙孟僅是晉國使者，無法過問此事。

　　對於伯有賦詩不當，子西接著賦《小雅·黍苗》企圖補救伯有之失辭。子西的試圖補救伯有之失，可由其特別賦〈黍苗之四章〉的舉動看出。觀察此次賦詩言志，各大夫皆取全詩之意，唯有子西特賦〈黍苗之四章〉，子西為彌補良霄不當的賦詩，選賦〈黍苗〉。又恐趙孟誤解，因此明言賦〈黍苗之四章〉。〈黍苗〉一詩，齊、魯、韓三家詩，皆以為此詩

---

乃敘述「召伯述職，勞來諸侯」之事。《左傳‧襄公十九年》
云：「黍苗，美召伯勞來諸侯。」《國語》韋注亦：「黍苗，
道召伯述職，勞來諸侯也。」

　　整體而言，《小雅‧黍苗》一詩，主要是贊美召伯經營
之功，其中第四章，更深切表達此意。子西特賦此章以趙孟
比召伯，盛贊其功。〈黍苗之四章〉：「肅肅謝功，召伯營之。
烈烈征師，召伯成之。」[121]杜預注云：「比趙孟於召伯也。」
[122]；竹添光鴻進一步闡釋曰：「勤民於遠，而民歡樂之。是
召伯之營也。民悅其上者不可敵，是召伯之烈。以擬文子受
大命，營功於宋，成師以還也。」[123]對於子西的盛贊，趙孟
辭謝，答曰：「寡君在，武何能焉！」表示，經營之功當歸
晉平公，其只是執行者。《左傳會箋》云：「晉侯正當卿士之
任，故武答何能」表示是晉平公能選用賢才之功；又云「推
善於其君也。」[124]

　　總之，杜預、竹添光鴻、楊伯峻等前輩學者，由詩句內
容切入，以說明子西賦詩所欲表達之含意。但對於子西何以
選賦此詩，又何以特標第四章，則未有說明。若由語用學角
度分析，如上所論，子西選賦〈黍苗〉，並特指其四章，主
要用意在彌補之前伯有不當的賦詩。因為，行人於外交場合

---

[121] 《十三經注疏‧詩經注疏》，（卷十五之二，八頁之下至十頁），
　　　頁 513 至 515。

[122] 晉‧杜預《春秋經傳集解》，（卷十八頁十八上），頁 263。

[123] 日‧竹添光鴻《左傳會箋》，（臺北：天工書局），頁 1242。

之言行舉止皆代表國家之外交立場，良霄（伯有）身爲鄭國政治核心，竟於賦詩言志之際，表達個人對國家政治不滿之情緒。此舉除損及國家形象外，若造成趙孟誤解，將可能引起災禍。因此子西賦詩時，除選賦〈黍苗〉一詩以表達對晉國盟主功績之推崇外，爲避免誤會再起，特別明確選賦〈黍苗之四章〉。

子西之後由子產賦詩。由於之前伯有賦詩失當，因此之後各大夫賦詩多選賦贊揚推崇之詩。一方面試圖補救伯有之失，另方面亦表達鄭國親晉的外交立場。子產選賦《小雅‧隰桑》：

> 隰桑有阿，其葉有難。既見君子，其樂如何？
> 隰桑有阿，其葉有沃。既見君子，云何不樂！
> 隰桑有阿，其葉有幽。既見君子，德音孔膠。
> 心乎愛矣，遐不謂矣！中心藏之，何日忘之！[125]

此詩本意，主要描寫男女相見時之喜悅。子產賦此詩，取「既見君子，其樂如何」、「既見君子，云何不樂」、「既見君子，德音孔膠」、「中心藏之，何日忘之」等句之意。皆欲表達對與趙孟相見之喜悅，更進一步而言，亦蘊含鄭國與晉

---

[124] 同上註。
[125] 《十三經注疏‧詩經注疏》，（卷十五之二，頁十一至頁十二上），頁 515。

國密切不變之情誼。《毛詩》言此詩爲:「刺幽王也。小人在位,君子在野,思見君子,盡心以事之。」[126]杜預本《毛詩》亦云:「義取思見君子,盡心以事之。又曰既見君子,其樂如何也。」[127]指出子產賦此詩的深層取義。

其他如竹添光鴻亦云:「隰桑阿難,言其柔而美也。文子之德度正當之,且宋之盟,能以柔鸞御剛馬矣。」[128]說明子產表達對趙孟參加弭兵之會的慰問之情,並贊揚趙文子弭兵之議的成就。此外,子產賦此詩的言外之意,亦可由趙孟的回應中,略知一二。趙孟回答:「武請受其卒章」,趙孟如此回答,表示其不忘晉鄭之長久邦誼的態度。

子產之後由子大叔賦詩。此時子大叔成爲鄭國政治核心不久,與趙孟是首次見面,《左傳會箋》云:「大叔似與文子初相見」[129]。因此其選賦《鄭風·野有蔓草》,表達與趙文子初相見喜悅之情。

> 野有蔓草,零露漙兮。有美一人,清揚婉兮。邂逅相
> 遇,適我願兮。
> 野有蔓草,零露瀼瀼。有美一人,婉如清揚。邂逅相

---

126 《十三經注疏·詩經注疏》,(卷十五之二,頁十一上),頁515。
127 晉·杜預《春秋經傳集解》,(卷十八,頁十八上),頁263。
128 日·竹添光鴻《左傳會箋》,(臺北:天工書局),頁1242。
129 日·竹添光鴻《左傳會箋》,(臺北:天工書局),頁1242。

遇，與子偕臧。[130]

此詩本意描寫男女相遇邂逅之情。《毛詩》云：「思時遇也。」[131]；杜預注云：「義取其邂逅相遇，適我願兮也。」[132]正可說明子大叔選賦此詩之用意。其賦此詩一方面表達對趙孟之敬意，一方面表達其孺慕之志。

關於〈野有蔓草〉是否適合於外交場合中使用，歷代學者多有所論。如本章第二節所論，外交賦詩是一種間接言語行為，就語用學理論角度而言，運用間接言語行為所欲表達之真正含意，往往是蘊藏於話語表層意義之下。聽者必須配合交際當時的語境，以信息內容的表層意義為聯想的出發點，進一步推敲表達一方蘊藏於話語表層意義中的深層含意。

春秋外交賦詩，言外之意才是賦詩者所欲表達的真正含意。正如王先謙所云：「以鄭國之人賦本國之詩，享餞大禮，豈敢賦不正之詩，以取戾於大國執政？」[133]子大叔賦〈野有蔓草〉主要藉此詩內容，表達與趙孟初相見喜悅之情。此外，由趙孟的回應中，亦可證明，其云：「吾子之惠也。」（表達樂與子大叔相識）要言之，春秋外交賦詩，是藉詩句內容為

---

[130] 《十三經注疏・詩經注疏》，（卷四之四，頁十一至頁十二上），頁182。

[131] 《十三經注疏・詩經注疏》，（卷四之四，頁十一上），頁182。

[132] 晉・杜預《春秋經傳集解》，（卷十八，頁十八上），頁263。

引申之觸發點，以取義爲主，即以引申聯想的意義爲賦詩之取義，對於詩句本身內容並不重視。

子大叔之後，由印段賦詩。其選賦《唐風‧蟋蟀》：

> 蟋蟀在堂，歲聿其莫。今我不樂，日月其除。無已大康，職思其居。好樂無荒，良士瞿瞿。
> 蟋蟀在堂，歲聿其逝。今我不樂，日月其邁。無已大康，職思其外。好樂無荒，良士蹶蹶。
> 蟋蟀在堂，役車其休。今我不樂，日月其慆。無已大康，職思其憂。好樂無荒，良士休休。[134]

此詩本意敘述，唐地百姓兼顧工作與娛樂。其內容大致如下：蟋蟀已在堂前鳴叫，時歲已見年底。若不趕緊抽空休息，一年即將結束。但是亦不可耽於享樂，而荒廢工作。好的青年（良士）應該要能兼顧工作與娛樂。對於此詩大旨，《齊詩》以爲：「君子節奢刺儉。」《魯詩》以爲：「獨儉嗇以齷齪，忘蟋蟀之謂何。」《毛詩》以爲：「刺晉僖公也。儉不中禮，故作是詩以閔之，……」[135]以上三說，是漢代經學家的解釋。

杜預注云：「無已大康，職思其居。好樂無荒，良士瞿

---

[133] 王先謙《詩三家義集疏》，（臺北：明文書局），頁369。

[134] 《十三經注疏‧詩經注疏》，（卷六之一，頁三至頁五），頁216至217。

瞿。言瞿瞿人顧禮儀也。」[136]竹添光鴻:「此時酒當益酣,故爾子石所賦如是。此唐風也。賦其國詩,欲不失其憂深思遠之遺矣。南氛尚恐,文子其得不感賞乎。」[137]以上二說,主要是由傳統經學角度解釋。以上諸說,皆有其本,但對於印段為何選賦〈蟋蟀〉一詩,並未有說明。

若配合交際當時語境而論,則印段選賦此詩的用意,明顯可見。其賦〈蟋蟀〉,主要欲借詩句內容,表達關心趙孟身體健康之意。因為,此年趙孟以晉國執政身份,赴宋國參與弭兵之盟。就春秋當時會盟制度而言,趙孟此年參與的「宋之盟」,只是公開表示晉、楚二國同意休戰,僅具有宣示意義。真正的盟約細節協商,在「宋之盟」後才正式展開。據《左傳》所載,「宋之盟」後,各國進行細節談判,即所謂「尋盟」。

各國達成初步共識後,在西元前 541 年(昭公元年)共同集會於虢之地,就弭兵細節進行多方協商。印段其人,以溫和有禮著稱。對於趙孟之後必須處理眾多弭兵細節,印段賦此詩表達關懷之意,希望趙孟於處理政事之餘,亦應兼顧各人身體健康。

印段之後,由公孫段賦詩言志,賦《小雅·桑扈》:

---

[135] 清·王先謙《詩三家義集疏》,(臺北:明文書局),頁414。
[136] 晉·杜預《春秋經傳集解》,(卷十八,頁十八上),頁263。
[137] 日·竹添光鴻《左傳會箋》,(臺北:天工書局),頁1243。

> 交交桑扈，有鶯其羽。君子樂胥，受天之祜。
>
> 交交桑扈，有鶯其領。君子樂胥，萬邦之屏。
>
> 之屏之翰，百辟為憲。不戢不難，受福不那。
>
> 兕觥其觩，旨酒思柔。彼交匪敖，萬福來求。[138]

此詩言：桑扈鳥交交的鳴叫，翅膀的羽毛光采鮮豔，有德君子必會受上之祝福。桑扈鳥交交鳴叫，脖上的羽毛，光采亮麗，君子們團結和樂，可以作為國家的屏障。各位有德君子皆是國家棟樑之才，皆是守法謹慎的君子，皆受上天的祝福。用兕角所製的酒杯喝美酒，宴飲間，態度溫恭謙讓，所有的福分將隨之而來[139]。

《毛詩》對此詩論述曰：「刺幽王也。君臣上下，動無禮文焉。」[140]鄭玄《詩經箋注》補充說明：「動無禮文，舉事而不用先王禮法威儀也。」以上二家所論，是傳統經學的說法。杜預注云：「義取君子有禮文，故能受天之祜也。」[141]杜說主要取首章之義。

若由語用學角度而言，公孫段賦此詩，主要取末章之

---

138 《十三經注疏・詩經注疏》，（卷十四之三，頁六下至頁八），頁 480 至 481。

139 詩中字辭解釋如下：鶯：文彩貌。戢：和也，守法度。觩：曲貌。形容酒杯角上曲之貌。柔：善也，嘉也。形容酒之醇美。匪敖：不驕傲，不傲慢。

140 《十三經注疏・詩經注疏》，（卷十四之三，頁六下），頁 480。

141 晉・杜預《春秋經傳集解》，（卷十八，頁十八下），263。

意。因爲，公孫段是本次賦詩言志的最後一位，鄭國的外交立場，經過之前諸大夫賦詩，已明確的表達。公孫段於是選賦〈桑扈〉一詩，取詩中末章「彼交匪敖，萬福來求」之義。一方面贊美趙孟於宴飲間溫恭謙讓之舉止，另方面亦寄託若晉、鄭二國能長久維持友誼，則萬福都將隨兩國邦誼而來之意。

　　以上的推論，可由趙孟的回答中獲得印證。趙孟答曰：「『匪交匪敖』，福將焉往？若保是言也，欲辭福祿，得乎？」竹添光鴻云：「君子燕飲不失禮文之詩也。美文子既醉，威儀不違，以頌受天之祐。故文子言賓主之交匪敖，福不可辭，以答之也。」[142]趙孟於回答中，直言「匪交匪敖」一句，可見其能體會公孫段賦此詩的含意。

　　此外，趙孟對鄭七子之看法，《左傳》藉宴享結束後，趙文子與晉國叔向之對話來表達。趙孟指出，除伯有將有殺身之禍外，其餘六子，都是有禮有德的君子，其家族必能傳承數代。趙孟對叔向的談話，亦顯示出晉國今後對鄭國友好之外交態度。整體而言，因晉、楚「宋之盟」（弭兵之盟）於此年夏季剛成立，趙孟爲探察鄭國今後之外交立場，因此於宴飲之際，要求鄭國七位政治核心大夫，賦詩以說明鄭國今後的外交態度[143]。鄭國之前本親晉，因此鄭國表示今後亦

---

[142] 日・竹添光鴻《左傳會箋》，（臺北：天工書局），頁1243。

[143] 因鄭國執政核心者的態度，正代表鄭國今後政治與外交走向。因此，趙孟請鄭七子賦詩言志。

服從晉國之態度，除伯有外，其餘六子皆賦詩推崇晉國之功，表示願追隨晉國之意。此次外交交際，表面上是趙孟請七子賦詩言志，實際上，晉、鄭雙方已於賦詩與應答中，完成外交交際。

又如，魯昭公十六年（西元前 526 年），晉昭公六年，鄭定公四年。此年三月，晉國韓起至鄭國聘問。四月，將離開鄭國，在餞別宴會上，韓宣子要求鄭六卿賦詩以言志，其亦由其志而知鄭國未來之外交立場。《左傳》載此事如下：

> 夏，四月，鄭六卿餞宣子於郊。宣子曰：「二三君子請皆賦，起亦以知鄭志。」子齹賦＜野有蔓草＞。宣子曰：「孺子善哉！吾有望矣。」子產賦鄭之＜羔裘＞。宣子曰：「起不堪也。」子大叔賦＜褰裳＞。宣子曰：「起在此，敢勤子至於他人乎？」子大叔拜。宣子曰：「善哉，子之言是！不有是事，其能終乎？」子游賦＜風雨＞。子旗賦＜有女同車＞。子柳賦＜蘀兮＞。宣子喜，曰：「鄭其庶乎！二三君子以君命貺起，賦不出鄭志，皆昵燕好也。二三君子，數世之主也，可以無懼矣。」宣子皆獻馬焉，而賦＜我將＞。子產拜，使五卿皆拜，曰：「吾子靖亂，敢不拜德！」宣子私覿於子產以玉與馬，曰：「子命起舍夫玉，是賜我玉而免吾死也，敢不藉手以

拜！」<sup>144</sup>

對於韓起的要求，鄭六卿按地位之高低賦詩，首先由子皮之子嬰齊賦《鄭風‧野有蔓草》。子皮原為鄭國上卿，卒於昭公十三年，由其子嬰齊嗣位。由於子齹是首次與韓宣子會面，於是選賦〈野有蔓草〉。如前所述，此詩本義敘述男女雙方，相遇邂逅，相互欣賞之情。《毛詩》：「思時遇也。」子齹賦此詩，主要欲藉詩中內容，表達能與韓宣子相見之喜悅。杜預注：「取其邂逅相遇，適我願兮。」<sup>145</sup>竹添光鴻亦云：「蓋亦初相見也。前傳子大叔同。」<sup>146</sup>韓宣子對於子齹賦詩表達相遇喜悅之情，亦客氣的回應曰：「孺子善哉！吾有望矣。」表達對子齹之期許。

由韓宣的回答，可以說明，子齹選賦〈野有蔓草〉一詩，並無不妥之處。後儒曾提出鄭風淫靡，〈野有蔓草〉詩寫男女相遇之情，不可用於外交場合之論。韓宣子的回答，足可說明此一問題。清‧王先謙《詩三家義集疏》亦云：「以鄭國之人賦本國之詩，享餞大禮，豈敢賦不正之詩，以取戾於大國執政？」<sup>147</sup>事實上，欲探討此一問題，應將其置於春秋時期社會環境中探討。詩本是各國人民於生活中有所感而

---

144 《十三經注疏‧左傳》，（臺北：藝文印書館），頁828。
145 晉‧杜預《春秋經傳集解》，（卷二十三，頁二十二上），頁331。
146 日‧竹添光鴻《左傳會箋》，（臺北：天工書局），頁1577。
147 清‧王先謙《詩三家義集疏》，（臺北：明文書局），頁369。

作，其中所述之情感真實且純樸。就百姓而言，並無所謂淫靡之說。之所以有淫亂萎靡之別，一方面是經過文士的加工，一方面是後學以道德標準加以評判所致。

若就春秋當時一般人而言，詩就是詩，並無所謂淫靡，而是能不能抒解心中情緒較重要。且外交賦詩，主要取詩之引申義，原詩句內容只是提供聯想的切入點。真正重要的是，賦詩背後所蘊藏的意義。

子蠆之後由子產賦詩。鄭簡公二十三年（西元前 543年），子皮授政於子產（襄公三十年），至此年鄭定公四年（西元前 526 年），子產為鄭國主要執政。因此子產與晉國各卿大夫間已有相當之交往。又韓宣子此次聘鄭，於三月來時，發生孔張後至（昭公十六年），韓起求環等事件，兩人之間已有較深入的瞭解，韓宣子對於子產之政治主張亦由事件中有所體認。因此，子產簡單的選賦《鄭風・羔裘》，表達對韓宣子的敬意。

> 羔裘如濡，洵直且侯。彼其之子，舍命不渝。
> 羔裘豹飾，孔武有力。彼其之子，邦之司直。
> 羔裘晏兮，三英粲兮。彼其之子，邦之彥兮。[148]

以〈羔裘〉為名的詩今存有三，鄭風、唐風、檜風中各有一首，子產所賦者為鄭風。此詩主要藉描寫大夫服飾之

---

[148] 《十三經注疏・詩經注疏》，（卷四之三，頁一至頁二上），頁 168。

美，以贊大夫之德。「羔裘如濡」，正象徵大夫正直的個性；以豹皮爲裝飾的服裝，正好表現大夫之勇武；以素英裝飾色彩鮮豔的服裝，表現出大夫的文采與風度。要言之，子產賦此詩，欲藉詩中對鄭大夫之贊美，表達對韓宣子德行之贊揚。杜預注云：「取其彼己之子，舍命不渝邦之彥兮，以美韓子。」[149]對於子產的盛贊，韓宣子表示己之德薄，不敢接受如此盛贊。子產之後，由子大叔賦詩。子大叔日後爲子產的接班人，此時，子大叔主要負責協助子產處理鄭國的外交事務，此爲影響子大叔選賦詩篇的語境之一。子大叔選賦《鄭風·蹇裳》：

> 子惠思我，蹇裳涉溱。子不我思，豈無他人！
>
> > 狂童之狂也且！
>
> 子惠思我，蹇裳涉洧。子不我思，豈無他士！
>
> > 狂童之狂也且！[150]

對於此詩的本義，《毛詩》云：「思見正也。狂童恣行，國人思大國之正己也。」[151]子大叔賦此詩的言外之意，杜預注云：「蹇裳詩曰子惠思我，蹇裳涉溱。子不我思，豈無他

---

[149] 晉·杜預《春秋經傳集解》，（卷二十三，頁二十二上至下），頁331。

[150] 《十三經注疏·詩經注疏》，（卷四之三，頁十二至頁十四），頁173至174。

[151] 《十三經注疏·詩經注疏》，（卷四之三，頁十二上），頁173。

人。言宣子思己，將有蹇裳之志。如不我思，豈無他人。」
[152]即子大叔希望晉國不會負氣而致鄭國不顧。〈蹇裳〉一詩
主要是描寫女方對男方棄其不顧的不平。當男方思念女方
時，即使是提裳涉河，亦趕來相見。但當雙方有所爭執後，
男方卻棄女方不顧。

由於子大叔多次代表鄭國出使晉國，對於晉國時友時不
顧的態度，有所體認。因此藉賦此詩，表達希望晉國態度能
明確的要求。此詩內容所述，正符合晉國的態度。對於子大
叔賦詩的言外之意，韓宣子是否能正確解讀，由其回答中可
知。其答曰：「起在此，敢勤子至於他人乎？」韓起此言主
要表示，只要其仍擔任晉國執政，將不會如詩中男子一般，
棄鄭國不顧。對於韓宣子能體會自己賦詩所蘊含的言外之
意，並明確提出保證，子大叔立刻拜謝。

觀察此次六卿賦詩，除最後子產拜，並使其他五卿皆拜
外。於賦詩過程中有拜答行為者，只有子大叔一人。所謂藉
賦詩言志以進行外交交際者，此為明顯之例。

子大叔之後，子游（駟帶之子駟偃）賦《鄭風‧風雨》，
風雨一詩寫的是男女相見時喜悅之情。子游賦此詩，表達與
韓宣子相見喜樂之情。其詩如下：

> 風雨淒淒，雞鳴喈喈。既見君子，云胡不夷！
> 風雨瀟瀟，雞鳴膠膠。既見君子，云胡不瘳！

---

[152] 晉‧杜預《春秋經傳集解》，（卷二十三，頁二十二下），頁331。

風雨如晦，雞鳴不已。既見君子，云胡不喜！[153]

　　詩中夷、瘳、喜三字皆是形容見到友人時歡欣之情。子游賦此詩的動機與目的爲何？何以選賦此詩？其與韓宣子的關係如何？欲解釋以上疑問，則須配合語境的分析。鄭國駟氏與晉國大夫間向來關係密切，由昭公十九年的記載，駟偃之妻爲晉國大夫之女。又昭公十九年記載晉國干涉駟氏一族繼承問題一事，可知兩者關係之密切。

　　由上可以解釋，爲何當子游見到晉國韓宣子時，選賦〈風雨〉一詩。若子游爲初見韓宣子，或當選賦〈野有蔓草〉較爲妥當，因爲〈野有蔓草〉詩中內容，較適合初相見的場合。由〈風雨〉一詩內容來看，似乎適用於雙方有某種程度之交情後，再相見時欣喜之情。杜預注云：「取其既見君子，云胡不夷！」[154]子游之後，接著由子旗賦《鄭風・有女同車》，其詩如下：

有女同車，顏如舜華。將翱將翔，佩玉瓊琚。

　　　　　　彼美孟姜，洵美且都。

有女同車，顏如舜英。將翱將翔，佩玉將將。

　　　　　　彼美孟姜，德音不忘。[155]

---

[153] 《十三經注疏・詩經注疏》，（卷四之四，頁五），頁179。

[154] 晉・杜預《春秋經傳集解》，（卷二十三，頁二十二下），頁331。

[155] 《十三經注疏・詩經注疏》，（卷四之三，頁六至頁八上），頁170

　　此詩本義，是描寫同車女子之美。其容貌如木槿花般，其舉止亦合規矩、風度嫻雅。子旗選賦此詩之動機爲何？《毛詩》云：「刺忽也。鄭人刺忽之不昏于齊。太子忽嘗有功于齊，齊侯請妻之齊女，賢而不取，卒以無大國之助至於見逐，故國人刺之。」[156]（事見隱公八年）若依毛詩所言，則子旗賦此詩便含有更深一層的意義。其表達出鄭國希望與晉國同車之好，與晉國建立更密切的友好關係。對於子旗之賦詩，韓宣子或不明其意，故未作回應。

　　子柳見韓宣子未明子旗賦詩之意，於是承接子旗欲求好於晉的用意，選賦《鄭風・蘀兮》：

> 蘀兮蘀兮，風其吹女。叔兮伯兮，倡予和女。
> 蘀兮蘀兮，風其漂女。叔兮伯兮，倡予要女。[157]

　　此詩本義藉描寫樹皮樹葉之脫落[158]，諷喻士大夫當團結一致，救國圖存。《毛詩》云：「刺忽也。君弱臣強，不倡而

---

至 171。

[156] 《十三經注疏・詩經注疏》，（卷四之三，頁六上），頁 170。

[157] 《十三經注疏・詩經注疏》，（卷四之三，頁十至頁十一上），頁 172 至 173。

[158] 漢・許慎 撰、清・段玉裁 注《說文解字注》：「草木凡皮葉落地爲蘀。」（臺北：天工書局，民國 81 年 11 月）。

和也。」[159]鄭玄《詩經傳箋》:「不倡而和,君臣各失其禮,不相倡和。」此二說爲傳統經學之解釋。若配合上所述,子柳見韓宣子未明子旗賦〈有女同車〉之意,承其意而賦〈蘀兮〉。則子柳賦此詩的言外之意可以理解爲,鄭國希望在晉國的領導下,共同努力。

又〈蘀兮〉一詩,是藉對樹木皮葉脫落之描寫,以託諷喻之意。子柳賦此詩,另一含意是將鄭國比爲皮葉脫落之樹木,表達極待晉國救援之意。對此,韓宣子回應曰:「鄭其庶乎」,一方面表示鄭國仍似興盛之樹,並非落葉之木。在此同時,亦表示韓宣子願意提供鄭國保護,以免鄭國成爲皮葉脫落之樹。之後又贊美鄭國六卿之賢與德,因其所選賦之詩,皆在《鄭風》範圍內。

韓宣子聽完六卿賦詩言志後,其贈馬以爲回禮,並賦《周訟·我將》作爲對鄭國六卿之回應。

> 我將我享,維牛維羊,維天其右之。儀式刑文王之
> 典,日靖四方。
> 伊嘏文王,既右饗之。我其夙夜,畏天之威,于時
> 保之。[160]

---

[159] 《十三經注疏·詩經注疏》,(卷四之三,頁十上),頁172。

[160] 《十三經注疏·詩經注疏》,(卷十九之三,頁三至頁五上),頁717至718。

　　依毛詩所論，此詩爲「祀文王於明堂」時所配奏之樂歌。
詩之本義，主要是表明欲以文王爲典範，效法文王安定四方
的志向。並表示自己將日夜努力，不負上天與文王之所命。
韓宣子賦此詩，主要表明其將努力維持盟國間的和平，並會
保護鄭國之安全。杜預注云：「取其『日靖四方，我其夙夜，
畏天之威』，言志在靖亂畏懼天威。」[161]竹添光鴻云：「『畏
天之威，于時保之』，言保小國也。」[162]對於韓宣子的承諾，
子產最先體悟。於是起身拜答，並使其他五子一起拜謝。

　　觀察以上整個外交賦詩交際情況，韓宣子雖請鄭六卿賦
詩以觀其志，但在賦詩言志的過程中，外交交際的工作仍不
斷在進行。在此次賦詩言志的過程中，鄭六卿藉由賦詩，完
整表達鄭國的外交立場與對晉國之態度。韓宣子亦經由鄭六
卿之賦詩，能更瞭解鄭國未來的外交走向。而整個交際過程
中，鄭國六卿皆是運用間接的賦詩方式，來表達所欲陳述之
內容。此正符合間接言語行爲之定義。

　　觀察以上諸例之交際過程，雙方皆運用間接的表達方
式，來傳遞所欲表達之信息內容，此正是語用學理論中所謂
的「間接言語行爲」。

　　此外，如上文所論鄭簡公兼享趙孟、叔孫豹等人一例：
趙孟欲要求鄭國燕享從簡，卻不明言，而以賦詩的間接方式
表達。鄭國子皮在無法真正確定趙孟言外之意下，仍舊準備

---

[161] 晉·杜預《春秋經傳集解》，（卷二十三，頁二十三上），頁 332。
[162] 日·竹添光鴻《左傳會箋》，（臺北：天工書局），頁 1578。

厚宴招待。趙孟不接受，鄭國乃從簡，但此事已破壞宴飲的
氣氛。同席的魯國叔孫豹，於是出面緩和氣氛，由於場面尷
尬，叔孫豹亦不便明言，於是先賦〈鵲巢〉一詩，企圖替鄭
說明。趙孟辭曰不堪，又賦〈采蘩〉一詩，並親自說明賦詩
之意。至此，才平息辭宴之風波。鄭國子皮亦賦〈野有死麕
之卒章〉以表達歉意，並要求晉國提供安全保障。趙孟回賦
〈常棣〉一詩，表示希望兩國前嫌盡釋，共同禦楚。交際雙
方不以直接方式表達意見，而是運用間接的賦詩方式來進行
溝通。


## 二、言外之意是間接言語行為交際之主要信息內容

　　上段所論，是由言語交際形式角度，來說明外交賦詩是
一種間接言語行為。以下另由交際信息內容角度，說明間接
言語行為與外交賦詩之關係。如前所論，間接言語行為在交
際形式上，是運用間接的方式，委婉地表達意見，進行溝通。
若由交際信息內容角度來說，間接言語行為交際之主要信息
內容，不在於話語的表層意義，而是隱藏於表層意義下的深
層含意。分析《左傳》所載外交賦詩，發現外交賦詩交際之
主要信息內容，亦不在賦詩詩句本身之意義，而是將所欲表
達之真正信息內容，隱藏於詩句背後。試舉實例說明之：

　　魯襄公十九年（西元前 554 年），晉平公四年。此年春

季，魯國大夫季武子前往晉國答謝去年晉國出兵討齊[163]，並助魯國取得郕田[164]。《左傳》載之如下：

> 季武子如晉拜師，晉侯享之。范宣子為政，賦〈黍苗〉。季武子興，再拜稽首，曰：「小國之仰大國也，如百穀之仰膏雨焉。若常膏之，其天下輯睦，豈唯敝邑？」賦〈六月〉。[165]

以下配合語境探討雙方如何運用賦詩進行溝通。當季武子抵達晉國後，晉平公設宴款待。范宣子於宴飲之際，賦《小雅·黍苗》一詩：

> 芃芃黍苗，陰雨膏之。悠悠南行，召伯勞之。
> 我任我輦，我車我牛。我行既集，蓋云歸哉。
> 我徒我御，我師我旅。我行既集，蓋云歸處。
> 肅肅謝功，召伯營之。烈烈征師，召伯成之。
> 原隰既平，泉流既清。召伯有成，王心則寧。[166]

---

[163] 此即「平陰之役」，事見《左傳》襄公十八年記載。

[164] 平陰之戰時，魯國在晉國默許下，趁機佔領齊國小部分領土。日·竹添光鴻《左傳會箋》，（臺北：天工書局），頁1122。

[165] 《十三經注疏·左傳》，（臺北：藝文印書館），頁585。

[166] 《十三經注疏·詩經注疏》，（卷十五之二，頁八至頁十），頁513至514。

　　此詩本義在贊美召伯勤政愛民之情。范宣子選賦此詩，其取義杜預注云：「美召伯勞來諸侯，如陰雨之長黍苗也。喻晉君憂勞魯國猶召伯也。」[167]配合交際當時語境而言，杜預此說大體正確。西元前 555 年（襄公十八年），晉國聯合各諸侯國出兵伐齊。表面理由是因爲溫之會（襄公十六年）時，齊國行人高厚歌詩不類所致。事實上，是因爲晉平公剛即位，其欲鞏固晉國中原盟主地位之故。

　　齊國爲中原各國中次於晉國者，襄公十六年晉悼公卒，平公即位，隨即會諸侯代表於溫，表面上是傳達新君即位的訊息，但事實上是欲探察各國對晉國新局勢之態度。因此，在溫之會時，晉平公明白要求各國大夫舞，欲藉由各國所奏用、歌賦之樂，以了解各國對晉國的外交立場。

　　齊國高厚歌詩不類，今日由於資料有限，無法得知其歌詩不類，是出於個人疏忽、學養不足，或是出於齊國執政者所授意。但由於齊國歌詩不類，因此晉國與其他諸侯國訂下溴梁之盟。於襄公十九年出兵伐齊。藉晉伐齊之故，魯國搶回之前被齊國侵吞的土地。

　　戰爭結束後，季武子爲此前往晉國表達謝意。范宣子選賦此詩，藉詩中對召伯勤政愛民、經營之功的贊美，寄寓晉國對魯國之關懷正如召伯對百姓關愛一般。對此，季武子立即起身拜答，回答：「小國之仰大國也，如百穀之仰膏雨焉。若常膏之，其天下輯睦，豈唯敝邑？」並賦《小雅‧六月》

---

[167] 晉‧杜預《春秋經傳集解》，（卷十六，頁十一上），頁237。

表達願佐晉國成就罷業之意。

此外，由季武子回答與選賦〈六月〉的舉動，亦可推知范宣子賦詩的言外之意，大體如杜注所云。季武子賦《小雅·六月》以爲回應，其詩如下：

> 六月棲棲，戎車既飭。四牡騤騤，載是常服。玁狁孔
> 熾，我是用急。王于出征，以匡王國。
> 比物四驪，閑之維則。維此六月，既成我服。我服既
> 成，于三十里。王于出征，以佐天子。
> 四牡修廣，其大有顒。薄伐玁狁，以奏膚功。有嚴有
> 翼，共武之服。共武之服，以定王國。
> 玁狁匪茹，整居焦穫。侵鎬及方，至於涇陽。織文鳥
> 章，白旆央央。元戎十乘，以先啟行。
> 戎車既安，如輊如軒。四牡既佶，既佶且閑。薄伐玁
> 狁，至于大原。文武吉甫，萬邦爲憲。
> 吉甫燕喜，既多受祉。來歸自鎬，我行永久。飲御諸
> 友，炰鱉膾鯉。侯誰在矣？張仲孝友。[168]

關於此詩本義，《毛詩》云：「宣王北伐也。」鄭玄《詩經傳箋》曰：「〈六月〉，言周室微而復興，美宣王之北伐也。」《齊詩》云：「宣王興師命將，征伐獫狁，詩人美大其功。」《魯詩》云：「周室既衰，四夷竝侵，獫狁最彊，至宣王而

---

[168] 《十三經注疏·詩經注疏》，（卷十之二，頁一至頁八上），頁357至360。

伐之，詩人美而頌之曰：」各家皆以爲美宣王伐玁狁。要言之，此詩內容主要是贊美軍事行動的適當與成功。

《小雅・六月》一詩，在詩經中屬於較長篇者，季文子何以選賦全詩，而不單賦某章？主要是因爲，〈六月〉一詩中所敘述的內容，與魯國當時的處境及魯晉兩國之關係有許多相似點。季文子欲藉賦此詩，一方面陳述魯國處境之艱難，另方面表達感謝晉國援助之意，且同時表達魯國願隨晉國之意。

以下分析季文子賦《小雅・六月》所欲表達的言外之意。首章中「玁狁孔熾，我是用急」是以玁狁比作齊國，說明魯國與齊國間緊張的關係，表達魯國處境之艱難。「王于出征，以匡王國」乃是「以晉侯比吉甫出征以匡王國」[169]贊美晉國出兵救魯之義舉。第二章「我服既成，于三十里。王于出征，以佐天子」一句，主要表示魯國願隨晉國，聽晉國號令而行。第三章「有嚴有翼，共武之服。共武之服，以定王國」則表達魯國對晉國之恭謹之態度。第四章「玁狁匪茹，整居焦穫。侵鎬及方，至於涇陽」則是暗示齊國勢力之強大與根基之穩固，正如周宣王當時的玁狁一般。再次表示魯國處境之艱困，寄寓希望晉國關注之情。

季文子賦一詩而表多義，且此詩內容與當時語境正可配合，可謂賦詩得當。而在此次言語交際中，交際雙方皆能了解對方賦詩所表達之意含，且亦藉賦詩陳述己意，此次溝通

達到一定的成效，可算是成功的外交賦詩交際活動。由上交際過程中可知，言外之意才是雙方溝通之主要信息內容。

又如，魯襄公十六年（西元前 557 年），晉平公元年，齊靈公二十五年。此年冬季，魯叔孫穆叔聘於晉，此行主要目的為向晉國表達齊國對魯國之威脅。希望尋求晉國的保護。《左傳》載此事如下：

> 冬，穆叔如晉聘，且言齊故。晉人曰：「以寡君
> 之未禘祀，與民之未息，不然，不敢忘。」穆叔曰：
> 「以齊人之朝夕釋憾於敝邑之地，是以大請。敝邑
> 之急，朝不及夕，引領西望曰：『庶幾乎！』比執豆
> 間，恐無及也。」見中行獻子，賦＜圻父＞。獻子
> 曰：「偃知罪矣，敢不從執沈同恤社稷，而使魯及
> 此？」見范宣子，賦＜鴻雁＞之卒章。宣子曰：「
> 在此，敢使魯無鳩乎？」[170]

對於魯國的請求，晉國以晉悼公剛去逝，加上此年晉國出兵伐許與楚國力尚未恢復，為理由，婉拒魯國的請求。叔孫穆子再三表達魯國尋求保護之意。在會見中行獻子時，叔孫豹賦＜圻父＞一詩以明此志；在與范宣子會面時，叔孫穆

---

[169] 晉・杜預《春秋經傳集解》，（卷十六，頁十一上），頁 237。
[170] 《十三經注疏・左傳》，（臺北：藝文印書館），頁 573。

子賦〈鴻雁之卒章〉表達魯國極需晉國保護之請求。

以下分析叔孫穆子賦此二詩明志並進行外交交際之過程：此次外交交際之客觀語境如下：齊國始終有侵魯之心，襄公十四年，周天子使劉定公賜命齊靈公，預計與齊國聯姻。襄公十五年，齊國趁晉國國內政局剛輪替，且爲楚、衛兩國問題所擾，無暇顧及魯國時機。出兵侵吞魯國土地。襄公十六年春季，晉平公即位，宴享各國代表於溫，會中各國行人歌詩以明志。齊國高厚「歌詩不類」，又逃盟，於是爲各國所指責。同年夏季，齊國出兵侵略魯國北方領土。

魯國深感齊國威脅，叔孫穆子遂藉聘晉之便，賦詩表達尋求晉國保護之意。中行獻子即荀偃，此時爲晉國執政[171]，叔孫穆子把握與中行獻子會面的機會，賦《小雅・圻父》，表達魯國需要晉國援助之意。其詩如下：

> 圻父，予王之爪牙。胡轉予于恤，靡所止居？
> 圻父，予王之爪士。胡轉予于恤，靡所底止？
> 圻父，亶不聰！胡轉予于恤，有母之尸饔。[172]

杜預云：「周司馬掌封畿之兵甲，故謂之圻父。詩人責圻父爲王爪牙，不脩其職，使百姓受困苦之憂而無所止居

---

[171] 荀偃於晉悼公十三年（西元前 560 年），繼荀罃之後成爲晉國中軍帥，負責晉國政事。詳見《左傳・襄公十三年》。

[172] 《十三經注疏・詩經注疏》，（卷十一之一，頁十至頁十二上），

也。」[173]配合上述語境，知叔孫穆叔賦此詩主要是表達，魯國對於晉國一向友好，且盡心協助，正如王之得力助手般。今日魯國有難，晉國為何以「未禘祀」與「民之未息」為藉口，拒絕魯國的請求。竹添光鴻云：「魯厚事晉，故穆子自以比爪牙，責晉不救之。」[174]

之後，叔孫穆子會見晉國上軍將范宣子，並藉賦《小雅・鴻雁》一詩表達魯國尋求晉國援助之至。為避免賦詩解釋上的模糊，叔孫穆子特別指明賦〈鴻雁之卒章〉：「鴻雁于飛，哀鳴嗸嗸。維此哲人，謂我劬勞。維彼愚人，謂我宣驕。」（〈鴻雁〉一詩大旨，見前文）此章內容如下：鴻雁四處飛翔，發出吵雜悲凄的鳴叫聲。只有這位明白事理的賢哲，能體會我們的痛苦。其他愚鄙的人，斥責我們喧鬧、牢騷。由此章所述內容，配合交際當時之語境（如前所述），叔孫穆子賦詩之言外意旨呼之欲出。即希望范宣子能提供魯國協助。杜預注云：「言魯憂困嗸嗸然，若鴻雁之失所也。」[175]此外，叔孫穆子之前已獲得荀偃承諾助魯，因此藉詩中哲人、愚人之比，暗示范宣子。竹添光鴻云：「卒章有哲人有愚人，以哀矜與否別之。穆子得所賦矣。且哲人謂我劬勞，暗言中

頁 377 至 378。

[173] 晉・杜預《春秋經傳集解》，（卷十六，頁三上），頁 233。

[174] 日・竹添光鴻《左傳會箋》，（臺北：天工書局），頁 1102。

[175] 晉・杜預《春秋經傳集解》，（卷十六，頁三上），頁 233。

行獻子之既許同恤。以起發宣子也。」[176]

　　值得提出說明的是，叔孫豹既已得到晉國執政荀偃的允諾，何為又拜見范宣子？魯國因不堪齊國履次侵犯，希望尋求晉國的保護。在叔孫穆子與荀偃會面時，中行獻子已答應提供魯國保護。叔孫豹為避免晉國內部意見不合，影響晉國對魯國之協助，因此接著拜會晉國第二領導人范宣子，爭取其對魯國之承諾。

　　整體而言，此次外交交際魯國叔孫穆子藉賦詩以表達魯國之志，藉明志以尋求晉國保護。晉國方面能體會賦詩的言外之意，並答應提供魯國保護，叔孫豹的外交賦詩達到預期的外交目標，此次為成功的外交交際。由此例分析可知，賦詩背後的言外之意，才是此次交際的主要信息內容。

　　又如，魯襄公十九年（西元前 554 年），晉平公四年，齊靈公二十八年。此年冬季，齊國與晉國達成議和，雙方盟於大隧。《左傳》載曰：

> 齊及晉平，盟于大隧。故穆叔會范宣子于柯。穆叔
> 見叔向，賦〈載馳〉之四章。叔向曰：「肸敢不承
> 命！」穆叔歸，曰：「齊猶未也，不可以不懼。」乃
> 城武城。[177]

---

[176] 日・竹添光鴻《左傳會箋》，（臺北：天工書局），頁 1102。
[177] 《十三經注疏・左傳》，（臺北：藝文印書館），頁 587。

　　承上例所論，晉、齊此次戰事，起因於齊國對晉平公盟
主地位的挑戰。溫之會，齊國高厚歌詩不類，晉與其他諸侯
定下溴梁之盟，出兵伐齊。此時夾在晉、齊之間的國家為魯
國。齊國自桓公起，不時有侵魯之心。齊、魯二國亦敵亦友，
整體而言，當中原局勢較穩定時，齊、魯間能保持友好關係；
但當局勢有所變化，則魯國往往成為齊國首要目標。

　　西元前 557 年（襄公十六年），晉悼公卒，平公立。齊
國見局勢有所變化，於是出兵侵魯。襄公十八年冬季，齊與
晉及諸侯聯軍，戰於平陰，齊軍敗。隔年秋季，晉、齊議和。
齊雖與晉達成議和，但齊國仍保有相當軍力，對魯國仍有威
脅。魯國鑑於晉、齊和談後，晉軍勢必退返國內，則魯國又
將受齊國威脅。在此國際形勢下，魯國穆叔出使會見晉國執
政，表達出尋求保護的請求。但因晉國剛與齊國達成議和，
因此不便明言齊國之惡，於是選擇以賦詩的方式表達。

　　襄公十九年，晉、齊議和盟於大隧。魯國叔孫穆子出使
晉國，與晉國執政范宣子於柯一地會面。對於叔孫穆子此次
出使晉國之動機，杜預云：「齊晉平，魯懼齊，故為柯之會，
以自固。」[178]竹添光鴻云：「齊晉平則魯可以無懼，故會以
聽其情狀。」[179]杜預、竹添光鴻二者的說法正好相反。一以
齊、晉平則魯危，故為柯之以會；另以齊、晉平則魯安，故

---

[178] 晉·杜預《春秋經傳集解》，（卷十六，頁十三下），頁 238。

[179] 日·竹添光鴻《左傳會箋》，（臺北：天工書局），頁 1128。

會之以明形勢。欲判斷二者之是非，須由穆子所賦〈載馳之四章〉以判斷。此章詩句云：「我行其野，芃芃其麥。控于大邦，誰因誰極？大夫君子，無我有尤。百爾所思，不如我所之。」此章內容如前所述，是描寫許穆夫人行至郊外，見成長茂盛的麥子，想起故國種種。今日衛國有難，自己無力救之。欲訴諸大國，卻不見大國出面主持正義。杜預對於穆子選賦此章之取義云：「四章曰：『控于大邦，誰因誰極。』控，引也。取其欲引大國以自救助也。」[180] 竹添光鴻則云：「穆叔會宣子，索齊之情，於心不釋然也。故遂見叔向請援。」[181]

綜上所論，配合之前所論客觀語境（魯國的處境），可知，叔孫穆子此次出使，與晉國執政范宣子會面，以了解晉、齊議和之情況，掌握國際局勢之變化。之後，又與叔向會面，藉賦〈載馳之四章〉表達魯國處境之艱難，請求晉國予以保護。如前所論，由於此次外交賦詩攸關國家安危，不容語意表達之模糊，叔孫穆子於是明確選賦〈載馳〉一詩第四章。明確表達魯國的立場與請求。叔向此時負責晉國外交事務，對於叔孫穆子賦詩的言外之意，充分理解後，承諾對魯國提供適當的保護。由上諸例分析可知，言外之意才是外交賦詩的主要交際信息內容。

總結而言，由言語交際形式觀察，外交賦詩以選賦詩

---

[180] 晉・杜預《春秋經傳集解》，（卷十六，頁十三下），頁238。
[181] 日・竹添光鴻《左傳會箋》，（臺北：天工書局），頁1128。

篇、詩句的方式，間接、委婉地進行言語交際活動。由交際
信息角度分析，外交賦詩，將所欲表達之信息內容，藉賦詩
的方式，將交際主要信息內容，寄藏於所賦詩篇章句之下。
由上論述可知，外交賦詩確實符合語用學理論中間接言語行
為之定義。

## 第三節　語境與《左傳》外交賦詩

外交賦詩是一種間接言語行為，則語用學理論中，對於
間接言語行為交際信息判讀之觀念，可以運用在外交賦詩之
解讀上。在語用學理論中，間接言語行為的解釋，必須以語
境為基礎。不可否認的是，同一首詩於不同場合、不同氣氛
下選賦，則其背後所隱含的言外之意，自然不同。對於外交
賦詩之解讀，「與其空懸取義於幾章幾句的原則，不如從賦
詩情境的揣摩著手。所謂揣摩當時情境，一方面是從賦詩事
件發生的背景規定取義的大致方向，一方面要從賦詩人物彼
此的關係及其心理來濾定託寓於詩句的意念；也就是設想如
此 的 詩 句 置 放 在 如 彼 的 情 境 當 中 ， 將 會 產 生 怎 樣
的 意 涵 。 」 [182]

---

[182] 張素卿《左傳稱詩研究》，（臺大文史叢刊之八十九），頁106。

所謂揣摩當時情境，就是語境的還原工作。某一事件發生當時的國際形勢、社會背景等，即爲客觀語境。而交際雙方的心理與關係，是爲主觀語境。外交賦詩之解讀，必須配合主、客觀語境來進行，如此才能判讀出真正隱藏於賦詩背後的言外之意，才能進行外交交際。本節由語境角度切入，說明語境在外交賦詩解讀上之功能與意義，並說明語境對《左傳》外交賦詩交際過程及其結果之影響。

整體而言，語境在外交賦詩解釋上主要有兩大意義。一爲，語境對言外之意的表達，具有限定作用。即外交賦詩所欲表達的言外之意，受交際當時語境之影響與限定。其二，語境有助外交賦詩言外之意的分析與判讀。以下針對此兩點進一步論述。

## 一、語境對賦詩之限定作用

語境，簡言之，就是言語交際進行當時所處的主、客觀環境。（詳見第二章）語境在言語交際過程中，發揮「**解釋**」與「**過濾**」兩種功能。

所謂解釋功能，是指語境在語句意義解釋方面所產生之作用，主要在於幫助聽者由語句中譯出對方語句中的信息意義。如幫助聽者由語句的表層意義推敲出表達者所欲表達之深層含意[183]。所謂過濾功能，是指語境對於語言表達能發揮

---

[183] 金定元對於語境解釋功能之具體表現提出五點：1、幫助聽者從籠統的意義推斷出具體的信息。2、幫助聽者推斷出存在於句子意義之外

一定的限制作用，即語言的表達會因主觀語境（如對方性格、本方好惡、心情、情緒等）與客觀語境（如時間、地點、場合、地位身分等）之不同，而有不同的表達方式。

《左傳》外交賦詩溝通之主體是詩句背後所蘊藏的言外之意。如何正確理解詩句所蘊藏的言外之意？語境是其關鍵。一般而言，語言的交際功能只有在特定的語境中才能實現[184]。亦即語句構成與詞義組合所表達出的意義，必須依靠語境的補充與限定，才能明確的表達，才能進行溝通與交際[185]。

換言之，「語言的意義祇是提供了各種表達的可能性，祇有在特定的語境中實現了語言才使這種可能性變成現實。」[186]亦即，語境對於言語具有一定程度的限定作用，對

---

的信息。3、幫助聽者推斷出與句子意義相反的信息。4、幫助聽者辨析歧義，獲得準確的信息。5、幫助聽者從不正常的句子推斷出正常的信息。其對語境的過濾功能，看法如下：1、如果一個句子只能表達語境已經提供的信息，一般不宜說出。2、凡是語境不能提供任何幫助的句子不可使用。3、與語境不相匹配的句子不可使用。（〈語用學─研究語境的科學〉，西槙光正 編《語境研究論文集》，北京語言學院出版社，1992 年 11 月一版，頁 171 至 174。）

[184] 常敬宇〈語境與語義〉，同上，頁 249。

[185] 陸世光〈語言的表達與溝通〉云：「語言表達出的意義傳給別人是為了讓人家懂得，但詞義的組合表達出來的意義未必聽者都懂得。因此還要靠語境補充才能溝通，才能交際。」（程祥徽 主編《語言與傳意》，香港：海峰出版社，1996 年 6 月，頁 182。）

[186] 李如龍〈言傳與意會〉，（程祥徽 主編《語言與傳意》，香港：海峰出版社，1996 年 6 月，頁 42。）

於語句意義的確定亦有決定功能。此外,「語言傳意不止受語言本身內部發展的變化,也受時間的情境、空間的情境之影響。同一詞語,由於時間、空間的不同,意義有所變化,或同一意義,由於時間、空間的不同,所傳之意也隨著改變。」[187]我們可以說,語境對言語表達及其蘊含意義之確定,具有某種程度的限定作用。經由對語境的瞭解,可使聽者更進一步瞭解言語交際時,對方言論中所欲表達的真正意義。整體而言,「在人們的交際活動中,雙方感興趣的不是語言形式本身,而是語言形式所表達的說寫者特定的語義內容,這個特定的語義信息正是語言形式和交際的語境相結合的產物。」要言之,「語義是受語境的制約與影響的」[188]。今日,我們欲探討《左傳》所載之外交賦詩,首先必須瞭解賦詩交際當時的言語環境,進而才能探討交際雙方如何運用賦詩的型式來進行外交交涉與談判。

以「范宣子聘魯,告將用師于鄭」為例:魯襄公八年(西元前 565 年),晉悼公九年,鄭簡公元年。此年冬季,晉國范宣子聘於魯國。范宣子此行的目的,一方面是回敬同年春季魯襄公朝晉,另方面亦傳達晉國希望魯國出兵助晉伐鄭之請。《左傳》記載此事如下:

---

[187] 蔡宗陽〈語言傳意與時空情境〉,(程祥徽 主編《語言與傳意》,香港:海峰出版社,1996 年 6 月,頁 54。)

[188] 常敬宇〈語境與語義〉,(《漢語研究 第一輯》南開大學出版社,1986 年 5 月。亦錄於西槙光正 編《語境研究論文集》,北京語言學

> 晉范宣子來聘，且拜公之辱，告將用師于鄭。
> 公享之。宣子賦〈摽有梅〉。季武子曰：「誰敢哉？
> 今譬於草木，寡君在君，君之臭味也。歡以承命，
> 何時之有？」武子賦〈角弓〉。賓將出，武子賦〈
> 彤弓〉。宣子曰：「城濮之役，我先君文公獻功于衡
> 雍，受彤弓于襄王，以為子孫藏。匄也，先君守官
> 之嗣也，敢不承命？」君子以為知禮。[189]

　　此亦是行人運用賦詩進行外交交際的例子。以下探討范
宣子如何以賦〈摽有梅〉一詩來傳達希望魯國助晉伐鄭。欲
解釋此問題，必需配合語境與詩句內容兩者來進行分析。此
次交際之客觀語境如下：（1）、鄭國於此年冬季在楚軍威脅
下，叛晉親楚。如上一例所言，鄭國的外交政策依執政六卿
主張不同，別為從楚、服晉二派。此年冬季，楚國以鄭國此
年夏季侵略蔡國為理由，出兵伐鄭。鄭國執政六卿就從楚或
待晉兩立場發生爭論，子駟、子國、子耳主張從楚；子孔、
子蟜；子展主張等待晉國援軍。最後鄭國迫於形勢與楚國會
盟，此為晉國此次伐鄭之因。

　　（2）、鄭國地理位置重要，是中原門戶。若鄭國從楚，
則楚軍將可大舉北進。晉國身為北方諸侯盟主，自然不能放

---

院出版社，1992 年 11 月，頁 255。）
[189]　《十三經注疏・左傳》，（臺北：藝文印書館），頁 522。

任鄭國為楚所制。此亦晉國勢必伐鄭的原因之一。（3）、晉、魯關係自晉文公即位後，向來密切友好。晉國尊敬魯國為周公之後，每每於盟會場合給予魯國禮遇。魯國國境與齊國相接，不時受齊國威脅，魯國於是親晉，以尋求保護。

　　瞭解交際當時語境後，以下分析雙方交際過程：魯襄公設宴招待范宣子。宣子於宴飲間，賦〈摽有梅〉一詩以表達晉國對魯之要求。〈摽有梅〉一詩見於《詩經·召南》，其詩如下：

> 摽有梅，其實七兮。求我庶士，迨其吉兮。
> 摽有梅，其實三兮。求我庶士，迨其今兮。
> 摽有梅，頃筐塈之。求我庶士，迨其謂之。[190]

　　此詩之本義，《毛詩》云：「男女及時也。召南之國，被文王之化，男女得以及時也。」[191]所謂男女及時，是指男女能適時完成婚嫁。〈摽有梅〉一詩，以梅之成熟，喻青春之易逝。「求我庶士，迨其吉兮」則暗示有意求婚之人當趁今日吉時行動。范宣子選賦此詩，配合上述語境，知其主要取「即時」之意。藉女子呼籲男士及時求婚一事，暗示魯國當配合晉國伐鄭之舉，及時出兵助晉。杜預注云：「摽，落也。

---

[190] 《十三經注疏·詩經注疏》，（卷一之五，頁一至頁四上），頁62至63。

[191] 《十三經注疏·詩經注疏》，（卷一之五，頁一上），頁62。

梅盛極則落,詩人以興女色盛則有衰,眾士求之宜及其時。宣子欲魯及時共討鄭,取其汲汲相赴。」[192]可謂知范宣子之意。竹添光鴻云:「詩序云男女及時也。賦之者欲其無後師期也。」[193]楊伯峻亦云:「寄意于望魯及時出兵。」[194]

然而范宣子賦〈摽有梅〉一詩的暗示,魯國是否明白?此可由季武子的回應中看出。季武子聽完范宣子賦詩後,回應曰:「誰敢哉?今譬於草木,寡君在君,君之臭味也。歡以承命,何時之有?」季武子以比喻的方式,表示晉君如花果,魯君如其香味。暗示晉、魯關係之密切。杜注云:「言誰敢不從命。」[195]竹添光鴻亦云:「敢哉,言不敢後時也。摽梅是時之後者。息其吉息其今。欲不後時之辭。」[196]

季武子依據交際當時之語境,判讀出晉國欲要求魯國出兵之言外旨意,於是回應表達樂意出兵助晉之意。魯國答應出兵助晉除基於兩國邦誼外,國際形勢亦爲重要考量因素。如上所論,鄭國位居南北要衝,一旦歸於楚,則楚國北進中原之路大開,鄭國之後魯、齊將成爲下一目標。因此,晉國爲維持中原地區之安定,必須掌握鄭國,魯國爲求自身安全,必然出兵助晉。此亦說明,何以范宣子婉轉的賦詩,並「告知」晉國將出兵伐鄭一事,而季武子馬上能瞭解范宣子

---

[192] 晉・杜預《春秋經傳集解》,(卷十四頁二十上至下),頁213。
[193] 日・竹添光鴻《左傳會箋》,(臺北:天工書局),頁1006。
[194] 楊伯峻《春秋左傳注》,頁959。
[195] 晉・杜預《春秋經傳集解》,(卷十四頁二十下),頁213。

賦詩的言外之意。

為避免范宣子不明白，季武子又賦《小雅・角弓》一詩，進一步表明魯國的立場。其詩如下：

> 騂騂角弓，翩其反矣。兄弟昏姻，無胥遠矣。
>
> 爾之遠矣，民胥然矣。爾之教民，民胥傚矣。
>
> 此令兄弟，綽綽有裕。不令兄弟，交相為瘉。
>
> 民之無良，相怨一方。受爵不讓，至于己斯亡。
>
> 老馬反為駒，不顧其後。如食宜饇，如酌孔取。
>
> 毋教猱升木，如塗塗附。君子有徽猷，小人與屬。
>
> 雨雪瀌瀌，見晛曰消。莫肯下遺，式居婁驕。
>
> 雨雪浮浮，見晛曰流。如蠻如髦，我是用憂。[197]

《毛詩》論此詩云：「父兄刺幽王也。不親九族而好讒佞，骨肉相怨，故作是詩也。」[198]杜預對季武子賦此詩之用意，看法如下：「取其兄弟昏姻無相遠矣。」[199]明顯可見，杜預主要取首章之義。竹添光鴻則云：「宣子賦召南，而武子再賦小雅，尊晉也。」[200]

---

[196] 日・竹添光鴻《左傳會箋》，（臺北：天工書局），頁 1006。

[197] 《十三經注疏・詩經注疏》，（卷十五之一，頁九至頁十四），頁 503 至 505。

[198] 《十三經注疏・詩經注疏》，（卷十五之一，頁九上），頁 503。

[199] 晉・杜預《春秋經傳集解》，（卷十四頁二十下），頁 213。

[200] 日・竹添光鴻《左傳會箋》，（臺北：天工書局），頁 1006。

　　杜預取義爲其自訂體例所限，故僅取首章之意。季氏賦
〈角弓〉雖亦有再明兩國兄弟邦誼之成分，但此並非武子賦
詩主要取義。若欲明晉、魯兄弟之情，武子之回答已充分表
達，何須再賦〈角弓〉？季武子賦〈角弓〉，其取義有二：
其一，如杜預所論，再申明兩國堅定之外交關係。其二，武
子賦此詩，寄蘊勸晉以德服鄭之意。武子藉詩中第三、四二
章所言，暗示晉、鄭本兄弟之邦。今鄭國迫於楚逼而從楚，
晉國應以德服之，所謂「君子有徽猷，小人與屬」。言外之
意，是希望晉國伐鄭用兵當有所節制。（諸侯皆不欲戰）此
說法可由隔年冬季晉國伐鄭一事中看出。

　　魯襄公九年（西元前 564 年），冬季十月，晉國集合齊、
魯、宋、衛、曹、莒、邾、滕、薛、杞、小邾等國之聯軍，
以鄭於此年二月朝楚之理由，出兵討伐。戰事持續至十一
月，晉、鄭盟於戲。觀察此次出兵各國，可發現除齊、魯、
宋、衛外，其餘皆爲國力薄弱之小國。由此可知，各國出兵
助晉，多出於形勢所迫。據《左傳》所載，當諸侯聯軍包圍
鄭國後，鄭國求和。晉軍將領雖不欲馬上停戰，但「諸侯皆
不欲戰」，晉軍將領「乃許鄭成」，即答應鄭國之請和。《左
傳》又載晉、鄭盟會之情況，晉國挾強大軍事威脅，要求鄭
國此次盟約後，必須「唯晉命是聽」，鄭國不服[201]。

　　總上所述，可知二點：一、各國出兵與晉伐鄭多出於形
勢所逼。二、晉國執政士莊子，企圖以武力威嚇鄭國就範，

但鄭國不服。雙方雖訂下盟約，但《左傳》仍載「晉人不得志於鄭」，因爲晉國無法令鄭國心服。此正可說明，季武子賦〈角弓〉一詩所欲表達之深層含意。

當宴飲結束之際，范宣子將出，季武子因之前賦〈角弓〉一詩，寓有勸諷晉國之意，爲免宣子誤解魯國立場。於是又賦《小雅・彤弓》，一方面歌訟宣子之德，同時亦再申明魯國之立場。總而言之，范宣子於此次外交賦詩交際中，運用賦詩的方式，表達晉國希望魯國出兵之意。而季武子於此次外交交際中，藉由賦詩的方式，一方面表達魯國支持晉國的立場，另方面於賦詩中寄寓勸勉晉國以德服鄭之忠告。雙方能藉賦詩成功的表達意見，並進行交際，此次可謂是成功的外交賦詩交際。

又如，魯昭公二年（西元前 540 年），晉平公十八年，衛襄公四年。此年春季，晉國韓子宣因魯昭公新即位，前往魯國聘問，以結好修盟。之後由魯國至齊國，再由齊國前往衛國。衛襄公設宴招待韓宣子，《左傳》載曰：

> 自齊聘於衛，衛侯享之。北宮文子賦＜淇澳＞，宣子賦＜木瓜＞。[202]

---

[201] 詳見《左傳・襄公九年》之記載。

[202] 《十三經注疏・左傳》，（臺北：藝文印書館），頁 719。

　　《左傳》載此事雖僅 21 字，但其中已包含晉、衛二國外交立場之確立。西元前 541 年（昭公元年）十二月，晉國執政趙孟卒。韓起成為新的中軍帥，是為晉國執政。韓宣子於是前往各盟邦進行聘問，一方面通知晉國政局之更替，另方面爭取各國的支持。此為韓宣子出聘各國的原因，亦是此次外交賦交際的客觀語境之一。

　　韓宣子聘問各國，主要是為鞏固與各國之盟約。晉、楚兩國於西元前 546 年（襄公二十七年）達成弭兵之盟。各與盟國於西元前 541 年於虢一地，進行細節協商。由於弭兵之盟協定中，對於晉、楚兩國之盟邦，提出「交相見」的要求。以鄭國為例，鄭國除必須對晉國賦貢外，對於楚國亦須賦貢。

　　簡言之，就是除晉、楚兩國外，其餘參與弭兵之盟的國家，皆須同時對晉、楚兩國盡義務。以上亦為此次交際之客觀語境之一。由於弭兵之盟達成，國際形勢改變。加上原執政趙孟卒，韓起此次出聘，對於晉國國際地位之確定與其本身地位之確保有相當之關聯。韓宣子至衛國，衛襄公設宴款待。衛國北宮文子賦《衛風‧淇澳》：

　　　瞻彼淇澳，綠竹猗猗。有匪君子，如切如磋，如琢如磨。瑟兮僴兮，赫兮咺兮；有匪君子，終不可諼兮。

　　　瞻彼淇澳，綠竹青青。有匪君子，充耳琇瑩，會弁如星。瑟兮僴兮，赫兮咺兮；有匪君子，終不可諼兮。

　　　瞻彼淇澳，綠竹如簀。有匪君子，如金如錫，如圭如

璧。寬兮綽兮，猗重較兮。善戲謔兮，不為虐兮。[203]

　　〈淇澳〉一詩內容，主要是讚美衛武公。《毛詩》云：「美武公之德也。有文章，又能聽其規諫，以禮自防，故能入相于周，美而作是詩也。」[204]詩中以生長於水邊翠綠挺拔的竹子，比喻君子之德。對於君子之文采、品德讚譽有加。

　　北宮文子賦此詩之動機與目的，杜預注云：「美武公也。言宣子有武公之德也。」即藉賦〈淇澳〉之詩，讚美韓宣子之德。杜預所言，是北宮文子賦詩的表層意義。若配合之前所論之語境，則北宮文子賦此詩，另有深層含意。

　　如前所論，由於國際形勢之轉變，各國必須同時對晉、楚兩國盡與盟國之義務。因此，晉國必須再次確定各國的外交立場。此為韓宣子此次出使各國之主要目的。觀察其聘魯與聘齊之言行，此一目的明白可見。因此，韓宣子聘衛，主要亦是欲了解衛國之外交態度與立場。北宮文子為衛國之賢人，自然能明白韓宣子聘衛之目的。因此，藉賦〈淇澳〉一詩，一方面表示對韓宣子繼任晉國執政之支持，同時亦表達衛國對晉國之支持。對於北宮文子的表態，韓宣子賦《衛風·木瓜》以接受之意。其詩如下：

---

[203] 《十三經注疏·詩經注疏》，（卷三之二，頁十至頁十三），頁126至128。

[204] 《十三經注疏·詩經注疏》，（卷三之二，頁十上），頁126。

> 投我以木瓜，報之以瓊琚。匪報也，永以為好也！
> 投我以木桃，報之以瓊瑤。匪報也，永以為好也！
> 投我以木李，報之以瓊玖。匪報也，永以為好也！

　　此詩本義主要描寫相贈報答之情。對於韓宣子選賦此詩之取義，杜預注云：「義取於欲厚報以為好也。」[205]竹添光鴻云：「晉自趙武弭兵，實安偷惰。大夫各樹私門，以弱公室。而分晉之局成。韓起繼相，以上卿執政，而脩好鄰邦，為從來未有。似有志親諸侯矣。……」[206]二家所論，大體正確。如前所論，韓宣子此次出使，主要正是為結好各國。對於北宮文子賦詩表示對本身之贊美與願意親晉的外交立場。韓宣子賦〈木瓜〉一詩，表達將會厚待衛國之意。

　　由上例可知，外交賦詩的言外之意，必須置於語境中才能顯出。北宮文子賦詩的深層含意，必須配合交際當時的語境才能解讀。韓宣子賦〈木瓜〉一詩的言外之意，亦須置於當時語境中，才能被了解。總之，語境對於外交賦詩言外之意的產生與表達，具有相當重要的意義。行人所賦詩篇詩句的言外意義，必須依靠交際當時語境，才能突顯。若抽離語境，則外交賦詩將無法寄寓任何言外之意，雙方的外交交際亦無法進行。

　　此外，如前所論鄭簡公兼享趙孟、叔孫豹一例。其中叔

---

[205] 晉・杜預《春秋經傳集解》，（卷二十，頁十八上），頁290。
[206] 日・竹添光鴻《左傳會箋》，（臺北：天工書局），頁1377。

孫豹賦〈鵲巢〉、〈采蘩〉二詩的言外之意，必須置於交際當時語境下，才能真正明白其意。其他如，重耳賦〈河水〉請入（僖公二十三年）、鄭子家賦〈鴻雁〉、〈載馳之四章〉請平於晉（文公十三年）、魯叔孫穆子賦〈匏有苦葉〉允諾先濟（襄公十四年）等，交際雙方所賦之詩，都必需置於交際語境下才能顯出其所欲表達之意。換言之，外交賦詩所蘊含的言外之意，必須透過交際當時之語境，其意義方能顯出。此即語境對外交賦詩產生之限定作用。

## 二、語境為外交賦詩言外之意判讀的基礎

如前所述，欲瞭解言語表達之確切含義，必須將之置於說話當時之「語境」中加以推敲。《左傳》外交辭令、外交賦詩更是如此。《左傳》外交辭令以「微婉顯晦」為主要風格，面對如此隱微含蓄之辭令表達，處於當時言語環境中尚有誤判錯解之可能，今日若將之抽離獨立來解釋，豈能真正瞭解《左傳》外交辭令背後之意含。由於外交場合之特殊與敏感，外交辭令之表達不得不以「微婉顯晦」為表達之方式。又外交辭令於深層結構之中，往往蘊有言外之意。

因此，欲解讀《左傳》外交辭令與外交賦詩，「語境」之分析與還原，成為重要的工作。可以說，「語境」是解析《左傳》外交辭令「言外之意」重要的切入角度。外交賦詩為外交辭令中特殊之形式，其運用間接的方式表達信息內

容，語境之掌握，更是外交賦詩解讀之基礎。

中國的語言理解策略較為注重「意在言外」。由語用學角度而言，即對於「禮貌原則」較為重視，對於言語的表達多採委婉曲折的方式。的確，將語言文字獨立說解，往往流於主觀之臆測；唯有將之置於整體語言環境中來觀察、推敲，方能更真實的瞭解語言文字背後所蘊含之意義。整體而言，西方的修辭觀念較偏重修辭技巧本身之設計與運用。而中國的修辭觀念，則強調修辭的本質在於使文辭與情境題旨充分的協調、互補，使語言文字更能達情達意。

藉由語境的幫助，能使語句突破傳統社會習慣及語法規範的限制，在語詞或句式的選用和搭配上超越常規，以獲致新的含義，並產生特殊的表達效果[207]。

要言之，欲解讀外交辭令與外交賦詩，語境之掌握是必要的基礎。惟有將外交辭令、外交賦詩置於交際當時主、客觀語境之下，辭令的言外之意才能突顯與表達。例如，魯僖公二十三年（西元前 637 年），此年，重耳流亡至秦，秦穆公享之，雙於宴享之間，藉由「賦詩」來進行溝通。《左傳》載之如下：

---

[207] 張　榕〈試談語境對語言的制約〉，（《江西教育學院學報》1989年第 1 期。亦錄於西槇光正 編《語境研究論文集》，北京語言學院出版社，1992 年 11 月一版，頁 196 至 197。）

他日，公享之。子犯曰：「吾不如衰之文也，請使衰從。」公子賦＜河水＞。公賦＜六月＞。趙衰曰：「重耳拜賜！」公子降，拜，稽首，公降一級而辭焉。衰曰：「君稱所以佐天子者命重耳，重耳敢不拜？」[208]

首先分析辭令當時之語境，以作爲判讀「賦詩」背後真正含意之基礎。(1)、魯僖公四年（西元前 656 年），晉國發生「驪姬之亂」[209]，晉公子重耳與夷吾出奔。魯僖公九年（西元前 651 年），晉獻公卒，夷吾賄秦以入晉，是爲晉惠公。然晉惠公與秦國之關係並非良好，魯僖公十三年，秦救晉饑，有「汎舟之役」；隔年，秦饑，晉惠公卻「棄信背鄰」，不願援助秦國。故僖公十五年，遂有秦、晉韓之戰。僖公二十三年，晉惠公夷吾卒，適重耳流亡至秦，秦侯宴享重耳，以上爲客觀語境之一。

(2)、秦、晉兩國在地理位置上爲鄰國，晉獻公時，晉國國勢爲中原地區之霸。秦國地處西鄙，有意往東方發展，但爲晉國所阻擋。此爲當時之國際形勢。或云，適晉獻之卒，秦穆何以不入晉，反助夷吾返國？此則牽涉到主觀語境之問題，分析如下：

---

[208] 《十三經注疏・左傳》，（臺北：藝文印書館），頁 252。

[209] 有關驪姬之亂，除參考《左傳》《國語》外，可參考清・馬驌《左傳事緯・卷二・晉驪姬之亂》一節，（濟南：齊魯書社，1992 年 6 月），頁 70 至 81。

（3）、秦穆公之為人，歷來學者多數以為其雖有稱霸中原之志，但其行則敦厚有禮，故秦穆只稱霸西戎，但仍列五霸之一，蓋因其行事仍不失霸主之氣度。此由僖公十三年，秦國群臣爭論是否援助晉饑時，明顯可見：公孫支反對助晉，以為藉此機會，正可一舉敗之。百里奚則云「救災、恤鄰，道也。行道，有福」贊成賣糧粟給晉國。秦穆公秉持「其民何罪」之觀點，不計晉惠棄信之舉，仍輸運糧食幫助晉國[210]。由此可見，秦穆之為人敦厚，不以私怨遷及百姓。

（4）、秦穆夫人為重耳之姊，故秦穆公為重耳之姊夫。因秦穆夫人之故，秦國對於晉國國君之立，往往扮演決定性之角色，如晉惠之立。由於這層關係，加上秦國對於晉國之影響力，故重耳極為希望秦穆公能承諾助其返國。此為重耳之主觀態度。

雙方溝通之過程如下：重耳先賦〈河水〉，秦穆公賦〈六月〉。關於重耳賦〈河水〉，杜注云：「義取河水朝宗于海。海喻秦」[211]。重耳流亡十九年，適逢晉惠公卒，重耳有欲入晉之心，又恐無所恃，欲結好秦穆，冀其助之反國。重耳所賦〈河水〉杜注以為逸詩，《國語》韋注則以為蓋〈沔水〉之誤也。若依杜

---

[210] 事見《左傳·僖公十三年》：「冬，晉薦饑，使乞糴于秦。秦伯謂子桑：「與諸乎？」對曰：「重施而報，君將何求？重施而不報，其民必攜；攜而討焉，無眾必敗。」謂百里：「與諸乎？」對曰：「天災流行，國家代有。救災恤鄰，道也。行道有福。」丕鄭之子豹在秦，請伐晉。秦伯曰：「其君是惡，其民何罪？」秦於是乎輸粟于晉，自雍及絳相繼，命之曰『汎舟之役』」《十三經注疏·左傳》，（臺北：藝文印書館），頁223。

[211] 晉·杜預《春秋經傳集解》，（卷六頁十四下），頁109。

注取其「朝宗于海」之意，則〈小雅・沔水〉似爲〈河水〉，今
姑列〈河水〉以爲參照。

　　〈河水〉首章云：「沔彼流水，朝宗于海。鴥彼飛隼，載
飛載止。嗟我兄弟，邦人諸友。莫肯念亂，誰無父母。」[212]以
下由其字面意義解釋切入，進而說明其中蘊藏的「比興之旨」。
首句「沔彼流水，朝宗于海。鴥彼飛隼，載飛載止」主要是說，
放濫四流之河水，最終仍回歸流入大海，疾飛迴旋的隼鳥，亦
有棲止樹枝之時。重耳藉此暗喻自身有返國之志，又「朝宗于
海」一句，亦寓有「祝福秦穆必得諸侯之擁戴而創」[213]之意。
其次「嗟我兄弟，邦人諸友。莫肯念亂，誰無父母」原詩主要
是說明兄弟友人對於自身之遭遇與時代之紛亂，全無憂慮同情
之意。重耳藉此句，暗指秦穆公爲其姊夫，又秦晉爲友邦，寄
寓希望秦穆公助其返國之意[214]。

　　面對重耳賦〈河水〉切切期盼之情，秦穆公回應以〈小
雅・六月〉。〈六月〉共六章，主要是描寫出兵征伐玁狁之情
形。《詩序》：「六月，宣王北伐也」，其首章云：「六月棲棲，
我車既飭，四牡騤騤，載是常服。玁狁孔熾，我是用急。王
于出征，以匡王國。」[215]秦穆公賦〈六月〉之寓意如何？

　　以下闡釋之：若由〈六月〉內容觀之，詩中有「王于出

---

[212] 《十三經注疏・詩經注疏》，（卷十一之一，頁六），頁375。

[213] 張高評《左傳之文韜》，（高雄：麗文文化），頁194。

[214] 關於此詩之說解，亦可參考曾勤良《左傳引詩賦詩之詩教研究》中
所云，（臺北：文津書局，1993年1月），頁88至89。

征，以匡王國」、「王于出征，以佐天子」、「共武之服，以定
王國」等句子。秦穆公即取這幾句以爲比興。以宣王之出征
伐玁狁，類比重耳之返國，以諸侯之助王伐玁狁，類比秦國
將助重耳返國。此即暗示重耳，秦國將助其立定之意。此或
與韋莊之說有相似處[216]。秦王賦〈六月〉之寓意，趙衰隨即
明白，立刻請重耳拜賜。由於雙方處於相同語境之中，藉由
賦〈河水〉與〈六月〉等詩，隱約地說明己方之立場與請求，
雙方於賦詩之間，彼此領會對方所寓之「言外之意」，遂能
完成外交溝通。要言之，外交賦詩所寄寓的言外之意，必須
以交際當時之語境爲判讀之基礎，才能正確理解對方賦詩欲
表達之交際信息內容。

又如，魯文公三年（西元前 624 年），晉襄公四年。晉
國請改盟，《左傳》載之如下：

> 晉人懼其無禮於公也，請改盟。公如晉，及晉侯盟。
> 晉侯饗公，賦＜菁菁者莪＞。莊叔以公降拜，曰：「小
> 國受命於大國，敢不慎儀？君貺之以大禮，何樂如之？

---

[215] 《十三經注疏・詩經注疏》，（卷十之二，頁一），頁 357。

[216] 《國語・晉語四》韋莊注云：「………其詩云：『王于出征，以匡
王國』，二章曰『以佐天子』，三章曰『共武之服，以定王國』。
此言重耳爲君，必霸諸侯，以匡天子。」，（臺北：里仁書局，民
國 70 年 12 月），頁 361。

抑小國之樂，大國之惠也。」晉侯降，辭。登，成拜。
公賦＜嘉樂＞。[217]

首先由語用學中語境之角度說明此次外交交際之主、客
觀語境：晉國之所以要求改盟，起因於文公二年，晉國以魯
國不朝之故，出兵攻打。同年夏季，魯文公親自至晉國簽訂
盟約。晉國派大夫陽處父與魯文公訂約，藉此折辱魯國。依
當時外交禮儀，魯文公親自至晉國，當由晉侯與之訂約，以
示平等尊重。今以大夫與魯文公盟，確有故意折辱之意圖。
《左傳》對此事記載如下：「晉人以公不朝來討，公如晉。
夏，四月己巳，晉人使陽處父盟公以恥之。書曰『及晉處父
盟』，以厭之也。適晉不書，諱之也。」[218]由以上記載，知
《左傳》對晉國無禮之態度抱持批評的看法。晉襄公繼晉文
公之後，對於晉國霸業之維持十分重視。因此對於魯國與齊
國交好的舉動無法接受，而有以上無禮之行為。

但晉國使終是中原地區的盟主，春秋時期盟主號召諸侯
的關鍵除國家本身擁有強大國力外，德的因素，亦影響當時
諸侯國對盟主的尊重服從程度。要言之，春秋時期的盟主除
須具備強大國力、軍力外，是否有德亦是重要因素，《左傳》
中隨處可見對盟主道德要求之記載：僖公九年，齊桓公葵丘
之會，宰孔先歸，遇晉獻公趕往參加盟會，宰孔勸晉獻公可

---

217　《十三經注疏・左傳》，（臺北：藝文印書館），頁305。
218　《十三經注疏・左傳》，（臺北：藝文印書館），頁302。

以不用參加葵丘之會，理由為齊國「不務德而勤遠略」。宰孔所言表現出春秋時對盟主道德之要求。

文公七年，晉郤缺言於趙宣子曰：「無德，何以主盟」。襄公九年，知武子謂獻子曰：「非禮，何以主盟？姑盟而退，修德息師而來，終必獲鄭，何必今日？我之不德，民將棄我，豈唯鄭？若能休和，遠人將至，何恃於鄭？」其言談中亦表現春秋對盟主之道德要求。此正可說明何以晉襄公會「懼其無禮於公」？以晉之強大，何懼魯之態度。這涉及春秋當時微妙的國際關係。

春秋時期雖以霸主為國際政治的中心，但德禮觀念於當時仍是整個社會主要的價值標準。各諸侯國雖承認盟主之地位，但對於某些國際事務之判斷，有時仍受德、禮價值觀影響。因此，盟主要長久維持霸主之地位，除有強大軍力國力外，盟主是否有德，言行是否合禮，亦是重要關鍵。此亦可說明，何以楚國始終未能如晉國一般為多數諸侯國所認同，成為中原霸主。因其以蠻夷自居，被視為蠻夷，故不為諸侯國所認同。

總而言之，晉國於文公二年對魯文公無禮，基於盟主所應有之態度與對與盟國之尊重，晉國於文公三年提出改盟的請求。魯文公再次前往晉國，與晉襄公訂約。以上為此次外交交際之語境分析。

此次外交交際之過程大致如下：晉襄公賦〈菁菁者莪〉→莊叔以公降拜曰→晉侯降辭→登成拜→魯文公賦〈嘉樂〉。

〈菁菁者莪〉爲《小雅》之詩，毛詩序以爲此詩主旨爲「樂育材也」。今錄其詩以利說明：

> 菁菁者莪，在彼中阿。既見君子，樂且有儀。
>
> 菁菁者莪，在彼中沚。既見君子，我心則喜。
>
> 菁菁者莪，在彼中陵。既見君子，錫我百朋。
>
> 菁菁者莪，載浮載沈。既見君子，我心則休。[219]

對晉襄公賦〈菁菁者莪〉，杜預注云：「取其既見君子，樂且有儀。」[220]此杜注受「取首章之義」所限。若由全詩來看，詩中每章皆言及與君子相見內心之喜樂，此當爲晉襄公賦此詩主要用意。晉襄公此次改盟，一方面是對文公二年陽處父之無禮作補償，另方面希望與魯國重修舊好。因此，賦〈菁菁者莪〉一詩，表明對魯文公之歉意，同時希望晉魯重結舊好。

此外，「菁菁者莪」一句，乃形容蘿蒿生長茂盛之情況。晉襄公賦此詩，亦暗寓晉魯兩國若能棄前嫌、修舊好，則對兩國發展有正面之幫助。魯國方面對於晉襄公賦〈菁菁者莪〉含意之理解如何，可由叔孫得臣的反應中見出。其反應如下：莊叔以公降拜，曰：「小國受命於大國，敢不慎儀？君

---

[219] 《十三經注疏·詩經注疏》，（卷十之一，頁十五下至頁十七上），頁353至354。

[220] 晉·杜預《春秋經傳集解》，（卷八頁八下），頁130。

覜之以大禮，何樂如之？抑小國之樂，大國之惠也。」由莊叔所言小國受命大國等言論中，知莊叔已瞭解晉襄公言外之意。

　　基於客觀國際形勢考量，魯國只能接受晉國的提議。莊叔一面請魯文公降階再拜表示對晉國的尊重與服從，另方面請魯文公賦〈嘉樂〉以表達魯國的立場。若不論杜預所述賦詩之法，而結合語境來分析，則魯文公所賦〈嘉樂〉至少有以下三層意義。《大雅·嘉樂》：

> 嘉樂君子，顯顯令德。宜民宜人，受祿于天。
>
> 　　　　　　　　　　　保右命之，自天申之。
>
> 干祿百福，子孫千億。穆穆皇皇，宜君宜王。
>
> 　　　　　　　　　　　不愆不忘，率由舊章。
>
> 威儀抑抑，德音秩秩。無怨無惡，率由群匹。
>
> 　　　　　　　　　　　受福無疆，四方之綱。
>
> 之綱之紀，燕及朋友。百辟卿士，媚于天子。
>
> 　　　　　　　　　　　不解于位，民之攸墍。[221]

　　對於魯文公賦〈嘉樂〉，杜預注云：「取其顯顯令德，宜民宜人，受祿于天。」[222]實則全首詩皆有其蘊含之意義。說

---

[221] 《十三經注疏·詩經注疏》，（卷十七之三，頁一至頁三），頁615至616。

[222] 晉·杜預《春秋經傳集解》，（卷八頁八下），頁130。

明如下：魯國國力本較晉國為弱，今晉襄公賦〈菁菁者莪〉一詩，表明其對魯國之歉意及希望修好之態度。魯文公賦〈嘉樂〉首章，「嘉樂君子，顯顯令德」推崇晉國之德；「宜民宜人，受祿于天。保右命之，自天申之」表達魯國對晉國臣服之意，並希望晉國保護。二章「不愆不忘，率由舊章」一句，則表明魯國願與晉國重修舊好的態度。

此外，魯文公之所以賦此詩，主要是因為〈嘉樂〉乃推崇周成王之詩。《毛詩》云：「嘉成王也」。如前所言，晉襄公此次所以要求與魯改盟，主要是為維持晉國盟主之地位。魯文公選賦〈嘉樂〉一詩，正切合晉襄公之志，可謂得體。其賦詩之意蘊如下：魯文公藉〈嘉樂〉對成王之贊許，轉而推崇晉襄公之功業，正如周成王繼周武王之後，晉襄公繼晉文公之後，為晉國之續霸貢獻深遠。

此次外交交際結果：《左傳》雖未明確說明此次外交交際之結果，但依《左傳》所載，之後魯國與晉國成為盟國，知此次外交賦詩產生一定之外交作用，可謂是成功的外交交際。如前所論，此例交際雙方所欲表達的言外之意，亦是透過交際當時之語境，才能顯現。

又如，魯襄公十四年（西元前 559 年），即晉悼公十五年、秦景公十八年。此年夏天，晉國率領各諸侯之聯軍，伐

秦，主要爲報襄公十一年發生的櫟之役[223]。《左傳》載曰：

> 夏，諸侯之大夫從晉侯伐秦，以報櫟之役也。晉侯待于
> 竟，使六卿帥諸侯之師以進。及涇，不濟。叔向見叔孫
> 穆子，穆子賦＜匏有苦葉＞，叔向退而具舟。魯人、莒
> 人先濟。[224]

關於此事《國語・魯語下》有較詳細之記載：

> 諸侯伐秦，及涇莫濟。晉叔向見叔孫穆子曰：「諸侯
> 謂秦不恭而討之，及涇而止，於秦何益？」穆子曰：
> 「豹之業，及〈匏有苦葉〉矣，不知其他。」叔向
> 退，召舟虞與司馬，曰：「夫苦匏不材於人，共濟而
> 已。魯叔孫賦〈匏有苦葉〉，必將涉矣。具舟除隊，
> 不共有法。」是行也，魯人以莒人先濟，諸侯從之。
> [225]

---

[223] 櫟之役，事見襄公十一年，《左傳》載之曰：「秦庶長鮑、庶長武帥師伐
晉以救鄭。鮑先入晉地，士魴禦之，少秦師而弗設備。壬午，武濟自輔
氏，與鮑交伐晉師。己丑，秦、晉戰于櫟，晉師敗績，易秦故也。」《十
三經注疏・左傳》，（臺北：藝文印書館），頁548。
[224] 《十三經注疏・左傳》，（臺北：藝文印書館），頁558。
[225] 見《國語・魯語下》，（臺北：里仁書局），頁190。

晉悼公命六卿率師前進，自己待於國內。當大軍到達涇水邊時，諸侯之師不願渡河。杜注云：「諸侯之師不肯度也」。何以不肯渡？蓋諸侯之師，多或迫於晉之威，勉而出兵與之伐秦，故於對陣之時，則或有不願也。加上此為各國聯軍，若無強有力而統一之指揮，則各國往往推託不前。晉國叔向會見魯國叔孫豹，商量大軍停滯「不濟」之情形。魯國叔孫穆子乃賦〈匏有苦葉〉，叔向領會其意，「退而具舟」。魯叔孫豹賦〈匏有苦葉〉之含意為何？何以叔向聞之，遂備舟以為將渡河？以下由比興之觀點說明之。

欲瞭解賦詩之交際過程，則須先對當時之言語環境有所認識：(1)、首先說明此次各國聯軍之目的，《春秋》載：「夏四月，叔孫豹會晉荀偃、齊人、宋人、衛北宮括、鄭公孫蠆、曹人、莒人、邾人、滕人、薛人、杞人、小邾人伐秦。」[226]雖然《春秋》並未明言此次聯軍之動機與目的。但《左傳》則明確指出，此次軍事行動表面上以「秦不恭而討之」（《國語・魯語下》）為號召，但實際上是晉國為報三年前櫟之役的失敗而發動之軍事行動。

(2)、對於此次軍事行動，各國有不得不出兵的苦衷。因為同年春季，晉國剛於向一地召集各國與吳國會盟。《春秋》載向之會：「十有四年春王正月，季孫宿、叔老會晉士匄、齊人、宋人、衛人、鄭公孫蠆、曹人、莒人、邾人、滕人、薛人、杞

---

[226] 《十三經注疏・左傳》，（臺北：藝文印書館），頁557。

人、小邾人會吳于向。」[227]觀察此次出兵之國家,與此年春季
會盟之國家,竟完全相同,即可印證所謂「諸侯之師」背後,
各國有其不得不出兵的難言之苦。正因如此,故當各國聯軍到
達涇水時,紛紛停滯,不願先渡河與秦國衝突。

(3)、魯國自晉文公起,遂與晉國建立深厚之盟誼,於國
際盟會中,每每率先表達支持晉國之立場。晉國對魯國亦多所
關照[228],加上襄公十一年,魯國作三軍,「三分公室而各有其
一」,魯國三桓之軍事力量增強。叔孫知晉國叔向之來意,遂賦
〈匏有苦葉〉表達其願意先渡河之意。

雙方溝通之過程如下:(1)、當晉國面對諸侯之師不願渡
河之情況,晉國六卿遂思謀解決之道。就當時情況而言,只要
有一國願意先渡涇水,則其他國家之軍隊亦不得不跟進。然則,
何國願意「先濟」?此次聯軍中,齊國當為第二大國,但齊國
與晉國時敵時友。魯國向來與晉國有良好之關係,又是此次聯
軍中僅次於晉、齊之大國,因此晉卿們希望請魯國先行渡河,
以帶動其他國家。於是由晉國負責外交事務之大夫叔向出面與
魯國商討。

(2)、魯國叔孫豹見晉叔向來訪,並與之商討各國聯軍不
願渡河之情況,晉叔向云:「諸侯謂秦不恭而討之,及涇而止,

---

[227] 《十三經注疏・左傳》,(臺北:藝文印書館),頁557。

[228] 例如同年春季「向之會」,《左傳》記載:「於是子叔齊子為季武
子介以會,自是晉人輕魯幣而益敬其使」晉國尊敬魯國子叔齊子,
於是減輕魯國之貢幣。杜注云:「言晉敬魯使」,晉・杜預《春秋

於秦何益？」此句即暗示晉國希望魯國能先濟，以打破目前「不濟」的僵局。叔孫豹瞭解叔向言外之意，乃云：「豹之業，及〈匏有苦葉〉矣，不知其他。」〈匏有苦葉〉為〈邶風〉之一首，其內容如下：「匏有苦葉，濟有深涉。深則厲，淺則揭。有瀰濟盈，有鷕雉鳴。濟盈不濡軌？雉鳴求其牡。雝雝鳴鴈，旭日始旦。士如歸妻，迨冰未泮。招招舟子，人涉卬否？人涉卬否？卬須我友。」[229]欲瞭解叔孫穆子賦此詩的「言外之旨」，當先由其內容入手。

〈匏有苦葉〉之內容首章言，匏瓜有些葉子是苦的，在未明辨之前，不可亂食；河水有深有淺，在未確定深淺前，不可貿然涉水而過。當確定水很深時，涉水便不須脫衣，因為脫衣沒有意義。當探知河水低淺時，過河時便提起衣服，以免沾濕。對於叔孫穆子賦〈匏有苦葉〉，杜注云：「義取於深則厲，淺則揭。言己志在於必濟」[230]此杜預自泥於於所定之條例也。杜預曾嘗云：「其全稱詩篇者，多取首章之義」，指出賦詩若只稱全篇篇名者，主要是取此詩首章之內容為賦詩之義。

若以語用學及比興角度觀之，則叔孫豹賦〈匏有苦葉〉，主要乃取其末章：「招招舟子，人涉卬否？人涉卬否？卬須我友。」經由前述語境之分析，知各國聯軍之所以停滯不濟，蓋因此次出兵多迫於時勢，非自願從晉伐秦也。杜注云，取其深

---

經傳集解》，（卷十五，頁十八），頁 226。

[229] 《十三經注疏‧詩經注疏》，（卷二之二，頁五），頁 87。

[230] 晉‧杜預《春秋經傳集解》，（卷十五頁十八），頁 226。

屬淺揭之義，以示魯軍渡河之決心。何以魯軍在各國不願渡河
之情況下，一反先前態度，轉而有強烈決心渡河？魯軍若早有
渡河之心，何故與諸侯之軍同止於淫？此蓋不得已而濟之也。

因此，叔孫豹賦〈匏有苦葉〉一詩，主要當取其「人涉卬
否？卬須我友」之意。（卬，我也。須，等待。）。此詩末章之
內容解釋爲：船夫頻頻招手，示意大家上船渡河，大家都上船
渡河了，只有我不上船，因爲我要等待我的好友一起上船一同
渡河。此章之內容，正可與當時之情況相比擬。「招招舟子」正
可與晉國頻頻要求各國軍隊上船渡河之情形相比。「人涉卬否」
則是諷刺各國不願先濟之事實。「人涉卬否？卬須我友」則是暗
示，當魯國率先渡河後，希望各國也能隨之渡河。

由上所論，知叔孫穆子以賦詩方式回應叔向之請求，叔
向聞其賦〈匏有苦葉〉一詩後，遂進行渡河的準備。何以穆
子賦〈匏有苦葉〉一詩，叔向能瞭解叔孫穆子答應先渡河的
態度？叔向之所以能正確解讀出叔孫穆子賦〈匏有苦葉〉一
詩之真正寓意，主要正是依據交際當時之語境所作出的判
斷。

又如本節上段中所舉鄭國享趙孟、叔孫豹之例（昭公元
年）。杜預與竹添光鴻等學者，由傳統角度論述，對於賦詩
動機與用意之解釋，杜預注云：「義取蘩菜薄物，可以薦公
侯，享其信，不求其厚也。」而對於趙武回答不堪，竹添光
鴻云：「武不堪者，不敢以免叔孫之功自多也。」以上解釋
多由傳統角度切入，但與當時交際語境似有不合之處。

　　若由語境角度切入進行探討，則雙方賦詩之動機與用意，明白可見。此次賦詩，主要由於趙孟辭宴在先，令整個宴飲氣氛陷入尷尬。叔孫豹爲緩和氣氛，於是賦〈鵲巢〉、〈采蘩〉二詩，爲鄭國說明等等。

　　又如，魯襄公二十年（西元前 553 年），宋平公二十二年。此年冬季，魯國季文子聘宋，以回報襄公十五年宋向戌聘魯。《左傳》載此事如下：

> 　　冬，季武子如宋，報向戌之聘也。褚師段逆之以受享，賦〈常棣〉之七章以卒。宋人重賄之。歸，復命，公享之，賦〈魚麗〉之卒章。公賦〈南山有臺〉。武子去所，曰：「臣不堪也。」[231]

　　據《左傳》所載，季文子聘宋，宋褚師段出面迎接，並招待季文子。季文子於宴飲間賦〈常棣之七章〉與〈卒章〉（第八章）。之後，宋國贈以厚禮以爲賄。此間有若干疑問：其一，季文子何以聘宋，是單純回聘或另有目的。其二，季文子何以賦詩，其選賦〈常棣之七章〉與〈卒章〉的用意爲何？何以其賦詩後，宋人「重賄之」？欲探討以上問題，首先必須瞭解，襄公十五年向戌聘魯一事。

　　西元前 558 年（襄公十五年），春季，宋國向戌聘魯，

---

[231] 《十三經注疏‧左傳》，（臺北：藝文印書館），頁 588。

其目的爲鞏固「亳之盟」（襄公十一年）。而季文子此年聘宋的目的有二，其表面是回報向戌之聘，更進一步分析，主要是魯國欲在新局勢中，穩固與盟邦間的關係。承上例所論，晉平公即位後，中原呈現新的局勢。晉齊間的衝突雖暫告平息，但齊國對魯國之威脅仍在，魯國除取得晉國保護的承諾外，其本身亦須穩固與友邦間的關係。此即爲季文子此年出使的真正動機。

在此動機下，季文子聘宋，於宴飲間賦詩以喻魯宋二國密切友好的關係。其所賦詩句如下：

妻子好合，如鼓瑟琴。兄弟既翕，和樂且湛。
宜爾室家，樂爾妻帑。是究是圖，亶其然乎！[232]

季文子選賦〈常棣之七章〉與〈卒章〉所欲表達的含意，杜預注云：「取其『妻子好合，如鼓瑟琴，宜爾室家，宜爾妻帑。』言二國好合，宜其家室，相親如兄弟也。」[233]《小雅·常棣》一詩，內容主要形容兄弟間至親至愛的關係，正如常棣花與花萼一般密切相關。竹添光鴻云：「常棣燕兄弟之詩。七章曰妻子好合，卒章曰樂爾妻帑。宋魯昏姻之國，

---

[232] 《十三經注疏·詩經注疏》，（卷九之二，頁十六至頁十七），頁322至323。

[233] 晉·杜預《春秋經傳集解》，（卷十六，十五頁上），頁239。

故賦之以合琴瑟和樂之好。故宋人悅之。」[234]

　　總而言之，魯國處於齊國威脅的情況下，季武子出使宋國。除維持魯、宋二國既有密切關係外，更希望能獲得宋國對魯國的支持與幫助。由於事關宋國與齊國之關係，季武子不便公開明言要求宋國助魯。於是選擇以賦詩的方式表達。其選賦〈常棣〉一詩，用以表達魯、宋間密切友好的關係。又因當時魯國所處形勢緊張，季武子聘宋責任重大，不容有誤。季武子於賦詩時，特別標明選賦〈常棣之七章〉與〈卒章〉以縮小賦詩解釋的範圍，降低解釋上的模糊性，使所欲表達的言外之意能更明確表達。季武子賦詩暗示，宋、魯兩國若能如夫妻、琴瑟般合作無間，則有利兩國今後之發展。藉此，表達希望宋、魯進一步合作之意願。

　　由上諸例分析可知，語境在外交賦詩解讀上，具有相當重要之意義。外交賦詩若離開語境，則賦詩者所欲表達之意義，將難以正確的解讀。


## 本章小結：

　　對於《左傳》外交賦詩的探討，前輩學者有相當之成果。但由語用學角度討論者，較少見。本文運用語用學理論中語境與間接言語行爲的觀念，對《左傳》外交賦詩進行討論，

---

[234] 日・竹添光鴻《左傳會箋》，（臺北：天工書局），頁 1132。

以期對《左傳》所載春秋外交賦詩之面貌，能有更深之了解。

總結而言，《左傳》所載賦詩共三十六見，其中外交賦詩計二十七見，又交際成功者二十一見，失敗者五見（含襄公四年叔孫穆子如晉一例），偏重單純賦詩言志者二見。所謂外交賦詩，即運用選賦詩篇的方式，間接表達信息內容以進行溝通的一種交際方式。外交賦詩大體而言是出於春秋時期的外交燕飲場合。

又依其功能，可別爲以賦詩進行外交交際與賦詩言志兩大類，其中賦詩言志一類，又可依其目的別爲賦詩言志以進行交際者與偏重單純言志之例。外交賦詩主要運用之場合有三，一爲正式會盟交際場合；二爲一般外交朝聘場合；三爲宴飲場合。而外交賦詩之取義大體有斷章取義與取全詩之義兩種，但無論取義方式如何，言外之意往往才是外交賦詩交際的真正內容主體。

因此，欲對外交賦詩言外之意有正確的解讀，則須以語境爲基礎。整體而言，語境對外交賦詩解釋之意義有二：其一、語境對外交賦詩具有限定作用；其二、語境爲外交賦詩言外之意判讀之基礎。《左傳》外交賦詩之語境，大體可別爲主觀語境與客觀語境兩大類[235]。如前所論，主觀語境是指

---

[235] 學者對於語境之定義與分類，說法不一，各家分類皆有其偏重焦點。如文化語言學者，強調社會文化背景與語言表達溝通之關係；語言心理學者，則強調心理因素在語言交際過程中的重要性。整體而言，

言語交際過程中，涉及交際主體（雙方行人）的言語環境；
而客觀語境則是指言語交際進行時，所處之客觀環境，包含
社會環境、國際政治、文化背景、交際進行之地點、時間、
場合等。

　　整體而言，主觀語境與客觀語境對於言語交際之進行與
成敗皆產生一定之影響，並無輕重之別。因事因時而產生不
同的影響。語境是言語交際的基礎，瞭解主客觀語境，是外
交談判的基礎，亦是影響外交交際成敗的重要因素。欲對《左
傳》外交賦詩有更深入的了解，語境的還原與掌握是基礎工
作。

---

各學者所偏重之語境，可歸納於主觀語境與客觀語境兩類之中。

# 第四章 結 論

　　《左傳》是中國現存典籍中，記載先秦資料最詳備者。其書（含《春秋》）凡十九萬六千餘字，內容豐富，文辭典麗。極具經學、史學與文學價值。《左傳》對史事之載記採取「言事並重」的原則，除對史事原委作詳細敍述外，對於言談對話之記錄亦十分強調。可以說，《左傳》是今日保存先秦語言使用現象的重要典籍。其中有關外交辭令之資料，更反映出春秋時期語言的實際運用狀況。

　　行人是春秋時期對折衝尊俎的外交使節的稱呼。所謂外交辭令，是指外交交際時所運用之特殊語言系統。外交辭令因性質、表達方式與說服內容而有不同。外交辭令於《左傳》中計二百三十六則，而涉及交際成敗者，有一百二十九例，其中交際成功者計一百零七則，失敗者有二十二則。此類外交辭令是本文探討的主要對象。

　　由語言學角度而言，《左傳》外交辭令本質上是一種言語交際行為。在言語交際過程中，有些語言現象不單純是語言本身的問題，並且牽涉到使用語言的人及語言使用的環境，想要正確地解釋這些現象，則必須借助語用學。

　　語用學（Pragmatics）就是語言實用學。是研究特定情景中的特定話語，特別是研究在不同的言語交際環境下，如何理解語言和運用語言的一門學科。關於《左傳》外交辭令

相關問題的探討，學者多專注於其修辭技巧與語言特色上，
對於外交辭令的實際交際過程與影響交際結果之變數，較少
著墨。爲補前輩學者之不足，本文運用語用學的觀念，針對
《左傳》外交辭令實際交際過程及影響交際結果之因素作深
入的探討。

　　歸納《左傳》外交辭令的說服觀點，主要有五：文化觀
點、利益觀點、形勢觀點、邏輯觀點、情感觀點。其中文化
觀點是春秋外交辭令說服的重要特色。禮樂制度與德、禮觀
念是春秋文化的主要內涵。德與禮的觀念充分影響春秋時人
的價值判斷。在國際政治上，要求盟主以德、禮服人，以德、
禮主盟。在國內政治上，要求以德、禮撫民、治民。此外，
在軍事上亦強調將領元帥之德、禮修養。總之，德、禮是春
秋文化的主要內涵，亦是春秋時期重要的價值判斷標準。

　　或云春秋時期是禮樂崩解之時，何以德、禮觀念是春秋
時人重要的價值判斷標準？主要可由兩角度說明，在制度層
面上，春秋時期是周代禮樂文化觀念轉型期，傳統的禮樂制
度面臨新觀念的衝擊，產生新的發展與轉變。隨著文化人文
化的發展，傳統禮樂制度的約束力逐漸減弱。就文化發展層
面而言，隨著時代的變遷與觀念的轉化，春秋文化在無形中
逐漸朝人文化角度發展。錢穆先生稱：「歷史有漸無頓」，文
化的更迭與轉化也是漸進的。在人文自覺意識逐漸興起的春
秋時期，傳統的禮樂制度，在文化人文化發展趨勢下，逐漸
轉化，傳統雜有宗教神鬼色彩的德、禮觀念，逐漸發展成爲

道德文化觀念，進而成為影響中國思維的重要文化內涵。在此轉化過程中，《左傳》記載許多對德、禮內涵的人文說解。

文化說服觀點是春秋行人喜愛運用的方式。所謂文化說服觀點，是指運用文化對人們價值判斷深層隱微的制約作用，來達到說服的目的。觀察《左傳》外交辭令運用文化觀點說服者，愈至春秋中晚期愈多，且其文化說服背後，往往隱藏有利益的說服。

《左傳》外交辭令的本質是言語交際。所謂言語交際，是指運用語言進行觀念的溝通與情感交流的一種交際過程。外交辭令的主要目的在於達成預設的外交目標，因此說服是外交辭令的最終目的。在此前提下，借鏡語用學中言語交際的觀念，可以對《左傳》外交辭令之交際過程與影響交際成敗之因素，進行深入的分析與探討。

交際參與者、交際動機、交際媒介、信息內容與交際語境是言語交際構成的五大要素，而此五者亦是影響《左傳》外交辭令交際結果之重要因素。語境是指言語交際當時交際雙方所處的主、客觀環境。語境（Context），是指言語交際過程中表達某種特定意義時所依賴的各種時間、地點、場合、話題、交際者身份、地位、心理背景、時代背景、文化背景、交際目的、交際方式、交際內容所涉及到的對象，以及各種與語言表達式同時出現的非語詞指號等等。

整體而言，語境是語用學中重要的觀念，亦是言語交際

時交際雙方藉以理解判讀話語意義的重要憑藉。在外交辭令交際過程中，話語符號的「言外之意」才是行人表達的主要意義，而欲瞭解言外之意，則須由辭令表達當時之言語環境入手。因為不同之語境，會影響辭令之解釋。瞭解溝通當時之語境後，方能解析出外交辭令字面意義背後所蘊藏之真正含意。

　　語境大體可別為主觀語境及客觀語境兩類。在諸多客觀語境中，又以國際形勢對外交辭令交際產生最大的影響。所謂形勢比人強，有時迫於形勢無奈，對於不合理之外交辭令亦只能勉強接受。國際形勢是指國家於國際政治環境中所處的地位及與他國間的外交關係。換言之，即國家在國際政治環境中所能產生的影響力。整體而言，春秋國際形勢是左右外交辭令的主要背景因素，隨著春秋各階段不同國際形勢之轉變，各國的外交政策與外交辭令亦隨之有不同的規畫。平王東遷至鄭莊公去世期間，由於霸主政治尚未成形，各國間的外交活動尚不頻繁，外交辭令之載錄亦較少。至齊桓公、晉文公先後稱霸，會盟政治正式形成，國際間的盟會朝聘成為解決國際爭端與衝突的重要手段。隨著外交活動的日漸頻繁，外交辭令的重要性亦日增。積極爭取國家利益，消極避免國家損失，成為外交辭令交際的重要意義。晉文公卒後，楚國勢力日增。晉、楚爭霸，南北相衡之勢確立後，外交辭令的重要性更形顯著。

　　鄭國子產、游吉、晉國叔向、魯國叔孫豹、孔丘、子貢

等人，運用辭令爲國家避禍免災，爭取國家利益。爲後世所稱頌。春秋晚期，隨著吳、越勢力的興起，春秋文化逐漸轉型，外交辭令亦在不覺間逐漸轉化爲戰國縱橫辭令。春秋外交辭令文化說服的特色，漸爲戰國功利說服所取代。

　　若國際形勢是間接影響外交辭令交際的背景因素，主觀語境則是影響辭令交際成敗的直接因素。所謂主觀語境是指外交行人本身的心理因素：如行人的人格特質、預設立場、文化素養、修爲人品，以及交際當時行人的身分、地位、情緒、態度等。就表達者而言，在諸多主觀因素中，「角色觀念」與「可信度」是影響辭令交際的因素。在言語交際中所謂「角色」的觀念，是指「言語交際的參與者，在言語交際活動中實際所處的<u>交際地位</u>和實際所具有的<u>身份</u>。」角色觀念的正確與否，影響言語交際的進行與交際結果。正確的角色扮演有助言語交際更精確的溝通，錯誤的角色扮演則會造成言語交際的障礙。

　　亞里斯多德《修辭學》中論及增加語言的說服，提出「信譽證明」一項，正是說明可信度對言語交際之重要性。所謂的可信度不單指外交辭令內容的可信度，同時亦包括表達的人格修養、言行舉止的可信賴度。總之，可信度影響外交辭令交際。

　　就接受者而言，「人格特質」與「預設心理」，是影響辭令表達與接受的主要因素。所謂人格特質，是指個人因長期受某種文化或價值觀之薰染，結合本身性格，所產生的一種異於旁人的獨特人格特徵。由於人是言語交際的主體，辭令的表達與接受皆與交際雙方有密切的關係，人格特質是影響一個人價值判斷的重要因素，因此，行人的人格特質對於外交辭令的表達與接受會產生相當的影響。

　　所謂預設立場，是指接受者對某事某物預存之好惡與價值判斷。就心理學角度而言，每個人心中對於外界事物皆有好惡、取捨的標準，此一價值判斷之定見與標準影響人的言行。就言語交際角度而言，外交辭令是一說服的過程，主要希望說服對方改變態度。然而，人的價值觀一旦建立後，即具有相當程度的排他性，欲說服對方改變既有之觀念，並非易事。《韓非子‧說難》指出「凡說之難，在知所說之心，可以吾說當之。」說明說服真正的困難不在於說服的技巧或相關的技術，如何能真正瞭解被說者的預設立場，才是真正困難所在。

　　此外，行人的臨場反應亦影響辭令交際成敗。觀察《左傳》外交辭令交際，發現無論所運用的說服觀點為何，利益始終是外交辭令的主要交際動機。因為，外交活動本就是以爭取國家利益為主要目的，外交辭令的交際正是執行國家外交政策的一種手段。總而言之，外交辭令是一種言語交際行

為，在整個交際過程中，客觀國際形勢與主觀行人因素等皆
對外交辭令交際產生影響。由言語交際角度，探討外交辭令
的實際交際與成敗之相關論述，請見「語用學與《左傳》外
交辭令」。

論及《左傳》外交辭令則不能不討論「外交賦詩」的問
題。賦詩是春秋外交辭令中極為特殊的一種言語交際方式，
是透過選賦某詩篇某詩句的方法，以間接的方式表達交際信
息內容。關於春秋外交賦詩的探討，前輩學者多有論述，本
文另由語用學角度，就外交賦詩作不同角度的說解。

就語用學角度而言，《左傳》外交賦詩是言語行為中所
謂的「間接言語行為」，亦即外交辭令所欲表達之真正信息
內容，不在於所賦詩句的表層意義上，而是深藏於所選賦詩
篇、詩句的文字意義之下。換言之，選賦詩篇、詩句的言外
之意才是外交賦詩真正的溝通主體。外交賦詩是運用「間接
言語行為」，主要運用言語交際時對「合作原則」、「禮貌原
則」的刻意違反與破壞，來達到其暗示言外意義的表達方式。

整體而言，所賦詩句的言外之意，才是外交賦詩的主要
交際信息內容。又欲正確解讀外交賦詩所蘊含的言外之意，
語境是關鍵所在。語境對於外交賦詩產生一定的「限定作
用」，即語境對於外交賦詩意義的解釋，具有限定解釋範圍
的功能。即透過語境作為判讀外交賦詩的標準，進一步來理
解行人選賦詩篇、詩句所代表的真正意義。

　　總之，運用新視野、新方法來探討中國傳統典籍，是今後學術發展的方向之一。語用學是二十世紀新興的學科，外交辭令的本質是言語交際，因此本文運用語用學觀念來探討《左傳》外交辭令相關問題，期能對《左傳》外交辭令有更深層之探討，並爲《左傳》研究開拓新視野。


出版說明：

　　本書爲作者碩士論文一部分，因篇幅之故，本書主要針對外交賦詩相關問題進行探討。其餘有關言語交際與文化制約等部分，請見「語用學與《左傳》外交辭令」一書。

# 【 參 考 書 目 】

　　說明：《左傳》相關研究，向來為學者所重視，有關《左傳》相關問題之探討，成果斐然。語言學為二十世紀新興學科，語言學、語用學之相關討論為當代學者所重，相關之學術專著亦有一定之成果。以下羅列之書目以學者出版之專著為主，其它如單篇期刊論文、博碩士論文等參考資料，請參考作者碩士論文所附參考文獻。此外，關於書目排列順序，主要依據出版年月先後而定。而出版年月則以該書版權頁所載為主。

## 一、春秋、左傳類

1、典籍部分：

晉・杜　預《春秋經傳集解》，臺南：利大出版社，民國 69 年 1 月初版。

晉・杜　預《春秋釋例》，臺北：中華書局，民國 69 年 11 月臺二版。

明・石光霽《春秋書法鉤元》，臺北：藝文印書館，民國 65 年 10 月初版。

明・王　源《左傳評》，臺北：新文豐出版公司，民國 68 年 8 月初版。

清・姚彥渠 撰《春秋會要》，北京：中華書局，1955 年 11 月第 1 版。

清・林　紓 選《左傳擷華》，臺北：文光圖書公司，民國 46 年 2 月初版。

清・劉文淇《春秋左傳舊注疏證》，香港：太平書局，1966 年 10 月版。

清・方苞 口授 王兆符 傳述《左傳義法舉要》，臺北：廣文書局，民國 66 年

1 月初版。

清‧高士奇 《左傳紀事本末》，臺北：里仁書局，民國 70 年 12 月出版。

清‧馬 驌 著徐連城 校點《左傳事緯》，山東：齊魯書社，1992 年 6 月一版。

清‧顧棟高《春秋大事表》，北京：中華書局，民國 82 年 6 月一版。

清‧勞孝與《春秋詩話》，廣東：廣東高等教育出版社，1996 年 9 月一版。


瑞典 高本漢著陳舜政 譯《高本漢左傳注釋》，臺北、國立編譯館，民國 61 年
2 月印行。

韓席籌 編註《左傳分國集注》，臺北：華世出版社，民國 64 年 10 月臺一版。

章太炎《春秋左傳讀》，臺北：學海出版社，民國 73 年 4 月初版。

楊伯峻 《春秋左傳注》，高雄：復文圖書公司，民國 80 年 9 月二版。

日本‧竹添光鴻《左傳會箋》，臺北：天工書局，民國 82 年 5 月出版。

吳闓生 《左傳微》，安徽：黃山書社，1995 年 12 月一版。


2、學者專著：

劉師培 《劉申叔遺書 1-4 》，臺北：大新書局，民國 54 年 8 月出版。

葉政欣《春秋左氏傳杜注釋例》，嘉新水泥文化基金會，民國 55 年出版。

劉正浩《周秦諸子述左傳考》，臺北：臺灣商務印書館，民國 55 年 11 月初版。

劉正浩《兩漢諸子述左傳考》，臺北：臺灣商務印書館，民國 57 年 9 月初版。

楊向時《左傳賦詩引詩考》，臺北：中華叢刊編審委員會，民國 61 年 5 月印行。

陳新雄、于大成 編《左傳論文集》，臺北：木鐸出版社，民國 65 年 5 月出版。

戴君仁 等《春秋三傳研究論集》，臺北：黎明文化，民國 70 年 1 月初版。

張高評《左傳導讀》，臺北：文史哲出版社，民國 71 年 10 月初版。

張高評《左傳之文學價值》，臺北：文史哲出版社，民國 71 年 10 月初版。

張高評《左傳文章義法撢微》，臺北：文史哲出版社，民國 71 年 10 月初版。

高葆光《左傳文藝新論》，臺中（東海大學研究叢刊），民國 72 年 8 月四版。

葉政欣《杜預及其春秋左氏學》，臺南：興業圖書公司，民國73年2月出版。

謝秀文《春秋三傳考異》，臺北：文史哲出版社，民國73年8月初版。

張端穗《左傳思想探微》，臺北：學海出版社，民國76年1月初版。

程發軔《春秋要領》，臺北：三民書局，民國78年4月初版。

美·王靖宇《左傳與傳統小説論集》，北京：北京大學出版社，1989年5月。

張其淦《左傳禮説》，《叢書集成續編272》，臺北：新文豐，民國78年7月。

張以仁《春秋史論集》，臺北：聯經出版事業公司，民國79年元月初版。

沈玉成《左傳譯文》，高雄：復文圖書出版社，民國79年9月再版。

程發軔《春秋人譜》，臺北：臺灣商務印書館，民國79年12月初版。

張素卿《左傳稱詩研究》（國立臺灣大學文史叢刊之八十九），民國80年6月。

程元敏《春秋左氏經傳集解序疏證》，臺北：臺灣學生書局，民國80年8月。

李新霖《從左傳論春秋時代之政治倫理》臺北：文津出版社，民國80年8月。

沈玉成、劉寧《春秋左傳學史稿》，江蘇古籍出版社，1992年6月一版。

曾勤良《左傳引試賦詩之詩教研究》，臺北：文津出版社，民國82年1月初版。

丁禎彥 吾敬東《春秋戰國時期觀念與思維方式變遷》湖南出版社，1993年1月。

舒大剛《春秋少數民族分佈研究》，臺北：文津出版社，民國83年3月初版。

張高評《左傳之武略》，高雄：麗文文化公司，民國83年10月初版。

張高評《左傳之文韜》，高雄：麗文文化公司，民國83年10月初版。

張素卿《敘事與解釋—《左傳》經解研究》臺北：書林出版公司，1998年4月。

簡宗梧《鎔裁文史的經典—左傳》，臺北：黎明文化，民國88年4月初版。

趙生群《春秋經傳研究》，上海古籍出版社，2000年5月第1版。

## 二、語言、符號、傳播、說服、修辭學類

1、學者專著：

（1）、語言學符號學

奧斯丁（Austin）《How to do Things with Words》，哈佛大學（編），1975
年二版。

王政白《文言實詞知識》，安徽：安徽教育出版社，1978 年 12 月第 1 版。

何自然《語用學概論》，湖南：湖南教育出版社，1983 年 4 月第 1 版。

黃六平《漢語文言語法綱要》，臺北：漢京文化，民國 72 年 4 月初版。

陳　原《社會語言學》，上海：學林出版社，1983 年 8 月第 1 版。

德·索緒爾《普通語言學教材》，臺北：弘文館出版社，民國 73 年 10 月初版。

日·早川博士 著 鄧海珠 譯《語言與人生》，臺北：遠流出版公司，民國 74 年
3 月初版。

伯樂 著，張彥民、張霄亭合譯《思想傳播學》，臺北：水牛出版社，民國 74 年
4 月初版。

王　鋼《普通語言學基礎》，湖南教育出版社，1988 年 5 月第 1 版。

王泗原《古語文釋例》，上海：上海古籍出版社，1988 年 8 月第 1 版。

申小龍《中國句型文化》，吉林：東北師範大學出版社，1988 年 11 月第 1 版。

何兆雄《語用學概要》，上海外語教育出版社，1989 年 5 月第 1 版。

羅常培《語言與文化》，北京：語文出版社，1989 年 9 月第 1 版。

申小龍《中國文化語言學》，吉林：吉林教育出版社，1990 年 9 月第 1 版。

程詳徽《語言風格學初探》，臺北：書林出版社，民國 80 年 1 月出版。

濮之珍《中國語言學史》，臺北：書林出版社，民國 79 年 11 一版。

湯炳正《語言之起源》，臺北：貫雅文化事業，民國 79 年 12 月初版。

陳恩泉 主編《語言文學論集》，廣東：廣東教育出版社，1990 年 12 月第 1 版。

俞建章、葉舒憲《符號：語言與藝術》，臺北：久大文化公司，民國 81 年 3 月。

張世祿 主編《古代漢語─上》，臺北：洪葉文化事業，1992 年 9 月初版。

郭錫良 等人主編《古代漢語─上》，北京：語文出版社，1992 年 9 月第 1 版。

劉增福《奧斯丁》，臺北：東大圖書公司，民國 81 年 10 月初版。

日·西槙光正 編《語境研究論文集》，北京：北京語言學院出版社，1992 年 11

月 1 版。

葉蜚聲、徐通鏘《語言學綱要》，臺北：書林出版社，1993 年 3 月出版。

王世賢 主編《新型古代漢語》，四川：巴蜀書社，1993 年 5 月第 1 版。

郭錦福《漢語與中國傳統文化》，北京：中國人民大學出版社，1993 年 6 月。

劉煥輝《言語交際與交際語言》，江西高校出版社，1993 年 8 月第 1 版。

Gerald J. Massey 著、何秀煌 譯《符號邏輯導論》，臺北：三民書局，1993
年 8 月四版。

徐道鄰《語意學概要》，友聯出版社，民國 82 年 10 月四版。

楊烈雄《文言語法學》，廣東：暨南大學出版社，1993 年 12 月第 1 版。

申小龍《語文的闡釋》，臺北：洪葉文化，1994 年 1 月初版。

何樂士《左傳語言研究文集·第一分冊·左傳範圍副詞》，長沙：岳麓書社，1994
年 1 月第 1 版。

王一川《語言烏托邦—20 世紀西方語言論美學探究》，雲南人民出版社，1994
年 5 月第 1 版。

中國社會科學院語言研究所「漢語運用的語用原則」課題組 編著《語用研究論
集》，北京：語言學院出版社，1994 年 7 月第 1 版。

管燮初《左傳句法研究》，合肥：安徽教育出版社，1994 年 12 月第 1 版。

石安石《語義研究》，北京：語文出版社，1994 年 12 月第 1 版。

王占馥《語境語言運用》，內蒙古教育出版社，1995 年 8 月第 1 版。

常敬宇《漢語詞匯與文化》，北京：北京大學出版社，1995 年 8 月第 1 版。

楊忠、張紹杰《語言理論與應用研究》，長春：東北師範大學出版社，1995 年
10 月 1 版。

王德春、孫汝建、姚遠《社會心理語言學》，上海外語教育出版社，1995 年 12
月第 1 版。

徐烈炯《語意學》，臺北：五南圖書出版公司，1996 年 6 月初版一刷。

程祥徽《語言與傳意》，香港：海峰出板社，1996 年 6 月一版。

寸鎮東《語境與修辭》，貴州人民出版社，1996 年 6 月第 1 版。

李幼蒸《結構與意義》，北京：中國社會科學出版社，1996 年 9 月第 1 版。

孫維張、呂明臣《社會交際語言學》，長春：吉林大學出版社，1996 年 12 月。

戴昭銘《文化語言學導論》，北京：語文出版社，1996 年 12 月第 1 版。

胡明揚 主編《西方語言學名著選讀》，臺北：書林出版公司，1996 年 12 月。

吳禮權《中國語言哲學史》，臺北：臺灣商務印書館，1997 年 1 月初版第一刷。

周慶華《語言文化學》，臺北：生智文化事業公司，1997 年 8 月初版。

桂詩春 寧春岩《語言學方法論》，北京：外語教學與研究出版社，1997 年 9 月。

何秀煌《記號學導論》，臺北：水牛出版社，1997 年 10 月四版。

陳宗明《中國語用學思想》，杭州：浙江教育出版社，1997 年 12 月第 1 版。

香港科技大學人文學部主編《邏輯思想與語言哲學》，臺北：臺灣學生書局，1997
        年 12 月初版。

張　喬《模糊語義學》，北京：中國社會科學出版社，1998 年 2 月第 1 版。

恩思特‧卡西勒著 張思明 校譯《語言與神話》，臺北：桂冠圖書公司，1998
        年 2 月初版三刷。

日‧池上嘉彥 著；林璋 譯《詩學與文化符號學》，南京：譯林出版社，1998
        年 2 月第 1 版。

美‧A. P. 馬蒂尼奇 編；牟博、楊音 、韓林合 等譯《語言哲學》，北京：商務
        印書館，1998 年 2 月第 1 版。

余光雄《英語語言學概論》，臺北：書林出版公司，1998 年 6 月增訂五刷。

謝國平《語言學概論》，臺北：三民書局，民國 87 年 10 月增訂出版。

蔡曙山《言語行為和語用邏輯》，北京：中國社會科學出版社，1998 年 11 月。

法‧羅蘭‧巴特 著、王東亮 譯《符號學原理》，北京：三聯書店，1999 年 6
        月第 1 版。

陳　忠《信息語用學》，山東教育出版社，1999 年 7 月第 1 版。

馮廣藝《語境適應論》，湖北教育出版社，1999 年 9 月第 1 版。

姜望琪 編著《語用學—理論及應用》，北京大學出版社，2000 年 1 月第 1 版。

邢福義 主編《文化語言學》，湖北教育出版社，2000 年 1 月。

索振羽 編著《語用學教程》，北京大學出版社，2000 年 5 月第一版。


（2）、傳播學、接受學、說服談判：

方鵬程《先秦合縱連橫說服傳播的研究》，臺灣商務印書館，民國 64 年 2 月。

張玉法《先秦的傳播活動及其影響》，臺北：臺灣商務印書館，民國 72 年 4 月。

吳予敏《無形的網路—從傳播學的角度看中國的傳統文化》，臺北：雲龍出版社，

　　　　民國 80 年 3 月臺一版。

宋嗣廉 黃毓文《中國古代演說史》，長春：東北師範大學出版社，1991 年 10

　　　　月第 1 版。

周禮全 主編《邏輯 — 正確思維和成功交際的理論》，北京：人民出版社，1994

　　　　年 4 月第 1 版。

ROBERT C. HOLUB 著、董之林譯《接受美學理論》，臺北：駱駝出版社，1994 年

　　　　6 月第 1 版。

ELIZABETH FREUND 著、陳燕谷譯《讀者反應理論批評》，臺北：駱駝出版社，

　　　　1994 年 6 月一版。

李學英《信息接受論》，武漢：湖北教育出版社，1994 年 9 月第 1 版。

龔文庠《說服學—攻心的學問》，北京：人民出版社，1994 年 10 月第 1 版。

John Fiske 著 、張錦華 譯《傳播符號學理論》，臺北：遠流出版事業，1995

　　　　年 3 月初版。

牟傳琳 牟傳珩《談判學研究—談判的理論方法與技巧》，青島：青島海洋大學

　　　　出版社，1995 年 12 月第 1 版。

張曉芒《先秦辯學法則史論》，北京：中國人民出版社，1996 年 8 月第 1 版。

孫旭培《華夏傳播論》，北京：人民出版社，1997 年 10 月第 1 版。

張秀蓉《口語傳播概論》，臺北：正中書局，1998 年 9 月初版。

（3）、修辭學：

清・馬建忠《馬氏文通》，臺北：臺灣商務印書館，民國 67 年 5 月臺一版。

鄭奠、譚全基編著《古漢語修辭學資料彙編》，臺北：明文書局，民國 73 年
9 月初版。

黃永武《字句鍛鍊法》，臺北：臺灣商務印書館，民國 77 年 2 月十一版。

陳望道《修辭學發凡》，臺北：文史哲出版社，民國 78 年 1 月再版。

希臘 亞里斯多德 著 羅念生 譯 《修辭學》，北京：三聯書局，1991 年 10 月。

黃慶萱《修辭學》，臺北：三民書局，民國 81 年 9 月增訂六版。

譚學純、唐躍、朱玲著《接受修辭學》，上海教育出版社，1992 年 12 月第 1 版。

蔡宗陽 《陳騤《文則》新論》，臺北：文史哲出版社，民國 82 年 3 月初版。

周振甫《中國修辭學史》，臺北：洪葉文化，1995 年 10 月初版。

張志公《漢語辭章學論集》，北京：人民教育出版社，1996 年 3 月第 1 版。

劉煥輝《修辭學綱要》，南昌：百花洲文藝出版社，1997 年 5 月第 1 版。

王一川《修辭論美學》，長春：東北師範大學出版社，1997 年 5 月第 1 版。

陸稼祥《內外生成修辭學》，重慶：重慶出版社，1998 年 7 月第一版。

## 三、經學類

清・王先謙《詩三家義集疏》，臺北：明文書局，民國 77 年 10 月初版。

屈萬里《詩經詮釋》，臺北：聯經出版事業公司，民國 72 年 2 月初版。

侯家駒《周禮研究》，臺北：聯經出版公司，民國 76 年 6 月出版。

夏傳才《詩經語言藝術》，臺北：雲龍出版社，1990 年 10 月臺一版。

林葉連《中國歷代詩經學》，臺北：臺灣學生書局，民國 82 年 3 月初版。

葉舒憲《詩經的文化闡釋—中國詩歌的發生研究》，武漢：湖北人民出版社，1994

年 6 月第 1 版。

朱自清《詩言志辨》，上海：華東師範大學出版社，1996 年 11 月第一版。

李 山《詩經的文化精神》，北京：東方出版社，1997 年 6 月第 1 版。

金春峰《周官之成書及其反映的文化與時代新考》，臺北：東大圖書公司，民國 82 年 11 月初版。


## 四、史學類

吳・韋昭《國語》，臺北：里仁書局，民國 70 年 12 月出版。
                                    （上海師範大學古籍整理組點校）
唐・劉知幾 著 清・浦起龍釋《史通通釋》，臺北：里仁書局，民國 82 年 6 月。

清・章學誠《文史通義》，臺北：里仁書局，民國 73 年 9 月出版。


孫 曜《春秋時代之世族》，上海：中華書局，民國 25 年 9 月再版。

錢 穆《中國文化史導論》，臺北：正中書局，民國 40 年 3 月臺初版。

劉伯驥《春秋會盟政治》，臺北：中華叢書，民國 51 年 3 月印行。

黎東方《先秦史》，臺北：臺灣商務印書館，民國 55 年 7 月臺一版。

呂思勉《先秦史》，香港・太平書局，民國 57 年 8 月一版。

徐復觀《中國人性論史 先秦篇》，臺北：臺灣商務印書館，1969 年 1 月初版。

楊亮功《先秦文化之發展》，臺北：臺灣商務印書館，民國 67 年 5 月初版。

杜維運《史學方法論》，臺北：三民書局，民國 68 年 2 月初版。

童書業《春秋史》，臺北：臺灣開明書店，民國 68 年 9 月臺一版。

徐復觀《兩漢思想史 卷三》，臺北：臺灣學生書局，民國 68 年 9 月初版。

姚秀彥《先秦史》，臺北：三民書局，民國 66 年 9 月初版。

杜正勝《周代城邦》，臺北：聯經出版事業公司，1979 年 1 月初版。

余英時《中國知識階層史論 古代篇》，臺北：聯經，民國 69 年 8 月初版。

許倬雲《求古編》，臺北：聯經出版事業公司，民國 71 年 6 月初版。

張蔭麟《中國上古史綱》，臺北：里仁書局，民國 71 年 9 月出版。

屈萬里《先秦文史資料考辨》，臺北：聯經出版事業公司，民國 72 年 2 月初版。

瞿同祖《中國封建社會》，臺北：里仁書局，民國 73 年 6 月初版。

許倬雲《西周史》，臺北：聯經出版事業公司，民國 73 年 10 月初版。

潘　英《中國上古史新探》，臺北：明文書局，民國 74 年 3 月初版。

張羽孔　主編《中國歷史大事編年・第一卷》，北京出版社，1987 年 11 月。

王貴民《商周制度考信》，臺北：明文書局，民國 78 年 12 月初版。

劉長林《中國系統思維》，北京：中國社會科學出版社，1990 年 7 月第 1 版。

日・中村元 著・徐復觀 譯《中國人之思維方法》，臺北：臺灣學生書局，民國
　　　　　　　　　　　　　　　　　　　　　　　　80 年 4 月修訂版。

劉起釪《古史續辨》，北京：中國社會科學出版社，1991 年 8 月第 1 版。

常金倉《周代禮俗研究》，臺北：文津出版社，民國 82 年 2 月初版。

劉　翔《中國傳統價值觀念詮釋學》，臺北：桂冠圖書公司，1993 年 4 月初版。

顧詰剛　等《古史辨》，臺北：藍燈文化事業公司，民國 82 年 8 月二版。

徐鴻修、安也致《春秋貴族法規研究》，廣西師範大學出版社，1993 年 9 月。

陳恩林《中國春秋戰國軍事史》，北京：人民出版社，1994 年 1 月一版。

楊升南《中國春秋戰國政治史》，北京：人民出版社，1994 年 4 月一版。

段志洪《周代卿大夫研究》，臺北：文津出版社，民國 83 年 5 月初版。

夏曾佑《中國古代史》，臺北：臺灣商務印書館，民國 83 年 9 月臺一版四刷。

謝　謙《中國古代宗教與禮樂文化》，成都：四川人民出版社，1996 年 7 月。

楊儒賓、黃俊傑《中國古代思維方式探索》，臺北：正中書局，民國 85 年 11 月。

張榮明《殷周政治與宗教》，臺北：五南圖書公司，民國 86 年 5 月初版。

楊　華《先秦禮樂文化》，漢口：湖北教育出版社，1997 年 3 月第 1 版。

魯士春《先秦容禮研究》，臺北：天工出版社，民國 87 年 7 月出版。

楊　寬《西周史》，臺北：臺灣商務印書館，1999 年 4 月初版一刷。

孫廣德《中國政治思想史專題研究集》，臺北：桂冠圖書，1999 年 6 月初版。
李衡眉《先秦史論集》，山東：齊魯書社，1999 年 10 月第 1 版。


## 五、諸子類

先秦・韓非 清・王先慎 《韓非子集解》，臺北：世界書局，民國 80 年 10 月。

劉　奇《論理古例》，臺北：臺灣商務印書館，民國 55 年 7 月初版。
蕭登福《鬼谷子研究》，臺北：文津出版社，民國 79 年 10 月出版。
方鵬程《鬼谷子：說服談判的藝術》，臺北：臺灣商務印書館，1999 年 8 月。


## 六、文學類

齊梁・劉勰 著 周振甫 注《文心雕龍注釋》，臺北：里仁書局，民國 73 年 5 月。
張雙英《中國文學批評的理論與實踐》，臺北：萬卷樓，民國 79 年 10 月初版。
王明居《模糊藝術論》，合肥：安徽教育出版社，1991 年 7 月第 1 版。
章滄授《先秦諸子散文藝術論》，合肥：安徽大學出版社，1996 年 9 月第 1 版。
毛正夫《中國古代詩學本體論闡釋》，臺北：五南圖書公司，民國 86 年 4 月。
曹明海《文學解讀學導論》，北京：人民文學出版社，1997 年 7 月第 1 版。
孫愛玲《紅樓夢對話研究》，北京：北京大學出版社，1997 年 9 月第一版。
鄭杰文《戰國策文新論》，山東人民出版社，1998 年 10 月第 1 版。
蔣成瑀《讀解學引論》，上海：上海文藝出版社，1998 年 11 月第 1 版。
王靖宇《中國早期敘事文論集》，臺北：中央研究院文哲所，民國 88 年 4 月。
傅修延《先秦敘事研究》，北京：東方出版社，1999 年 12 月第 1 版。

## 七、外交、國際政治類

1、學者專著：

李其泰《外交學》，臺北：正中書局，民國 51 年 11 月臺初版。

陳顧遠 《中國國際法溯源》，臺北：臺灣商務印書館，民國 56 年 7 月。

黃寶實 《中國歷代行人考》，臺北：中華書局，民國 58 年 6 月增訂一版。

洪鈞培 《春秋國際公法》，臺北：中華書局，民國 60 年 2 月臺一版。

傅啓學編《中國古代外交史料彙編上冊》，臺北：國立編譯館，民國 69 年 9 月。

徐傳保 編《先秦國際法之遺跡》，錄於上海書店《民國叢書‧第三編》。

Hans J. Morgenthau 著 張自學 譯《國際政治學》(《Politics Among Nations》)，
臺北：幼獅文化事業公司，民國 79 年 4 月第 7 印，頁 747。

Frederic S. Pearson；J. Martin Rochester 著 胡祖慶 譯《國際關係》
(《International Relations》)，臺北：五南圖書公司，民國 84 年 10 月。

石之瑜《近代中國對外關係新論——政治文化與心理分析》，臺北：五南圖書公司，
民國 84 年 12 月初版。

何茂春《中國外交通史》，北京：中國社科院，1996 年 10 月一版。

裴默農《春秋戰國外交群星》，四川：重慶出版社，1998 年 12 月第一版第二刷。

# 附錄：

# 《左傳》外交辭令表

　　學術研究的基本要求是資料的完備，以下就《左傳》所載二百三十六則外交辭令整理表列如下。由於《左傳》材料甚多，外交辭令之例亦多，無法逐一於論文中詳述。茲製此表作爲參考。

| 編號 | 左傳紀年 | 外交事件 | 辭令內容摘錄 | 交際結果 |
|---|---|---|---|---|
| 001 | 隱公四年 | 衛州吁之亂，吁立，請宋助之。遂有東門之役。 | 　　及衛州吁立，將修先君之怨於鄭，而求寵於諸侯，以和其民。使告於宋曰：「君若伐鄭，以除君害，君爲主，敝邑以賦與陳、蔡從，則衛國之願也。」宋人許之。 | 成功 |
| 002 | 隱公四年 | 石請執州吁、石厚州吁朝陳，請觀周桓王。陳執之。 | 　　州吁未能和其民，厚問定君於石子。石子曰：「王覲爲可。」曰：「何以得覲？」曰：「陳桓公方有寵於王。陳、衛方睦，若朝陳使請，必可得也。」厚從州吁如陳。。石碏使告于陳曰：「衛國褊小，老夫耄矣，無能爲也。此二人者，實弒寡君，敢即圖之。」陳人執之，而請蒞于衛。九月，衛人使右宰醜蒞殺州吁于濮。石碏使其宰獳羊肩蒞殺石厚于陳。 | 成功 |
| 003 | 隱公五年 | 宋取邾田，鄭伐宋，宋告命于魯，請援。 | 　　宋人取邾田。邾人告於鄭曰：「請君釋憾於宋，敝邑爲道。」鄭人以王師會之，伐宋，入其郛，以報東門之役。宋人使來告命。公聞其入郛也，將救之，問於使者 | 失敗 |

251

| | | | 曰:「師何及?」對曰:「未及國。」公恕,乃止。辭使者曰:「君命寡人同恤社稷之難,今問諸使者,曰:『師未及國』,非寡人之所敢知也。」 | |
|---|---|---|---|---|
| 004 | 隱公八年 | 齊平宋、衛,釋東門之役,會於溫。 | 齊人卒平宋、衛于鄭。秋,會于溫,盟于瓦屋,以釋東門之役,禮也。<br><br>冬,齊侯使來告成三國。公使眾仲對曰:「君釋三國之圖,以鳩其民,君之惠也。寡君聞命矣,敢不承受君之明德。」 | ※[1] |
| 005 | 隱公十一年 | 滕、薛爭長。魯以禮平之。 | 十一年,春,滕侯、薛侯來朝,爭長。薛侯曰:「我先封。」滕侯曰:「我,周之卜正也;薛,庶姓也,我不可以後之。」公使羽父請於薛侯曰:「君為滕君辱在寡人,周諺有之曰:『山有木,工則度之;賓有禮,主則擇之。』周之宗盟,異姓為後。寡人若朝于薛,不敢與諸任齒。君若辱貺寡人,則願以滕君為請。」薛侯許之,乃長滕侯。 | 成功 |
| 006 | 隱公十一年 | 鄭莊入許,齊侯以許讓魯隱公。 | 秋,七月,公會齊侯、鄭伯伐許。庚辰,傅于許。潁考叔取鄭伯之旗蝥弧以先登,子都自下射之,顛。瑕叔盈又以蝥弧登,周麾而呼曰:「君登矣!」鄭師畢登。壬午,遂入許。許莊公奔衛。齊侯以許讓公。公曰:「君謂許不共,故從君討之。許既伏其罪矣,雖君有命,寡人弗敢與聞。」乃與鄭人。 | 失敗 |
| 007 | 隱公十一年 | 鄭莊入許,使許叔居東偏。 | 鄭伯使許大夫百里奉許叔以居許東偏,曰:「天禍許國,鬼神實不逞于許君,而假手于我寡人,寡人唯是一二父兄不能共億,其敢以許自為功乎?寡人有弟,不能和協,而使餬其口於四方,其況能久有 | ※ |

---

| | | | | |
|---|---|---|---|---|
| | | | 許乎？吾子其奉許叔以撫柔此民也，吾將使獲也佐吾子。若寡人得沒于地，天其以禮悔禍于許，無寧茲許公復奉其社稷，唯我鄭國之有請謁焉，如舊婚媾，其能降以相從也。無滋他族實偪處此，以與我鄭國爭此土也。吾子孫其覆亡之不暇，而況能禋祀許乎？寡人之使吾子處此，不唯許國之為，亦聊以固吾圉也。」（使公孫獲處許西偏） | |
| 008 | 桓公十八年 | 魯人愬齊彭生殺魯桓公。 | 十八年，春，公將有行，遂與姜氏如齊。………公會齊侯于濼，遂及文姜如齊。齊侯通焉。公謫之。以告。夏，四月丙子，享公。使公子彭生乘公，公薨于車。<br>　　魯人告于齊曰：「寡君畏君之威，不敢寧居，來修舊好。禮成而不反，無所歸咎，惡於諸侯。請以彭生除之。」齊人殺彭生。 | 成功 |
| 009 | 莊公九年 | 乾時之役，魯欲納公子糾，敗績。鮑叔來言。 | 夏，公伐齊，納子糾。桓公自莒先入。秋，師及齊師戰于乾時，我師敗績。公喪戎路，傳乘而歸。秦子、梁子以公旗辟于下道，是以皆止。<br>　　鮑叔帥師來言曰：「子糾，親也，請君討之。管、召，讎也，請受而甘心焉。」乃殺子糾于生竇。召忽死之。管仲請囚，鮑叔受之，及堂阜而稅之。歸而以告曰：「管夷吾治於高傒，使相可也。」公從之。 | 成功 |
| 010 | 莊公十一年 | 宋大水，魯使弔之。 | 秋，宋大水。公使弔焉，曰：「天作淫雨，害於粢盛，若之何不弔？」對曰：「孤實不敬，天降之災，又以為君憂，拜命之辱。」臧文仲曰：「宋其興乎！禹、湯罪己，其興也悖焉；桀、紂罪人，其亡也忽焉。且列國有凶，稱孤，禮也。言懼而名禮，其庶乎！」既而聞之曰公子御說之辭也。臧孫達曰：「是宜為君，有恤民之心。」 | ※ |

| 011 | 莊公二十二年 | 陳完奔齊，辭卿。 | 二十二年，春，陳人殺其大子御寇。陳公子完與顓孫奔齊。顓孫自齊來奔。齊侯使敬仲為卿。辭曰：「羈旅之臣幸若獲宥，及於寬政，赦其不閑於教訓，而免於罪戾，弛於負擔，君之惠也。所獲多矣，敢辱高位以速官謗？請以死告。詩云：『翹翹車乘，招我以弓。豈不欲往？畏我友朋。』」使為工正。飲桓公酒，樂。公曰：「以火繼之。」辭曰：「臣卜其晝，未卜其夜，不敢。」君子曰：「酒以成禮，不繼以淫，義也；以君成禮，弗納於淫，仁也。」 | 成功 |
| 012 | 僖公二年 | 晉荀息假道於虞。 | 晉荀息請以屈產之乘與垂棘之璧假道於虞以伐虢。……乃使荀息假道於虞，曰：「冀為不道，入自顛軨，伐鄍三門。冀之既病，則亦唯君故。今虢為不道，保於逆旅，以侵敝邑之南鄙。敢請假道，以請罪于虢。」虞公許之，且請先伐虢。宮之奇諫，不聽，遂起師。夏，晉里克、荀息帥師會虞師，伐虢，滅下陽。 | 成功 |
| 013 | 僖公四年 | 齊桓公侵蔡伐楚。 | 齊侯與蔡姬乘舟于囿，蕩公。公懼，變色；禁之，不可。公怒，歸之，未絕之也。蔡人嫁之。<br>　四年，春，齊侯以諸侯之師侵蔡。蔡潰，遂伐楚。楚子使與師言曰：「君處北海，寡人處南海，唯是風馬牛不相及也，不虞君之涉吾地也，何故？」管仲對曰：「昔召康公命我先君大公曰：『五侯九伯，女實征之，以夾輔周室！』賜我先君履，東至于海，西至于河，南至于穆陵，北至于無棣。爾貢苞茅不入，王祭不共，無以縮酒，寡人是徵。昭王南征而不復，寡人是問。」對曰：「貢之不入，寡君之罪也，敢不共給？昭王之不復，君其問諸水濱！」師進，次于陘。 | ※ |

| 014 | 僖公四年 | 楚屈完如齊師。 | 夏，楚子使屈完如師。師退，次于召陵。齊侯陳諸侯之師，與屈完乘而觀之。齊侯曰：「豈不穀是為？先君之好是繼，與不穀同好如何？」對曰：「君惠徼福於敝邑之社稷，辱收寡君，寡君之願也。」齊侯曰：「以此眾戰，誰能禦之？以此攻城，何城不克？」對曰：「君若以德綏諸侯，誰敢不服？君若以力，楚國方城以為城，漢水以為池，雖眾，無所用之。」屈完及諸侯盟。 | 成功 |
| 015 | 僖公七年 | 鄭太子華請為內史。 | 鄭伯使太子華聽命於會，言於齊侯曰：「洩氏、孔氏、子人氏三族實違君命。君若去之以為成，我以鄭為內臣，君亦無所不利焉。」齊侯將許之。管仲曰：「君以禮與信屬諸侯，而以姦終之，無乃不可乎？子父不奸之謂禮，守命共時之謂信，違此二者，姦莫大焉。」公曰：「諸侯有討於鄭，未捷；今苟有釁，從之，不亦可乎？」對曰：「君若綏之以德，加之以訓，辭，而帥諸侯以討鄭。鄭將覆亡之不暇，豈敢不懼？若揔其罪人以臨之，鄭有辭矣，何懼？且夫合諸侯以崇德也。會而列姦，何以示後嗣？夫諸侯之會，其德、刑、禮、義，無國不記。記姦之位，君盟替矣。作而不記，非盛德也。君其勿許！鄭必受盟。夫子華既為太子，而求介於大國以弱其國，亦必不免。鄭有叔詹、堵叔、師叔三良為政，未可間也。」齊侯辭焉。子華由是得罪於鄭。 | 失敗 |
| 016 | 僖公九年 | 葵丘之會，王使宰孔賜胙。 | 夏，會于葵丘，尋盟，且修好，禮也。王使宰孔賜齊侯胙，曰：「天子有事于文、武，使孔賜伯舅胙。」齊侯將下拜。孔曰：「且有後命——天子使孔曰：『以伯舅耋老，加勞，賜一級，無下拜！』」對曰：「天威不違顏咫尺，小白余敢貪天子之命，無下拜？恐隕越于下，以遺天子羞。敢不下拜？」 | ※ |

255

| | | | | |
|---|---|---|---|---|
| | | | 下拜，登受。 | |
| 017 | 僖公九年 | 葵丘之盟。 | 秋，齊侯盟諸侯于葵丘，曰：「凡我同盟之人，既盟之後，言歸于好。」 | ※ |
| 018 | 僖公九年 | 周宰孔言晉侯不會。 | 宰孔先歸，遇晉侯，曰：「可無會也。齊侯不務德而勤遠略，故北伐山戎，南伐楚，西為此會也。東略之不知，西則否矣。其在亂乎！君務靖亂，無勤於行。」晉侯乃還。 | 成功 |
| 019 | 僖公九年 | 秦穆納晉惠公。 | 晉郤芮使夷吾重略秦以求入，曰：「人實有國，我何愛焉？入而能民，土於何有？」從之。齊隰朋帥師會秦師納晉惠公。 | 成功 |
| 020 | 僖公十二年 | 管仲辭上卿之饗。 | 冬，齊侯使管夷吾平戎于王，使隰朋平戎于晉。王以上卿之禮饗管仲。管仲辭曰：「臣，賤有司也。有天子之二守國、高在，若節春秋來承王命，何以禮焉？陪臣敢辭。」王曰：「舅氏！余嘉乃勳！應乃懿德，謂督不忘。往踐乃職，無逆朕命！」管仲受下卿之禮而還。君子曰：「管氏之世祀也宜哉！讓不忘其上。《詩》曰：『愷悌君子，神所勞矣。』」 | ※ |
| 021 | 僖公十五年 | 秦、晉韓之戰。 | ………九月，晉侯逆秦師，使韓簡視師。……遂使請戰，曰：「寡人不佞，能合其眾而不能離也。君若不還，無所逃命也。」秦伯使公孫枝對曰：「君之未入，寡人懼之；入而未定列，猶吾憂也。苟列定矣，敢不承命？」韓簡退曰：「吾幸而得囚。」 | ※ |
| 022 | 僖公十五年 | 秦、晉韓之戰。秦獲晉侯以歸。晉大夫反首拔舍從之。 | 壬戌，戰于韓原。秦獲晉侯以歸。晉大夫反首拔舍從之。秦伯使辭焉，曰：「二三子何其慼也！寡人之從君而西也，亦晉之妖夢是踐，豈敢以至？」晉大夫三拜稽首曰：「君履后土而戴皇天，皇天后土實聞君之言，群臣敢在下風。」 | 失敗 |

| 023 | 僖公十五年 | 晉陰飴甥會秦穆公，請歸晉惠公。 | 十月，晉陰飴甥會秦伯，盟于王城。秦伯曰：「晉國和乎？」對曰：「不和。小人恥失其君而悼喪其親，不憚征繕以立圉也，曰：『必報讎，寧事戎狄。』君子愛其君而知其罪，不憚征繕以待秦命，曰：『必報德，有死無二。』以此不和。」秦伯曰：「國謂君何？」對曰：「小人慼，謂之不免；君子恕，以為必歸。小人曰：『我毒秦，秦豈歸君？』君子曰：『我知罪矣，秦必歸君。』貳而執之，服而舍之，德莫厚焉，刑莫威焉。服者懷德，貳者畏刑，此一役也，秦可以霸。納而不定，廢而不立，以德為怨，秦不其然。」秦伯曰：「是吾心也。」改館晉侯，饋七牢焉。 | 成功 |
| 024 | 僖公二十三年 | 晉文公至楚，楚成王饗之。 | 及楚，楚子饗之曰：「公子若反晉國，則何以報不穀？」對曰：「子、女、玉、帛，則君有之；羽、毛、齒、革，則君地生焉。其波及晉國者，君之餘也；其何以報君？」曰：「雖然，何以報我？」對曰：「若以君之靈，得反晉國。晉、楚治兵，遇於中原，其辟君三舍。若不獲命，其左執鞭、弭，右屬櫜、鞬，以與君周旋。」子玉請殺之。楚子曰：「晉公子廣而儉，文而有禮。其從者肅而寬，忠而能力。晉侯無親，外內惡之。吾聞姬姓唐叔之後，其後衰者也，其將由晉公子乎！天將興之，誰能廢之？違天必有大咎。」乃送諸秦。 | ※ |
| 025 | 僖公二十三年 | 晉文公請秦穆公助其返國。 | 他日，公享之。子犯曰：「吾不如衰之文也，請使衰從。」公子賦＜河水＞。公賦＜六月＞。趙衰曰：「重耳拜賜！」公子降，拜，稽首，公降一級而辭焉。衰曰：「君稱所以佐天子者命重耳，重耳敢不拜？」二十四年，春，王正月，秦伯納之。 | 成功 |
| 026 | 僖公二 | 周襄王使告王子帶 | 冬，王使來告難，曰：「不穀不德，得 | ※ |

257

| | 十四年 | 之亂。 | 罪于母弟之寵子帶，鄙在鄭地氾，敢告叔父。」臧文仲對曰：「天子蒙塵于外，敢不奔問官守？」王使簡師父告于晉，使左鄢父告于秦。天子無出，書曰「天王出居于鄭」，辟母弟之難也。天子凶服、降名，禮也。 | |
|---|---|---|---|---|
| 027 | 僖公二十五年 | 晉文公勤王，請隧。 | 晉侯辭秦師而下。三月甲辰，次于陽樊，右師圍溫，左師逆王。夏四月丁巳，王入于王城。取大叔于溫，殺之于隰城。戊午，晉侯朝王。王饗醴，命之宥。請隧，弗許，曰：「王章也。未有代德，而有二王，亦叔父之所惡也。」與之陽樊、溫、原、欑茅之田。晉於是始啟南陽。陽樊不服，圍之。倉葛呼曰：「德以柔中國，刑以威四夷，宜吾不敢服也。此誰非王之親姻，其俘之也？」乃出其民。 | 失敗 |
| 028 | 僖公二十六年 | 魯展喜犒齊師。 | 夏，齊孝公伐我北鄙，衛人伐齊，洮之盟故也。公使展喜犒師，使受命于展禽。齊侯未入竟，展喜從之，曰：「寡君聞君親舉玉趾，將辱於敝邑，使下臣犒執事。」齊侯曰：「魯人恐乎？」對曰：「小人恐矣，君子則否。」齊侯曰：「室如縣罄，野無青草，何恃而不恐？」對曰：「恃先王之命。昔周公、大公股肱周室，夾輔成王。成王勞之，而賜之盟，曰：『世世子孫無相害也！』載在盟府，大師職之。桓公是以糾合諸侯而謀其不協，彌縫其闕而匡救其災，昭舊職也。及君即位，諸侯之望曰：『其率桓之功！』我敝邑用不敢保聚，曰：『豈其嗣世九年，而棄命廢職？其若先君何？君必不然。』恃此以不恐。」齊侯乃還。 | 成功 |
| 029 | 僖公二十六年 | 楚人讓夔子不祀祝融與鬻熊。 | 夔子不祀祝融與鬻熊，楚人讓之。對曰：「我先王熊摯有疾，鬼神弗赦，而自竄于夔吾是以失楚，又何祀焉？」秋，楚成得臣鬬宜申帥師滅夔，以夔子歸。 | 失敗 |

| 030 | 僖公二十八年 | 晉、楚城濮之戰，晉許復曹、衛。 | 　　子玉使宛春告於晉師曰：「請復衛侯而封曹，臣亦釋宋之圍。」子犯曰：「子玉無禮哉！君取一，臣取二，不可失矣。」先軫曰：「子與之！定人之謂禮，楚一言而定三國，我一言而亡之。我則無禮，何以戰乎？不許楚言，是棄宋也；救而棄之，謂諸侯何？楚有三施，我有三怨，怨讎已多，將何以戰？不如私許復曹、衛以攜之，執宛春以怒楚，既戰而後圖之。」公說。乃拘宛春於衛，且私許復曹、衛，曹、衛告絕於楚。 | 成功 |
| 031 | 僖公二十八年 | 晉、楚城濮之戰。子玉使鬥勃請戰。 | 　　子玉使鬥勃請戰，曰：「請與君之士戲，君馮軾而觀之，得臣與寓目焉。」晉侯使欒枝對曰：「寡君聞命矣。楚君之惠，未之敢忘，是以在此。為大夫退，其敢當君乎？既不獲命矣，敢煩大夫，謂二三子：『戒爾車乘，敬爾君事，詰朝將見。』」晉車七百乘，韅、靷、鞅、靽。晉侯登有莘之虛以觀師，曰：「少長有禮，其可用也。」遂伐其木，以益其兵。 | ※ |
| 032 | 僖公二十八年 | 晉獻楚俘於王。 | 　　晉師三日館、穀，及癸酉而還。甲午，至于衡雍，作王宮于踐土。鄉役之三月，鄭伯如楚致其師。為楚師既敗而懼，使子人九行成于晉。晉欒枝入盟鄭伯。五月丙午，晉侯及鄭伯盟于衡雍。丁未，獻楚俘于王：駟介百乘，徒兵千。鄭伯傅王，用平禮也。己酉，王享醴，命晉侯宥。王命尹氏及王子虎、內史叔興父策命晉侯為侯伯，賜之大輅之服、戎輅之服，彤弓一、彤矢百，玈弓矢千，秬鬯一卣，虎賁三百人，曰：「王謂叔父：敬服王命，以綏四國，糾逖王慝。」晉侯三辭，從命，曰：「重耳敢再拜稽首，奉揚天子之丕顯休命。」受策以出。出入三覲。 | ※ |
| 033 | 僖公三 | 燭之武退秦師。 | 　　九月甲午，晉侯、秦伯圍鄭，以其無 | 成功 |

| | 十年 | | 禮於晉，且貳於楚也。晉軍函陵，秦軍氾南。佚之狐言於鄭伯曰：「國危矣，若使燭之武見秦君，師必退。」公從之。辭曰：「臣之壯也，猶不如人；今老矣，無能為也已。」公曰：「吾不能早用子，今急而求子，是寡人之過也。然鄭亡，子亦有不利焉。」許之。夜，縋而出。見秦伯曰：「秦、晉圍鄭，鄭既知亡矣。若亡鄭而有益於君，敢以煩執事。越國以鄙遠，君知其難也，焉用亡鄭以陪鄰？鄰之厚，君之薄也。若舍鄭以為東道主，行李之往來，共其乏困，君亦無所害，且君嘗為晉君賜矣，許君焦、瑕，朝濟而夕設版焉，君之所知也。夫晉，何厭之有？既東封鄭，又欲肆其西封。不闕秦，焉取之？闕秦以利晉，唯君圖之。」秦伯說，與鄭人盟，使杞子、逢孫、揚孫戍之，乃還。子犯請擊之。公曰：「不可。微夫人之力不及此。因人之力而敝之，不仁；失其所與，不知；以亂易整，不武。吾其還也。」亦去之。初，鄭公子蘭出奔晉，從於晉侯伐鄭，請無與圍鄭。許之，使待命於東。鄭石甲父、侯宣多逆以為太子，以求成于晉，晉人許之。 | |
| 034 | 僖公三十年 | 周公閱來聘，辭饗。 | 冬，王使周公閱來聘，饗有昌歜、白黑、形鹽。辭曰：「國君，文足昭也，武可畏也，則有備物之饗，以象其德；薦五味，羞嘉穀，鹽虎形，以獻其功。吾何以堪之？」 | ※ |
| 035 | 僖公三十二年 | 杞子告秦入鄭。 | 杞子自鄭使告于秦曰：「鄭人使我掌其北門之管，若潛師以來，國可得也。」 | ※ |
| 036 | 僖公三十三年 | 鄭弦高犒秦師。 | 三十三年，春，秦師過周北門，……及滑，鄭商人弦高將市於周，遇之，以乘韋先，牛十二犒師，曰：「寡君聞吾子將步師出於敝邑，敢犒從者。不腆敝邑，為從者之 | 成功 |

| | | | | |
|---|---|---|---|---|
| | | | 淹，居則具一日之積，行則備一夕之衛。」且使遽告于鄭。 | |
| 037 | 僖公三十三年 | 鄭皇武子視客館。 | 鄭穆公使視客館，則束載、厲兵、秣馬矣。使皇武子辭焉，曰：「吾子淹久於敝邑，唯是脯資、餼牽竭矣，為吾子之將行也，鄭之有原圃，猶秦之有具囿也，吾子取其麋鹿，以閒敝邑，若何？」杞子奔齊，逢孫、揚孫奔宋。孟明曰：「鄭有備矣，不可冀也。攻之不克，圍之不繼，吾其還也。」滅滑而還。 | 成功 |
| 038 | 僖公三十三年 | 晉陽處父侵蔡，楚子上救之。 | 晉陽處父侵蔡，楚子上救之，與晉師夾泜而軍。陽子患之，使謂子上曰：「吾聞之：『文不犯順，武不違敵。』子若欲戰，則吾退舍，子濟而陳，遲速唯命。不然，紓我。老師費財，亦無益也。」乃駕以待。子上欲涉，大孫伯曰：「不可。晉人無信，半涉而薄我，悔敗何及？不如紓之。」乃退舍。陽子宣言曰：「楚師遁矣。」遂歸。楚師亦歸。太子商臣譖子上曰：「受晉賂而辟之，楚之恥也。罪莫大焉。」王殺子上。 | ※ |
| 039 | 文公三年 | 晉使陽處父盟魯文公以恥之。懼無禮，請改盟。 | 晉人以公不朝來討，公如晉。夏，四月己巳，晉人使陽處父盟公以恥之。書曰「及晉處父盟」，以厭之也。適晉不書，諱之也。<br>（傳三‧七）晉人懼其無禮於公也，請改盟。公如晉，及晉侯盟。晉侯饗公，賦〈菁菁者莪〉。莊叔以公降拜，曰：「小國受命於大國，敢不慎儀？君貺之以大禮，何樂如之？抑小國之樂，大國之惠也。」晉侯降，辭。登，成拜。公賦〈嘉樂〉。 | 成功 |
| 040 | 文公四年 | 衛甯武子聘魯，不答賦。 | 衛甯武子來聘，公與之宴，為賦〈湛露〉及〈彤弓〉。不辭，又不答賦。使行人私焉。對曰：「臣以為肆業及之也。昔諸侯朝正於王，王宴樂之，於是乎賦〈湛 | 失敗 |

| | | | | |
|---|---|---|---|---|
| | | | 露＞，則天子當陽，諸侯用命也。諸侯敵王所愾，而獻其功，王於是乎賜之彤弓一、彤矢百、旅弓矢千，以覺報宴。今陪臣來繼舊好，君辱貺之，其敢干大禮以自取戾？」 | |
| 041 | 文公七年 | 秦康公送公子雍于晉。 | 秦康公送公子雍于晉，曰：「文公之入也無衛，故有呂、郤之難。」乃多與之徒衛。 | ※ |
| 042 | 文公七年 | 趙宣子使因賈季問酆舒，且讓之。 | 狄侵我西鄙，公使告于晉。趙宣子使因賈季問酆舒，且讓之。酆舒問於賈季曰：「趙衰、趙盾孰賢？」對曰：「趙衰，冬日之日也；趙盾，夏日之日也。」 | ※ |
| 043 | 文公十二年 | 秦西乞術聘魯，言將伐晉。襄仲辭。 | 秦伯使西乞術來聘，且言將伐晉。襄仲辭玉，曰：「君不忘先君之好，照臨魯國，鎮撫其社稷，重之以大器，寡君敢辭玉。」對曰：「不腆敝器，不足辭也。」主人三辭。賓答曰：「寡君願徼福于周公、魯公以事君，不腆先君之敝器，使下臣致諸執事，以為瑞節，要結好命，所以藉寡君之命，結二國之好，是以敢致。」襄仲曰：「不有君子，其能國乎？國無陋矣。」厚賄之。 | 失敗 |
| 044 | 文公十二年 | 秦行人夜戒晉師。 | 秦為令狐之役故，冬，秦伯伐晉，取羈馬。晉人禦之。……十二月戊午，秦軍掩晉上軍。趙穿追之不及。反，怒曰：「裹糧坐甲，固敵是求。敵至不擊，將何俟焉？」軍吏曰：「將有待也。」穿曰：「我不知謀，將獨出。」乃以其屬出。宣子曰：「秦獲穿也，獲一卿矣。秦以勝歸，我何以報？」乃皆出戰，交綏。秦行人夜戒晉師曰：「兩君之士皆未憖也，明日請相見也。」史駢曰：「使者目動而言肆，懼我也，將遁矣。薄諸河，必敗之。」胥甲、趙穿當軍門呼曰：「死傷未收而棄之 | ※ |

| | | | | |
|---|---|---|---|---|
| | | | ，不惠也。不待期而薄人於險，無勇也。」乃止。秦師夜遁。復侵晉，入瑕。 | |
| 045 | 文公十三年 | 衛、鄭請魯文公平于晉。 | 冬，公如晉朝，且尋盟。衛侯會公于沓，請平于晉。公還，鄭伯會公于棐，亦請平于晉。公皆成之。鄭伯與公宴于棐，子家賦〈鴻雁〉。季文子曰：「寡君未免於此。」文子賦〈四月〉。子家賦〈載馳〉之四章。文子賦〈采薇〉之四章。鄭伯拜。公答拜。 | 成功 |
| 046 | 文公十四年 | 襄仲使告于王，請以王寵求昭姬于齊。 | 襄仲使告于王，請以王寵求昭姬于齊，曰：「殺其子，焉用其母？請受而罪之。」冬，單伯如齊請子叔姬，齊人執之。又執子叔姬。 | ※ |
| 047 | 文公十五年 | 宋華耦來盟。 | 三月，宋華耦來盟，其官皆從之。書曰「宋司馬華孫」，貴之也。公與之宴。辭曰：「君之先臣督得罪於宋殤公，名在諸侯之策。臣承其祀，其敢辱君？請承命於亞旅。」魯人以為敏。 | ※ |
| 048 | 文公十六年 | 魯季文子與齊懿公盟。 | 十六年，春，王正月，及齊平。公有疾，使季文子會齊侯于陽穀。請盟，齊侯不肯，曰：「請俟君間。」 | 失敗 |
| 049 | 文公十七年 | 鄭子家（析文子）與趙盾書。 | 晉侯蒐于黃父，遂復合諸侯于扈，平宋也。公不與會，齊難故也。書曰「諸侯」，無功也。於是晉侯不見鄭伯，以為貳於楚也。<br><br>鄭子家使執訊而與之書，以告趙宣子，曰：「寡君即位三年，召蔡侯而與之事君。九月，蔡侯入于敝邑以行。敝邑以侯宣多之難，寡君是以不得與蔡侯偕。十一月，克減侯宣多，而隨蔡侯以朝于執事。十二年六月，歸生佐寡君之嫡夷，以請陳侯于楚而朝諸君。十四年七月，寡君又朝以蔵陳事。十五年五月，陳侯自敝邑往朝于君。往年正月，燭之武往朝夷也。八月 | 成功 |

| | | | | |
|---|---|---|---|---|
| | | | ，寡君又往朝。以陳、蔡之密邇於楚，而不敢貳焉，則敝邑之故也。雖敝邑之事君，何以不免？在位之中，一朝于襄，而再見於君。夷與孤之二三臣相及於絳。雖我小國，則蔑以過之矣。今大國曰：『爾未逞吾志。』敝邑有亡，無以加焉。古人有言曰：『畏首畏尾，身其餘幾？』又曰：『鹿死不擇音。』小國之事大國也：德，則其人也；不德，則其鹿也，鋌而走險，急何能擇？命之罔極，亦知亡矣，將悉敝賦以待於鯈。唯執事命之。文公二年六月壬申，朝于齊。四年，二月壬戌，為齊侵蔡，亦獲成於楚。居大國之間，而從於強令，豈其罪也？大國若弗圖，無所逃命。」晉鞏朔行成於鄭，趙穿、公婿池為質焉。 | |
| 050 | 宣公三年 | 楚子問鼎，王孫滿對。 | 楚子伐陸渾之戎，遂至於雒，觀兵于周疆。定王使王孫滿勞楚子。楚子問鼎之大小、輕重焉。對曰：「在德不在鼎。昔夏之方有德也，遠方圖物，貢金九牧，鑄鼎象物，百物而為之備，使民知神、姦。故民入川澤、山林，不逢不若。螭魅罔兩，莫能逢之。用能協于上下，以承天休。桀有昏德，鼎遷于商，載祀六百。商紂暴虐，鼎遷于周。德之休明，雖小，重也。其姦回昏亂，雖大，輕也。天祚明德，有所厎止。成王定鼎于郟鄏，卜世三十，卜年七百，天所命也。周德雖衰，天命未改。鼎之輕重，未可問也。」 | 成功 |
| 051 | 宣公十二年 | 晉、楚邲之戰。楚圍鄭。鄭伯肉袒牽羊請成。 | 十二年，春，楚子圍鄭，旬有七日。鄭人卜行成，不吉；卜臨于大宮，且巷出車，吉。國人大臨，守陴者皆哭。楚子退師。鄭人修城。進復圍之，三月，克之。入自皇門，至于逵路。鄭伯肉袒牽羊以逆 | 成功 |

| | | | | |
|---|---|---|---|---|
| | | | ，曰：「孤不天，不能事君，使君懷怒以及敝邑，孤之罪也，敢不唯命是聽？其俘諸江南，以實海濱，亦唯命；其翦以賜諸侯，使臣妾之，亦唯命。若惠顧前好，徼福於厲、宣、桓、武，不泯其社稷，使改事君，夷於九縣，君之惠也，孤之願也，非所敢望也。敢布腹心，君實圖之。」左右曰：「不可許也，得國無赦。」王曰：「其君能下人，必能信用其民矣，庸可幾乎？」退三十里而許之平。潘尪入盟，子良出質。 | |
| 052 | 宣公十二年 | 邲之戰。鄭皇戌使如晉師，請襲楚。 | 晉師在敖、鄗之間。鄭皇戌使如晉師，曰：「鄭之從楚，社稷之故也，未有貳心。楚師驟勝而驕，其師老矣，而不設備。子擊之，鄭師為承，楚師必敗。」彘子曰：「敗楚服鄭，於此在矣。必許之！」欒武子曰：「楚自克庸以來，其君無日不討國人而訓之于民生之不易、禍至之無日、戒懼之不可以怠；在軍，無日不討軍實而申儆之于勝之不可保、紂之百克而卒無後，訓之以若敖、蚡冒篳路藍縷以啟山林。箴之曰：『民生在勤，勤則不匱。』不可謂驕。先大夫子犯有言曰：『師直為壯，曲為老。』我則不德，而徼怨于楚。我曲楚直，不可謂老。其君之戎分為二廣，廣有一卒，卒偏之兩。右廣初駕，數及日中，左則受之，以至于昏。內官序當其夜，以待不虞。不可謂無備。子良，鄭之良也；師叔，楚之崇也。師叔入盟，子良在楚，楚、鄭親矣。來勸我戰，我克則來，不克遂往，以我卜也！鄭不可從。」趙括、趙同曰：「率師以來，唯敵是求。克敵、得屬，又何俟？必從彘子！」知季曰：「原、屏，咎之徒也。」趙莊子曰：「欒 | 成功 |

| | | | 伯善哉！實其言，必長晉國。」 | |
|---|---|---|---|---|
| 053 | 宣公十二年 | 楚少宰如晉師求成。 | 　楚少宰如晉師，曰：「寡君少遭閔凶，不能文。聞二先君之出入此行也，將鄭是訓定，豈敢求罪于晉？二三子無淹久！」隨季對曰：「昔平王命我先君文侯曰：『與鄭夾輔周室，毋廢王命！』今鄭不率，寡君使群臣問諸鄭，豈敢辱候人？敢拜君命之辱。」彘子以為諂，使趙括從而更之曰：「行人失辭。寡君使群臣遷大國之跡於鄭，曰：『無辟敵！』群臣無所逃命。」 | 失敗 |
| 054 | 宣公十二年 | 使攝叔奉麋獻焉。（戰爭中） | 　楚子又使求成于晉，晉人許之，盟有日矣。楚許伯御樂伯，攝叔為右，以致晉師。許伯曰：「吾聞致師者，御靡旌摩壘而還。」樂伯曰：「吾聞致師者，左射以菆，代御執轡，御下，兩馬、掉鞅而還。」攝叔曰：「吾聞致師者，右入壘，折馘、執俘而還。」皆行其所聞而復。晉人逐之，左右角之。樂伯左射馬，而右射人，角不能進。矢一而已。麋興於前，射麋麗龜。晉鮑癸當其後，使攝叔奉麋獻焉，曰：「以歲之非時，獻禽之未至，敢膳諸從者。」鮑癸止之，曰：「其左善射，其右有辭，君子也。」既免。 | 成功 |
| 055 | 宣公十二年 | 晉魏錡射麋顧獻楚潘黨，叔黨命去之。（戰爭中） | 　晉魏錡求公族未得，而怒，欲敗晉師。請致師，弗許。請使，許之。遂往，請戰而還。楚潘黨逐之，及熒澤，見六麋，射一麋以顧獻，曰：「子有軍事，獸人無乃不給於鮮？敢獻於從者。」叔黨命去之。 | 成功 |
| 056 | 宣公十二年 | 楚子使唐狡與蔡鳩居告唐侯。 | 　（晉師徹退）晉師右移，上軍未動。工尹齊將右拒卒以逐下軍。楚子使唐狡與蔡鳩居告唐惠侯曰：「不穀不德而貪，以 | ※ |

| | | | |
|---|---|---|---|
| | | 遇大敵，不殼之罪也。然楚不克，君之羞也。敢藉君靈，以濟楚師。」使潘黨率游闕四十乘，從唐侯以為左拒，以從上軍。 | |
| 057 | 宣公十二年 | 晉、宋、衛、曹，清丘之盟。 | 晉原殼、宋華椒、衛孔達、曹人同盟于清丘，曰：「恤病，討貳。」於是卿不書，不實其言也。 | ※ |
| 058 | 宣公十五年 | 宋告急，晉不救，使解揚如宋。 | 宋人使樂嬰齊告急于晉，晉侯欲救之。伯宗曰：「不可。古人有言曰：『雖鞭之長，不及馬腹。』天方授楚，未可與爭。雖晉之強，能違天乎？諺曰：『高下在心。』川澤納汙，山藪藏疾，瑾瑜匿瑕，國君含垢，天之道也。君其待之！」乃止。使解揚如宋，使無降楚，曰：「晉師悉起，將至矣。」鄭人囚而獻諸楚。 | 失敗 |
| 059 | 宣公十五年 | 解揚致君命，對楚王之問。 | （承上則）鄭人囚而獻諸楚。楚子厚賂之，使反其言。不許。三而許之。登諸樓車，使呼宋而告之。遂致其君命。楚子將殺之，使與之言曰：「爾既許不殼而反之，何故？非我無信，女則棄之。速即爾刑！」對曰：「臣聞之：君能制命為義，臣能承命為信，信載義而行之為利。謀不失利，以衛社稷，民之主也。義無二信，信無二命。君之賂臣，不知命也。受命以出，有死無實，又可賂乎？臣之許君，以成命也。死而成命，臣之祿也。寡君有信臣，下臣獲考，死又何求？」楚子舍之以歸。 | 成功 |
| 060 | 宣公十五年 | 宋華元夜入楚師，登子反床。 | 夏，五月，楚師將去宋，申犀稽首於王之馬前曰：「毋畏知死而不敢廢王命，王棄言焉。」王不能答。申叔時僕，曰：「築室，反耕者，宋必聽命。」從之。宋人懼，使華元夜入楚師，登子反之床，起之曰：「寡君使元以病告，曰：『敝邑易子而食，析骸以爨。雖然，城下之盟，有 | 成功 |

| | | | | |
|---|---|---|---|---|
| | | | 以國斃，不能從也。去我三十里，唯命是聽。』」子反懼，與之盟，而告王。退三十里，宋及楚平。華元為質。盟曰：「我無爾詐，爾無我虞。」 | |
| 061 | 宣公十六年 | 晉使士會平王室，殽烝。武季私問其故。 | 　為毛、召之難故，王室復亂，王孫蘇奔晉。晉人復之。冬，晉侯使士會平王室，定王享之。原襄公相禮。殽烝。武季私問其故。王聞之，召武子曰：「季氏！而弗聞乎？王享有體薦，宴有折俎。公當享，卿當宴。王室之禮也。」武子歸而講求典禮，以修晉國之法。 | ※ |
| 062 | 成公二年 | 齊晉鞌之戰。 | 　師從齊師于莘。六月壬申，師至于靡笄之下。齊侯使請戰，曰：「子以君師辱於敝邑，不腆敝賦，詰朝請見。」對曰：「晉與魯、衛，兄弟也，來告曰：『大國朝夕釋憾於敝邑之地。』寡君不忍，使群臣請於大國，無令興師淹於君地。能進不能退，君無所辱命。」齊侯曰：「大夫之許，寡人之願也；若其不許，亦將見也。」齊高固入晉師，桀石以投人，禽之而乘其車，繫桑本焉，以徇齊壘，曰：「欲勇者賈余餘勇！」 | ※ |
| 063 | 成公二年 | 韓厥請執齊頃公。（戰爭中） | 　韓厥夢子輿謂己曰：「旦辟左右！」故中御而從齊侯。邴夏曰：「射其御者，君子也。」公曰：「謂之君子而射之，非禮也。」射其左，越于車下。射其右，斃于車中。綦毋張喪車，從韓厥曰：「請寓乘！」從左右，皆肘之，使立於後。韓厥俛，定其右。逢丑父與公易位。將及華泉，驂絓於木而止。丑父寢於轏中，蛇出於其下，以肱擊之，傷而匿之，故不能推車而及。韓厥執繫馬前，再拜稽首，奉觴加璧以進，曰：「寡君使群臣為魯、衛請，曰：『無令興師陷入君地。』下臣不幸， | 成功 |

| | | | | |
|---|---|---|---|---|
| | | | 屬當戎行，無所逃隱。且懼奔辟，而忝兩君。臣辱戎士，敢告不敏，攝官承乏。」丑父使公下，如華泉取飲。鄭周父御佐車，宛茷為右，載齊侯以免。韓厥獻丑父，郤獻子將戮之，呼曰：「自今無有代其君任患者，有一於此，將為戮乎？」郤子曰：「人不難以死免其君，我戮之，不祥，赦之，以勸事君者。」乃免之。 | |
| 064 | 成公二年 | 齊侯使賓媚人賄晉。 | 齊侯使賓媚人賂以紀甗、玉磬與地。不可，則聽客之所為。賓媚人致賂。晉人不可，曰：「必以蕭同叔子為質，而使齊之封內盡東其畝。」對曰：「蕭同叔子非他，寡君之母也。若以匹敵，則亦晉君之母也。吾子布大命於諸侯，而曰必質其母以為信，其若王命何？且是以不孝令也。《詩》曰：『孝子不匱，永錫爾類。』若以不孝令於諸侯，其無乃非德類也乎？先王疆理天下，物土之宜，而布其利。故《詩》曰：『我疆我理，南東其畝。』今吾子疆理諸侯，而曰『盡東其畝』而已，唯吾子戎車是利，無顧土宜，其無乃非先王之命也乎？反先王則不義，何以為盟主？其晉實有闕。四王之王也，樹德而濟同欲焉；五伯之霸也，勤而撫之，以役王命。今吾子求合諸侯，以逞無疆之欲，《詩》曰：『布政優優，百祿是遒。』子實不優，而棄百祿，諸侯何害焉？不然，寡君之命使臣，則有辭矣。曰：『子以君師辱於敝邑，不腆敝賦，以犒從者。畏君之震，師徒橈敗。吾子惠徼齊國之福，不泯其社稷，使繼舊好，唯是先君之敝器、土地不敢愛。子又不許，請收合餘燼，背城借一。敝邑之幸，亦云從也；況其不幸，敢不唯命是聽？』」 | 成功 |

| 065 | 成公二年 | 晉使鞏朔獻齊捷，王使單襄公對。 | 晉侯使鞏朔獻齊捷于周。王弗見，使單襄公辭焉，曰：「蠻夷戎狄，不式王命，淫湎毀常，王命伐之，則有獻捷。王親受而勞之，所以懲不敬、勸有功也。兄弟甥舅，侵敗王略，王命伐之，告事而已，不獻其功，所以敬親暱、禁淫慝也。今叔父克遂，有功于齊，而不使命卿鎮撫王室，所使來撫余一人，而鞏伯實來，未有職司於王室，又奸先王之禮。余雖欲於鞏伯，其敢廢舊典以忝叔父？夫齊，甥舅之國也，而大師之後也，寧不亦淫從其欲以怒叔父，抑豈不可諫誨？」士莊伯不能對。王使委於三吏，禮之如侯伯克敵使大夫告慶之禮，降於卿禮一等。王以鞏伯宴，而私賄之。使相告之曰：「非禮也，勿籍！」 | 失敗 |
| 066 | 成公三年 | 楚歸荀罃，楚王問。 | 晉人歸楚公子穀臣與連尹襄老之尸于楚，以求知罃。於是荀首佐中軍矣，故楚人許之。王送知罃，曰：「子其怨我乎？」對曰：「二國治戎，臣不才，不勝其任，以為俘馘。執事不以釁鼓，使歸即戮，君之惠也。臣實不才，又誰敢怨？」王曰：「然則德我乎？」對曰：「二國圖其社稷，而求紓其民，各懲其忿，以相宥也。兩釋纍囚，以成其好。二國有好，臣不與及，其誰敢德？」王曰：「子歸，何以報我？」對曰：「臣不任受怨，君亦不任受德，無怨無德，不知所報。」王曰：「雖然，必告不穀。」對曰：「以君之靈，纍臣得歸骨於晉，寡君之以為戮，死且不朽。若從君之惠而免之，以賜君之外臣首；首其請於寡君，而以戮於宗，亦死且不朽。若不獲命，而使嗣宗職，次及於事，而帥偏師，以修封疆。雖遇執事，其弗敢違 | ※ |

| | | | | |
|---|---|---|---|---|
| | | | ，其竭力致死，無有二心，以盡臣禮，所以報也。」王曰：「晉未可與爭。」重為之禮而歸之。 | |
| 067 | 成公四年 | 鄭伯與許男訟，子反不能決。 | 冬，十一月，鄭公孫申帥師疆許田。許人敗諸展陂。鄭伯伐許，取鉏任、泠敦之田。晉欒書將中軍，荀首佐之，士燮佐上軍，以救許伐鄭，取氾、祭。楚子反救鄭，鄭伯與許男訟焉，皇戌攝鄭伯之辭。子反不能決也，曰：「君若辱在寡君，寡君與其二三臣共聽兩君之所欲，成其可知也。不然，側不足以知二國之成。」（傳五·五）許靈公愬鄭伯于楚。六月，鄭悼公如楚訟，不勝，楚人執皇戌及子國。故鄭伯歸，使公子偃請成于晉。秋，八月，鄭伯及晉趙同盟于垂棘。 | ※ |
| 068 | 成公八年 | 晉使韓穿來言歸汶陽之田于齊，季文子餞之。 | 八年，春，晉侯使韓穿來言汶陽之田，歸之于齊。季文子餞之，私焉，曰：「大國制義，以為盟主，是以諸侯懷德畏討，無有貳心。謂汶陽之田，敝邑之舊也，而用師於齊，使歸諸敝邑。今有二命，曰『歸諸齊』。信以行義，義以成命，小國所望而懷也。信不可知，義無所立，四方諸侯，其誰不解體？《詩》曰：『女也不爽，士貳其行。士也罔極，二三其德。』七年之中，一與一奪，二三孰甚焉？士之二三，猶喪妃耦，而況霸主？霸主將德是以，而二三之，其何以長有諸侯乎？《詩》曰：『猶之未遠，是用大簡。』行父懼晉之不遠猶而失諸侯也，是以敢私言之。」 | ※ |
| 069 | 成公八年 | 晉侯使申公巫臣如吳。 | 晉侯使申公巫臣如吳，假道於莒。與渠丘公立於池上，曰：「城已惡。」莒子曰：「辟陋在夷，其孰以我為虞？」對曰：「夫狡焉思啟封疆以利社稷者，何國蔑 | ※ |

271

| | | | 有？唯然，故多大國矣。唯或思或縱也。勇夫重閉，況國乎？」 | |
|---|---|---|---|---|
| 070 | 成公九年 | 楚囚對晉侯之問。 | 晉侯觀于軍府，見鍾儀。問之曰：「南冠而縶者，誰也？」有司對曰：「鄭人所獻楚囚也。」使稅之。召而弔之。再拜稽首。問其族。對曰：「泠人也。」公曰：「能樂乎？」對曰：「先父之職官也，敢有二事？」使與之琴，操南音。公曰：「君王何如？」對曰：「非小人之所得知也。」固問之。對曰：「其為太子也，師、保奉之，以朝于嬰齊而夕于側也。不知其他。」公語范文子。文子曰：「楚囚，君子也。言稱先職，不背本也；樂操土風，不忘舊也；稱太子，抑無私也；名其二卿，尊君也。不背本，仁也；不忘舊，信也；無私，忠也；尊君，敏也。仁以接事，信以守之，忠以成之，敏以行之。事雖大，必濟。君盍歸之，使合晉、楚之成？」公從之，重為之禮，使歸求成。 | 成功 |
| 071 | 成公十一年 | 晉郤至與周爭鄇田，王命劉康公、單襄公訟諸晉。 | 晉郤至與周爭鄇田，王命劉康公、單襄公訟諸晉。郤至曰：「溫，吾故也，故不敢失。」劉子、單子曰：「昔周克商，使諸侯撫封，蘇忿生以溫為司寇，與檀伯達封于河。蘇氏即狄，又不能於狄而奔衛。襄王勞文公而賜之溫，狐氏、陽氏先處之，而後及子。若治其故，則王官之邑也，子安得之？」晉侯使郤至勿敢爭。 | ※ |
| 072 | 成公十二年 | 晉、楚、宋西門之盟。 | 宋華元克合晉、楚之成，夏，五月，晉士燮會楚公子罷、許偃。癸亥，盟于宋西門之外，曰：「凡晉、楚無相加戎，好惡同之，同恤菑危，備救凶患。若有害楚，則晉伐之；在晉，楚亦如之。交贄往來，道路無壅；謀其不協，而討不庭。有渝此盟，明神殛之，俾隊其師，無克胙國。 | ※ |

| | | | 」鄭伯如晉聽成，會于瑣澤，成故也。 | |
|---|---|---|---|---|
| 073 | 成公十二年 | 晉郤至如楚聘，楚子享，金奏於下，驚而出。 | 晉郤至如楚聘，且涖盟。楚子享之，子反相，為地室而縣焉。郤至將登，金奏作於下，驚而走出。子反曰：「日云莫矣，寡君須矣，吾子其入也！」賓曰：「君不忘先君之好，施及下臣，貺之以大禮，重之以備樂。如天之福，兩君相見，何以代此？下臣不敢。」子反曰：「如天之福，兩君相見，無亦唯是一矢以相加遺，焉用樂？寡君須矣，吾子其入也！」賓曰：「若讓之以一矢，禍之大者，其何福之為？世之治也，諸侯間於天子之事，則相朝也，於是乎有享宴之禮。享以訓共儉，宴以示慈惠。共儉以行禮，而慈惠以布政。政以禮成，民是以息。百官承事，朝而不夕，此公侯之所以扞城其民也。故《詩》曰：『赳赳武夫，公侯干城。』及其亂也，諸侯貪冒，侵欲不忌，爭尋常以盡其民，略其武夫以為己腹心、股肱、爪牙。故《詩》曰：『赳赳武夫，公侯腹心。』天下有道，則公侯能為民干城，而制其腹心。亂則反之。今吾子之言，亂之道也，不可以為法。然吾子，主也，至敢不從？」遂入，卒事。歸以語范文子。文子曰：「無禮，必食言，吾死無日矣夫！」 | 成功 |
| 074 | 成公十三年 | 呂相絕秦書—晉秦麻隧之戰。 | 夏，四月戊午，晉侯使呂相絕秦，曰：「昔逮我獻公及穆公相好，戮力同心，申之以盟誓，重之以婚姻。天禍晉國，文公如齊，惠公如秦。無祿，獻公即世。穆公不忘舊德，俾我惠公用能奉祀于晉。又不能成大勳，而為韓之師。亦悔于厥心，用集我文公，是穆之成也。文公躬擐甲冑，跋履山川，踰越險阻，征東之諸侯，虞、夏、商、周之胤而朝諸秦，則亦既報舊 | 成功 |

德矣。鄭人怒君之疆場，我文公帥諸侯及秦圍鄭。秦大夫不詢于我寡君，擅及鄭盟。諸侯疾之，將致命于秦。文公恐懼，綏靜諸侯，秦師克還無害，則是我有大造于西也。無祿，文公即世，穆為不弔，蔑死我君，寡我襄公，迭我殽地，奸絕我好，伐我保城，殄滅我費滑，散離我兄弟，撓亂我同盟，傾覆我國家。我襄公未忘君之舊勳，而懼社稷之隕，是以有殽之師。猶願赦罪于穆公。穆公弗聽，而即楚謀我。天誘其衷，成王隕命，穆公是以不克逞志于我。穆、襄即世，康、靈即位。康公，我之自出，又欲闕翦我公室，傾覆我社稷，帥我蟊賊，以來蕩搖我邊疆，我是以有令狐之役。康猶不悛，入我河曲，伐我涑川，俘我王官，翦我羈馬，我是以有河曲之戰。東道之不通，則是康公絕我好也。」

及君之嗣也，我君景公引領西望曰：「庶撫我乎！」君亦不惠稱盟，利吾有狄難，入我河縣，焚我箕、郜，芟夷我農功，虔劉我邊陲，我是以有輔氏之聚。君亦悔禍之延，而欲徼福于先君獻、穆，使伯車來命我景公曰：「吾與女同好棄惡，復修舊德，以追念前勳。」言誓未就，景公即世，我寡君是以有令狐之會。君又不祥，背棄盟誓。白狄及君同州，君之仇讎，而我婚姻也。君來賜命曰：「吾與女伐狄。」寡君不敢顧婚姻，畏君之威，而受命于吏。君有二心於狄，曰：「晉將伐女。」狄應且憎，是用告我。楚人惡君之二三其德也，亦來告我曰：「秦背令狐之盟，而來求盟于我：『昭告昊天上帝、秦三公、楚三王曰：「余雖與晉出入，余唯利是

| | | | | |
|---|---|---|---|---|
| | | | 視。」不穀惡其無成德，是用宣之，以懲不壹。』諸侯備聞此言，斯是用痛心疾首，暱就寡人，寡人帥以聽命，唯好是求。君若惠顧諸侯，矜哀寡人，而賜之盟，則寡人之願也，其承寧諸侯以退，豈敢徼亂？君若不施大惠，寡人不佞，其不能以諸侯退矣。敢盡布之執事，俾執事實圖利之。」 | |
| 075 | 成公十六年 | 晉、楚鄢陵之戰。晉郤至三遇楚子之卒，見楚子，必下，免冑而趨風。楚子使工尹襄問之子弓。（戰爭中） | 郤至三遇楚子之卒，見楚子，必下，免冑而趨風。楚子使工尹襄問之以弓，曰：「方事之殷也，有韎韋之跗注，君子也。識見不穀而趨，無乃傷乎？」郤至見客，免冑承命，曰：「君之外臣至從寡君之戎事，以君之靈，間蒙甲冑，不敢拜命。敢告不寧，君命之辱。為事之故，敢肅使者。」三肅使者而退。 | ※ |
| 076 | 成公十六年 | 欒鍼見子重之旌，請攝飲。（戰爭中） | 欒鍼見子重之旌，請曰：「楚人謂夫旌，子重之麾也，彼其子重也。日臣之使於楚也，子重問晉國之勇，臣對曰：『好以眾整。』曰：『又何如？』臣對曰：『好以暇。』今兩國治戎，行人不使，不可謂整；臨事而食言，不可謂暇。請攝飲焉。」公許之。使行人執榼承飲，造于子重，曰：「寡君乏使，使鍼御持矛，是以不得犒從者，使某攝飲。」子重曰：「夫子嘗與吾言於楚，必是故也。不亦識乎！」受而飲之，免使者而復鼓。旦而戰，見星未已。 | ※ |
| 077 | 成公十六年 | 鄢陵戰後，曹人請于晉。 | 曹人請于晉曰：「自我先君宣公即世，國人曰：『若之何？憂猶未弭。』而又討我寡君，以亡曹國社稷之鎮公子，是大泯曹也，先君無乃有罪乎？若有罪，則君列諸會矣。君唯不遺德、刑，以伯諸侯，豈獨遺諸敝邑？敢私布之。」曹人復請于 | 成功 |

| | | | | |
|---|---|---|---|---|
| | | | 晉。晉侯謂子臧：「反，吾歸而君。」子臧反，曹伯歸。子臧盡致其邑與卿而不出。 | |
| 078 | 成公十六年 | 魯使子叔聲子請季孫于晉。 | 　宣伯使告郤犫曰：「魯之有季、孟，猶晉之有欒、范也，政令於是乎成。今其謀曰：『晉政多門，不可從也。寧事齊、楚，有亡而已，蔑從晉矣。』若欲得志於魯，請止行父而殺之，我斃蔑也，而事晉，蔑有貳矣。魯不貳，小國必睦。不然，歸必叛矣。」九月，晉人執季文子于苕丘。公還，待于鄆，使子叔聲伯請季孫于晉。郤犫曰：「苟去仲孫蔑，而止季孫行父，吾與子國，親於公室。」對曰：「僑如之情，子必聞之矣。若去蔑與行父，是大棄魯國，而罪寡君也。若猶不棄，而惠徼周公之福，使寡君得事晉君，則夫二人者，魯國社稷之臣也。若朝亡之，魯必夕亡。以魯之密邇仇讎，亡而為讎，治之何及？」郤犫曰：「吾為子請邑。」對曰：「嬰齊，魯之常隸也，敢介大國以求厚焉？承寡君之命以請，若得所請，吾子之賜多矣，又何求？」范文子謂欒武子曰：「季孫於魯，相二君矣。妾不衣帛，馬不食粟，可不謂忠乎？信讒慝而棄忠良，若諸侯何？子叔嬰齊奉君命無私，謀國家不貳，圖其身不忘其君。若虛其請，是棄善人也。子其圖之！」乃許魯平，赦季孫。 | 成功 |
| 079 | 襄公三年 | 魯襄公始朝晉，盟於長樗。 | 　公如晉，始朝也。夏，盟于長樗。孟獻子相。公稽首。知武子曰：「天子在，而君辱稽首，寡君懼矣。」孟獻子曰：「以敝邑介在東表，密邇仇讎，寡君將君是望，敢不稽首？」 | ※ |
| 080 | 襄公三年 | 晉為鄭服故，且欲修吳好，將合諸侯 | 　晉為鄭服故，且欲修吳好，將合諸侯。使士匄告于齊曰：「寡君使匄，以歲之不易 | 成功 |

| | 年 | 修吳好，將合諸侯。 | 不虞之不戒，寡君願與一二兄弟相見，以謀不協。請君臨之，使句乞盟。」齊侯欲勿許，而難為不協，乃盟於耏外。 | |
|---|---|---|---|---|
| 081 | 襄公四年 | 魯叔孫豹如晉報晉聘。 | 穆叔如晉，報知武子之聘也。晉侯享之，金奏〈肆夏〉之三，不拜。工歌〈文王〉之三，又不拜。歌〈鹿鳴〉之三，三拜。韓獻子使行人子員問之曰：「子以君命辱於敝邑，先君之禮，藉之以樂，以辱吾子。吾子舍其大，而重拜其細。敢問何禮也？」對曰：「三夏，天子所以享元侯也，使臣弗敢與聞。〈文王〉，兩君相見之樂也，臣不敢及。〈鹿鳴〉，君所以嘉寡君也，敢不拜嘉？〈四牡〉，君所以勞使臣也，敢不重拜？〈皇皇者華〉，君教使臣曰：『必諮於周。』臣聞之：訪問於善為咨，咨親為詢，咨禮為度，咨事為諏，咨難為謀。臣獲五善，敢不重拜？」 | 成功 |
| 082 | 襄公四年 | 魯襄公如晉聽政，請屬鄫。 | 冬，公如晉聽政。晉侯享公，公請屬鄫。晉侯不許。孟獻子曰：「以寡君之密邇於仇讎，而願固事君，無失官命。鄫無賦於司馬，為執事朝夕之命敝邑，敝邑褊小，闕而為罪，寡君是以願借助焉。」晉侯許之。 | 成功 |
| 083 | 襄公五年 | 楚共王討陳。 | 楚人討陳叛故，曰：「由令尹子辛實侵欲焉。」乃殺之。書曰「楚殺其大夫公子壬夫」，貪也。君子謂楚共王於是不刑。詩曰：「周道挺挺，我心扃扃。講事令，集人來定。」己則無信，而殺人以逞，不亦難乎！夏書曰：「成允成功。」 | ※ |
| 084 | 襄公六年 | 晉人以鄫故來討魯。 | 晉人以鄫故來討，曰：「何故亡鄫？」季武子如晉見，且聽命。 | 成功 |
| 085 | 襄公七年 | 衛孫文子聘魯。 | 衛孫文子來聘，且拜武子之言，而尋孫桓子之盟。公登亦登。叔孫穆子相，趨 | ※ |

| | | | 進，曰：「諸侯之會，寡君未嘗後衛君。今吾子不後寡君，寡君未知所過。吾子其少安！」孫子無辭，亦無悛容。穆叔曰：「孫子必亡。為臣而君，過而不悛，亡之本也。《詩》曰：『退食自公，委蛇委蛇』，謂從者也。衡而委蛇，必折。」 | |
|---|---|---|---|---|
| 086 | 襄公七年 | 陳二慶請楚執陳公，楚人從之。 | 陳人患楚。慶虎、慶寅謂楚人曰：「吾使公子黃往，而執之。」楚人從之。二慶使告陳侯于會，曰：「楚人執公子黃矣。君若不來，群臣不忍社稷宗廟，懼有二圖。」陳侯逃歸。 | 成功 |
| 087 | 襄公八年 | 楚為蔡故伐鄭，鄭諸子議從楚。 | 冬，楚公子貞帥師伐鄭，討其侵蔡也。子駟、子國、子耳欲從楚，子孔、子蟜、子展欲待晉。………乃及楚平，使王子伯駢告于晉曰：「君命敝邑：『修而車賦，儆而師徒，以討亂略。』蔡人不從，敝邑之人不敢寧處，悉索敝賦，以討于蔡，獲司馬燮，獻于邢丘。今楚來討曰：『女何故稱兵于蔡？』焚我郊保，馮陵我城郭。敝邑之眾，夫婦男女，不遑啟處，以相救也。翟焉傾覆，無所控告。民死亡者，非其父兄，即其子弟。夫人愁痛，不知所庇。民知窮困，而受盟于楚。孤也與其二三臣不能禁止，不敢不告。」知武子使行人子員對之曰：「君有楚命，亦不使一個行李告于寡君，而即安于楚。君之所欲也，誰敢違君？寡君將帥諸侯以見于城下。唯君圖之！」 | ※ |
| 088 | 襄公八年 | 晉范宣子聘魯，告將用師於鄭。 | 晉范宣子來聘，且拜公之辱，告將用師于鄭。公享之。宣子賦〈摽有梅〉。季武子曰：「誰敢哉？今譬於草木，寡君在君，君之臭味也。歡以承命，何時之有？」武子賦〈角弓〉。賓將出，武子賦〈彤弓〉。宣子曰：「城濮之役，我先君文公 | 成功 |

| | | | | |
|---|---|---|---|---|
| | | | 獻功于衡雍，受彤弓于襄王，以為子孫藏。兮也，先君守官之嗣也，敢不承命？」君子以為知禮。 | |
| 089 | 襄公九年 | 晉伐鄭叛從楚。鄭服盟於戲。 | 冬十月，諸侯伐鄭。………諸侯皆不欲戰，乃許鄭成。十一月己亥，同盟于戲，鄭服也。將盟，鄭六卿公子騑、公子發、公子嘉、公孫輒、公孫蠆、公孫舍之及其大夫、門子，皆從鄭伯。晉士莊子為載書曰：「自今日既盟之後，鄭國而不唯晉命是聽，而或有異志者，有如此盟！」公子騑趨進曰：「天禍鄭國，使介居二大國之間，大國不加德音，而亂以要之，使其鬼神不獲歆其禋祀，其民人不獲享其土利，夫婦辛苦墊隘，無所底告。自今日既盟之後，鄭國而不唯有禮與強可以庇民者是從，而敢有異志者，亦如之！」荀偃曰：「改載書！」公孫舍之曰：「昭大神要言焉。若可改也，大國亦可叛也。」知武子謂獻子曰：「我實不德，而要人以盟，豈禮也哉？非禮，何以主盟？姑盟而退，修德息師而來，終必獲鄭，何必今日？我之不德，民將棄我，豈唯鄭？若能休和，遠人將至，何恃於鄭？」乃盟而還。 | ※ |
| 090 | 襄公九年 | 魯襄公送晉悼公，晉侯以公宴于河上，問公年，季武子對。 | 公送晉侯，晉侯以公宴于河上，問公年。季武子對曰：「會于沙隨之歲，寡君以生。」晉侯曰：「十二年矣，是謂一終，一星終也。國君十五而生子，冠而生子，禮也。君可以冠矣。大夫盍為冠具？」武子對曰：「君冠，必以祼享之禮行之，以金石之樂節之，以先君之祧處之。今寡君在行，未可具也，請及兄弟之國而假備焉。」晉侯曰：「諾。」公還，及衛，冠于成公之廟，假鍾磬焉，禮也。 | 成功 |
| 091 | 襄公十 | 晉荀偃、士匄取偪 | 晉荀偃、士匄請伐偪陽，而封宋向戌 | 成功 |

| | 年 | 陽，欲封向戌，向戌辭。 | ………五月庚寅，荀偃、士匄帥卒攻偪陽，親受矢石，甲午，滅之。書曰「遂滅偪陽」，言自會也。以與向戌。向戌辭曰：「君若猶辱鎮撫宋國，而以偪陽光啟寡君，群臣安矣，其何貺如之！若專賜臣，是臣與諸侯以自封也，其何罪大焉！敢以死請。」乃予宋公。 | |
|---|---|---|---|---|
| 092 | 襄公十年 | 周王叔陳生與伯輿爭政，范宣子平。 | 王叔陳生與伯輿爭政，王右伯輿。王叔陳生怒而出奔。及河，王復之，殺史狡以說焉。不入，遂處之。晉侯使士匄平王室，王叔與伯輿訟焉。王叔之宰與伯輿之大夫瑕禽坐獄於王庭，士匄聽之。王叔之宰曰：「篳門閨竇之人而皆陵其上，其難為上矣。」瑕禽曰：「昔平王東遷，吾七姓從王，牲用備，王賴之，而賜之騂旄之盟，曰：『世世無失職。』若篳門閨竇，其能來東厎乎？且王何賴焉？今自王叔之相也，政以賄成，而刑放於寵。官之師旅，不勝其富，吾能無篳門閨竇乎？唯大國圖之！下而無直，則何謂正矣？」范宣子曰：「天子所右，寡君亦右之；所左，亦左之。」使王叔氏與伯輿合要，王叔氏不能舉其契。王叔奔晉。不書，不告也。單靖公為卿士以相王室。 | ※ |
| 093 | 襄公十一年 | 鄭子展侵宋。四月諸侯伐鄭。鄭人懼，乃行成。 | 鄭人患晉、楚之故，諸大夫曰：「不從晉，國幾亡。楚弱於晉，晉不吾疾也。晉疾，楚將辟之。何為而使晉師致死於我？楚不敢敵，而後可固與也。」子展曰：「與宋為惡，諸侯必至，吾從之盟。楚師至，吾又從之，則晉怒甚矣。晉能驟來，楚將不能，吾乃固與晉。」大夫說之，使疆場之司惡於宋。宋向戌侵鄭，大獲。子展曰：「師而伐宋可矣。若我伐宋，諸侯之伐我必疾，吾乃聽命焉，且告於楚。楚師至，吾乃與之盟，而重 | ※ |

280

| | | | | |
|---|---|---|---|---|
| | | | 賂晉師,乃免矣。」夏,鄭子展侵宋。四月,諸侯伐鄭。己亥,齊太子光、宋向戌先至于鄭,門于東門。其莫,晉荀罃至于西郊,東侵舊許。衛孫林公侵其北鄙。六月,諸侯會于北林,師于向。右還,次于瑣。圍鄭,觀兵于南門,西濟于濟隧。鄭人懼,乃行成。秋,七月,同盟于亳。范宣子曰:「不慎,必失諸侯。諸侯道敝而無成,能無貳乎?」乃盟。載書曰:「凡我同盟,毋蘊年,毋壅利,毋保姦,毋留慝,救災患,恤禍亂,同好惡,獎王室。或間茲命,司慎、司盟,名山、名川,群神、群祀,先王、先公,七姓十二國之祖,明神殛之,俾失其民,隊命亡氏,踣其國家。」 | |
| 094 | 襄公十一年 | 鄭使良霄、石如楚告將服晉。 | 九月,諸侯悉師以復伐鄭,鄭人使良霄、大宰石㚟如楚,告將服于晉,曰:「孤以社稷之故,不能懷君。君若能以玉帛綏晉,不然,則武震以攝威之,孤之願也。」楚人執之。書曰「行人」,言使人也。 | 失敗 |
| 095 | 襄公十一年 | 晉、鄭盟。晉使叔肸告于諸侯。 | …諸侯之師觀兵于鄭東門。鄭人使王子伯駢行成。甲戌,晉趙武入盟鄭伯。冬,十月丁亥,鄭子展出盟晉侯。十二月戊寅,會于蕭魚。庚辰,赦鄭囚,皆禮而歸之;納斥候;禁侵掠。晉侯使叔肸告于諸侯。公使臧孫紇對曰:「凡我同盟,小國有罪,大國致討,苟有以藉手,鮮不赦宥,寡君聞命矣。」 | ※ |
| 096 | 襄公十三年 | 石㚟說子囊歸鄭行人。 | 鄭良霄、大宰石㚟猶在楚。石㚟言於子囊曰:「先王卜征五年,而歲習其祥,祥習則行。不習,則增修德而改卜。今楚實不競,行人何罪?止鄭一卿,以除其偪,使睦而疾楚,以固於晉,焉用之?使歸而廢其使,怨其君以疾其大夫,而相牽引 | 成功 |

| | | | | |
|---|---|---|---|---|
| | | | 也，不猶愈乎？」楚人歸之。 | |
| 097 | 襄公十四年 | 吳告敗於晉，會於向。將執戎子駒支。 | 十四年，春，吳告敗于晉。會于向，為吳謀楚故也。范宣子數之不德也，以退吳人。執莒公子務婁，以其通楚使也。將執戎子駒支，范宣子親數諸朝，曰：「來！姜戎氏！昔秦人迫逐乃祖吾離于瓜州，乃祖吾離被苫蓋、蒙荊棘來歸我先君，我先君惠公有不腆之田，與女剖分而食之。今諸侯之事我寡君不如昔者，蓋言語漏洩，則職女之由。諸朝之事，爾無與焉。與，將執女。」對曰：「昔秦人負恃其眾，貪于土地，逐我諸戎。惠公蠲其大德，謂我諸戎，是四嶽之裔胄也，毋是翦棄。賜我南鄙之田，狐狸所居，豺狼所嗥。我諸戎除翦其荊棘，驅其狐狸豺狼，以為先君不侵不叛之臣，至于今不貳。昔文公與秦伐鄭，秦人竊與鄭盟而舍戍焉，於是乎有殽之師。晉禦其上，戎亢其下，秦師不復，我諸戎實然。譬如捕鹿，晉人角之，諸戎掎之，與晉踣之。戎何以不免？自是以來，晉之百役，與我諸戎相繼于時，以從執政，猶殽志也，豈敢離遢？今官之師旅無乃實有所闕，以攜諸侯而罪我諸戎！我諸戎飲食衣服不與華同，贄幣不通，言語不達，何惡之能為？不與於會，亦無瞢焉。」賦＜青蠅＞而退。宣子辭焉，使即事於會，成愷悌也。 | 成功 |
| 098 | 襄公十四年 | 晉報櫟之役。叔向見叔孫豹請先濟。（遷延之役） | 夏，諸侯之大夫從晉侯伐秦，以報櫟之役也。晉侯待于竟，使六卿帥諸侯之師以進。及涇，不濟。叔向見叔孫穆子，穆子賦＜匏有苦葉＞，叔向退而具舟。魯人、莒人先濟。鄭子蟜見衛北宮懿子曰：「與人而不固，取惡莫甚焉，若社稷何？」懿子說。二子見諸侯之師而勸之濟。濟涇而次。秦人毒涇上流，師人多死。鄭司馬子蟜帥鄭師以進， | 成功 |

282

|  |  |  | 師皆從之，至于棫林，不獲成焉。荀偃令曰：「雞鳴而駕，塞井夷灶，唯余馬首是瞻。」欒黶曰：「晉國之命，未是有也。余馬首欲東。」乃歸。下軍從之。左史謂魏莊子曰：「不待中行伯乎？」莊子曰：「夫子命從帥，欒伯，吾帥也，吾將從之。從帥，所以待夫子也。」伯游曰：「吾令實過，悔之何及！多遺秦禽。」乃命大還。晉人謂之「遷延之役」。欒鍼曰：「此役也，報櫟之敗也。役又無功，晉之恥也。吾有二位於戎路，敢不恥乎？」與士鞅馳秦師，死焉。士鞅反。欒黶謂士匄曰：「余弟不欲往，而子召之。余弟死，而子來，是而子殺余之弟也。弗逐，余亦將殺之。」士鞅奔秦。 |  |
| 099 | 襄公十四年 | 遷延之役，鄭子蟜、衛北宮懿子勸諸侯之師濟。 | 鄭子蟜見衛北宮懿子曰：「與人而不固，取惡莫甚焉，若社稷何？」懿子說。二子見諸侯之師而勸之濟。濟涇而次。 | 成功 |
| 100 | 襄公十四年 | 士鞅奔秦，秦伯問於士鞅，以爲知言，爲之請於晉而復之。 | 於是齊崔杼、宋華閱、仲江會伐秦。不書，惰也。向之會亦如之。衛北宮括不書於向，書於伐秦，攝也。秦伯問於士鞅曰：「晉大夫其誰先亡？」對曰：「其欒氏乎！」秦伯曰：「以其汰乎？」對曰：「然。欒黶汰虐已甚，猶可以免，其在盈乎！」秦伯曰：「何故？」對曰：「武子之德在民，如周人之思召公焉，愛其甘棠，況其子乎？欒黶死，盈之善未能及人，武子所施沒矣，而黶之怨實章，將於是乎在。」秦伯以為知言，為之請於晉而復之。 | 成功 |
| 101 | 襄公十四年 | 衛獻公奔齊，魯襄公使厚成叔弔于衛。 | 衛孫甯之亂，衛公出奔。魯襄公使厚成叔弔于衛，曰：「寡君使瘠，聞君不撫社稷，而越在他竟，若之何不弔？以同盟之故，使瘠敢私於執事，曰：『有君不弔 | ※ |

283

| | | | ，有臣不敏；君不教寯，臣亦不帥職，增淫發洩，其若之何？」衛人使大叔儀對，曰：「群臣不佞，得罪於寡君。寡君不以即刑，而悼棄之，以為君憂。君不忘先君之好，辱弔群臣，又重恤之。敢拜君命之辱，重拜大貺。」厚孫歸，復命，語臧武仲曰：「衛君其必歸乎！有大叔儀以守，有母弟鱄以出。或撫其內，或營其外，能無歸乎！」 | |
|---|---|---|---|---|
| 102 | 襄公十四年 | 王使劉定公賜齊侯命。 | 　王使劉定公賜齊侯命，曰：「昔伯舅大公右我先王，股肱周室，師保萬民。世胙大師，以表東海。王室之不壞，繄伯舅是賴。今余命女環，茲率舅氏之典，纂乃祖考，無忝乃舊。敬之哉！無廢朕命！」 | ※ |
| 103 | 襄公十五年 | 宋向戌聘魯、尋盟。見孟獻子。 | （私人對話）　　　　十五年，春，宋向戌來聘，且尋盟。見孟獻子，尤其室，曰：「子有令聞而美其室，非所望也。」對曰：「我在晉，吾兄為之。毀之重勞，且不敢間。」 | ※ |
| 104 | 襄公十六年 | 晉平公與諸侯宴于溫，齊高厚歌詩不類且逃盟。諸侯盟將伐齊。 | 　十六年，春，葬晉悼公。平公即位，羊舌肸為傅，張君臣為中軍司馬，祁奚、韓襄、樂盈、士鞅為公族大夫，虞丘書為乘馬御。改服、修官，烝于曲沃。警守而下，會于溴梁。命歸侵田。以我故，執邾宣公、莒犁比公，且曰「通齊、楚之使」。晉侯與諸侯宴于溫，使諸大夫舞，曰：「歌詩必類。」齊高厚之詩不類。荀偃怒，且曰：「諸侯有異志矣。」使諸大夫盟高厚，高厚逃歸。於是叔孫豹、晉荀偃、宋向戌、衛甯殖、鄭公孫蠆、小邾之大夫盟，曰：「同討不庭。」 | ※ |
| 105 | 襄公十六年 | 穆叔如晉聘，且言齊故。 | 　冬，穆叔如晉聘，且言齊故。晉人曰：「以寡君之未禘祀，與民之未息，不然，不敢忘。」穆叔曰：「以齊人之朝夕釋 | 成功 |

| | | | | |
|---|---|---|---|---|
| | | | 憾於敝邑之地，是以大請。敝邑之急，朝不及夕，引領西望曰：『庶幾乎！』比執豆間，恐無及也。」見中行獻子，賦〈圻父〉。獻子曰：「偃知罪矣，敢不從執沈同恤社稷，而使魯及此？」見范宣子，賦〈鴻雁〉之卒章。宣子曰：「匄在此，敢使魯無鳩乎？」 | |
| 106 | 襄公十七年 | 臧堅自殺。 | 齊人以其未得志于我故，秋，齊侯伐我北鄙，圍桃。高厚圍臧紇于防。師自陽關逆臧孫，至于旅松。耏叔紇、臧疇、臧賈帥甲三百，宵犯齊師，送之而復。齊師去之。齊人獲臧堅，齊侯使夙沙衛唁之，且曰「無死」。堅稽首曰：「拜命之辱。抑君賜不終，姑又使其刑臣禮於士。」以杙抉其傷而死。 | ※ |
| 107 | 襄公十八年 | 晉入齊平陰之戰。 | 冬，十月，會于魯濟，尋湨梁之言，同伐齊。齊侯禦諸平陰，塹防門而守之，廣里。夙沙衛曰：「不能戰，莫如守險。」弗聽。諸侯之士門焉，齊人多死。范宣子告析文子，曰：「吾知子，敢匿情乎？魯人、莒人皆請以車千乘自其鄉入，既許之矣。若入，君必失國。子盍圖之！」子家以告公。公恐。晏嬰聞之，曰：「君固無勇，而又聞是，弗能久矣。」 | ※ |
| 108 | 襄公十九年 | 督揚之盟。 | 十九年，春，諸侯還自沂上，盟于督揚，曰：「大毋侵小。」執邾悼公，以其伐我故。遂次于泗上，疆我田，取邾田，自漷水歸之于我。晉侯先歸。公享晉六卿于蒲圃，賜之三命之服；軍尉、司馬、司空、輿尉、候奄皆受一命之服；賄荀偃束錦、加璧、乘馬，先吳壽夢之鼎。 | ※ |
| 109 | 襄公十九年 | 季武子如晉拜師。 | 季武子如晉拜師，晉侯享之。范宣子為政，賦〈黍苗〉。季武子興，再拜稽首，曰：「小國之仰大國也，如百穀之仰膏 | 成功 |

| | | | | |
|---|---|---|---|---|
| | | | 雨焉。若常膏之，其天下輯睦，豈唯敝邑？」賦＜六月＞。 | |
| 110 | 襄公十九年 | 齊及晉平，盟於大隧。穆叔見叔向。 | 齊及晉平，盟于大隧。故穆叔會范宣子于柯。穆叔見叔向，賦＜載馳＞之四章。叔向曰：「肹敢不承命！」穆叔歸，曰：「齊猶未也，不可以不懼。」乃城武城。 | 成功 |
| 111 | 襄公二十年 | 陳二慶愬楚。 | 蔡公子燮欲以蔡之晉，蔡人殺之。公子履，其母弟也，故出奔楚。陳慶虎、慶寅畏公子黃之偪，愬諸楚曰：「與蔡司馬同謀。」楚人以為討，公子黃出奔楚。初，蔡文侯欲事晉，曰：「先君與於踐土之盟，晉不可棄，且兄弟也。」畏楚，不能行而卒。楚人使蔡無常，公子燮求從先君以利蔡，不能而死。書曰「蔡殺其大夫公子燮」，言不與民同欲也；「陳侯之弟黃出奔楚」，言非其罪也。公子黃將出奔，呼於國曰：「慶氏無道，求專陳國，暴蔑其君，而去其親，五年不滅，是無天也。」 | ※ |
| 112 | 襄公二十年 | 季武子如宋，報向戍之聘也。 | 冬，季武子如宋，報向戍之聘也。褚師段逆之以受享，賦＜常棣＞之七章以卒。宋人重賄之。歸，復命，公享之，賦＜魚麗＞之卒章。公賦＜南山有臺＞。武子去所，曰：「臣不堪也。」 | 成功 |
| 113 | 襄公二十一年 | 欒盈過於周，周西鄙掠之，欒盈辭於行人。 | 欒盈過於周，周西鄙掠之。辭於行人曰：「天子陪臣盈得罪於王之守臣，將逃罪。罪重於郊甸，無所伏竄，敢布其死：昔陪臣書能輸力於王室，王施惠焉。其子黶不能保任其父之勞。大君若不棄書之力，亡臣猶有所逃。若棄書之力，而思黶之罪，臣戮餘也，將歸死於尉氏，不敢還矣。敢布四體，唯大君命焉。」王曰：「尤而效之，其又甚焉。」使司徒禁掠欒氏者，歸所取焉，使候 | 成功 |

| | | | 出諸轘轅。 | |
|---|---|---|---|---|
| 114 | 襄公二十二年 | 晉徵朝于鄭，鄭使少正公孫僑對。 | 夏，晉人徵朝于鄭。鄭人使少正公孫僑對曰：「在晉先君悼公九年，我寡君於是即位。即位八月，而我先大夫子駟從寡君以朝于執事，執事不禮於寡君，寡君懼。因是行也，我二年六月朝于楚，晉是以有戲之役。楚人猶競，而申禮於敝邑。敝邑欲從執事而懼為大尤，曰：『晉其謂我不共有禮？』是以不敢攜貳於楚。我四年三月，先大夫子蟜又從寡君以觀釁於楚，晉於是乎有蕭魚之役。謂我敝邑，邇在晉國，譬諸草木，吾臭味也，而何敢差池？楚亦不競，寡君盡其土實，重之以宗器，以受齊盟。遂帥群臣隨于執事，以會歲終。貳於楚者子侯、石盂，歸而討之。湨梁之明年，子蟜老矣，公孫夏從寡君以朝于君，見於嘗酎，與執燔焉。間二年，聞君將靖東夏，四月，又朝以聽事期。不朝之間，無歲不聘，無役不從。以大國政令之無常，國家罷病，不虞荐至，無日不惕，豈敢忘職？大國若安定，其朝夕在庭，何辱命焉？若不恤其患而以為口實，其無乃不堪任命而翦為仇讎？敝邑是懼，其敢忘君命？委諸執事，執事實重圖之。」 | ※ |
| 115 | 襄公二十三年 | 齊莊襲莒。莒子遇華周，重賄請盟，華周辭。（戰爭中） | 齊侯還自晉，不入，遂襲莒。門于且于，傷股而退。明日，將復戰，期于壽舒。杞殖、華還載甲夜入且于之隧，宿於莒郊。明日，先遇莒子於蒲侯氏。莒子重賂之，使無死，曰：「請有盟。」華周對曰：「貪貨棄命，亦君所惡也。昏而受命，日未中而棄之，何以事君？」莒子親鼓之，從而伐之，獲杞梁。莒人行成。 | 失敗 |
| 116 | 襄公二十四年 | 穆叔如晉，范宣子逆之，問三不朽。 | 二十四年，春，穆叔如晉，范宣子逆之，問焉，曰：「古人有言曰：『死而不 | ※ |

| | | | | |
|---|---|---|---|---|
| | 十四年 | 逆之，問三不朽。 | 朽』，何謂也？」穆叔未對。宣子曰：「昔匄之祖，自虞以上為陶唐氏，在夏為御龍氏，在商為豕韋氏，在周為唐杜氏，晉主夏盟為范氏，其是之謂乎！」穆叔曰：「以豹所聞，此之謂世祿，非不朽也。魯有先大夫曰臧文仲，既沒，其言立，其是之謂乎！豹聞之：『大上有立德，其次有立功，其次有立言。』雖久不廢，此之謂不朽。若夫保姓受氏，以守宗祊，世不絕祀，無國無之。祿之大者，不可謂不朽」 | |
| 117 | 襄公二十四年 | 子產寓書請范宣子輕幣。 | 　范宣子為政，諸侯之幣重，鄭人病之。二月，鄭伯如晉，子產寓書於子西，以告宣子，曰：「子為晉國，四鄰諸侯不聞令德，而聞重幣，僑也惑之。僑聞君子長國家者，非無賄之患，而無令名之難。夫諸侯之賄聚於公室，則諸侯貳。若吾子賴之，則晉國貳。諸侯貳，則晉國壞；晉國貳，則子之家壞，何沒沒也？將焉用賄？夫令名，德之輿也；德，國家之基也。有基無壞，無亦是務乎！有德則樂，樂則能久。《詩》云：『樂只君子，邦家之基』，有令德也夫！『上帝臨女，無貳爾心』，有令名也夫！恕思以明德，則令名載而行之，是以遠至邇安。毋寧使人謂子『子實生我』，而謂『子浚我以生』乎？象有齒以焚其身，賄也。」宣子說，乃輕幣。 | 成功 |
| 118 | 襄公二十四年 | 鄭伯朝晉且請伐陳。鄭伯稽首，宣子辭。子西曰 | 　宣子說，乃輕幣。是行也，鄭伯朝晉，為重幣故，且請伐陳也。鄭伯稽首，宣子辭。子西相，曰：「以陳國之介恃大國，而陵虐於敝邑，寡君是以請請罪焉，敢不稽首？」 | ※ |
| 119 | 襄公二十四年 | 鄭行人公子羽如晉聘，程鄭問。 | 　晉侯嬖程鄭，使佐下軍。鄭行人公孫揮如晉聘，程鄭問焉，曰：「敢問降階何由？」子羽不能對，歸以語然明。然明曰 | ※ |

| | | | | |
|---|---|---|---|---|
| | | | ：「是將死矣。不然，將亡。貴而知懼，懼而思降，乃得其階。下人而已，又何罔焉？且夫既登而求降階者，知人也，不在程鄭。其有亡釁乎！不然，其有惑疾，將死而憂也。」 | |
| 120 | 襄公二十五年 | 晉侯會于夷儀，伐齊。使叔向告於諸侯。 | 晉侯濟自泮，會于夷儀，伐齊，以報朝歌之役。齊人以莊公說，使隰鉏請成，慶封師。男女以班。賂晉侯以宗器、樂器。自六正、五吏、三十帥、三軍之大夫、百官之正長師旅及處守者皆有賂。晉侯許之。使叔向告於諸侯。公使子服惠伯對曰：「君舍有罪，以靖小國，君之惠也。寡君聞命矣。」<br><br>※以下空白因電腦分頁之故，敬請見諒※ | ※ |

| 121 | 襄公二十五年 | 鄭子產獻捷于晉，戎服將事。 | 　　鄭子產獻捷于晉，戎服將事。晉人問陳之罪。對曰：「昔虞閼父為周陶正，以服事我先王。我先王賴其利器用也，與其神明之後也，庸以元女大姬配胡公，而封諸陳，以備三恪。則我周之自出，至于今是賴。桓公之亂，蔡人欲立其出，我先君莊公奉五父而立之，蔡人殺之，我又與蔡人奉戴厲公。至於莊、宣皆我之自立。夏氏之亂，成公播蕩，又我之自入，君所知也。今陳忘周之大德，蔑我大惠，棄我姻親，介恃楚眾，以憑陵我敝邑，不可億逞，我是以有往年之告。未獲成命，則有我東門之役。當陳隧者，井堙木刊。敝邑大懼不競而恥大姬，天誘其衷，啟敝邑心。陳知其罪，授手于我。用敢獻功。」晉人曰：「何故侵小？」對曰；「先王之命，唯罪所在，各致其辟。且昔天子之地一圻，列國一同，自是以衰。今大國多數圻矣，若無侵小，何以至焉？」晉人曰：「何故戎服？」對曰：「我先君武、莊為平、桓卿士。城濮之役，文公布命曰：『各復舊職。』命我文公戎服輔王，以授楚捷——不敢廢王命故也。」士莊伯不能詰，復於趙文子。文子曰：「其辭順。犯順，不祥。」乃受之。 | 成功 |
| 122 | 襄公二十六年 | 齊侯、鄭伯如晉請歸衛侯。 | 　　六月，公會晉趙武、宋向戌、鄭良霄、曹人于澶淵，以討衛，疆戚田。………衛侯如晉，晉人執而囚之於士弱氏。秋，七月， | 成功 |

| | | | | |
|---|---|---|---|---|
| | | | 齊侯、鄭伯為衛侯故如晉，晉侯兼享之。晉侯賦＜嘉樂＞。國景子相齊侯，賦＜蓼蕭＞。子展相鄭伯，賦＜緇衣＞。叔向命晉侯拜二君，曰：「寡君敢拜齊君之安我先君之宗祧也，敢拜鄭君之不貳也。」國子使晏平仲私於叔向，曰：「晉君宣其明德於諸侯，恤其患而補其闕，正其違而治其煩，所以為盟主也。今為臣執君，若之何？」叔向告趙文子，文子以告晉侯。晉侯言衛侯之罪，使叔向告二君。國子賦＜轡之柔矣＞，子展賦＜將仲子兮＞，晉侯乃許歸衛侯。叔向曰：「鄭七穆，罕氏其後亡者也，子展儉而壹。」 | |
| 123 | 襄公二十六年 | 鄭伯歸自晉，使子西如晉聘。 | 　鄭伯歸自晉，使子西如晉聘，辭曰：「寡君來煩執事，懼不免於戾，使夏謝不敏。」君子曰：「善事大國。」 | ※ |
| 124 | 襄公二十六年 | 蔡聲子復楚伍舉。 | 　初，楚伍參與蔡太師子朝友，其子伍舉與聲子相善也。伍舉娶於王子牟。王子牟為申公而亡，楚人曰：「伍舉實送之。」伍舉奔鄭，將遂奔晉。聲子將如晉，遇之於鄭郊，班荊相與食，而言復故。聲子曰：「子行也，吾必復子。」及宋向戌將平晉、楚，聲子通使於晉，還如楚。令尹子木與之語，問晉故焉，且曰：「晉大夫與楚孰賢？」對曰：「晉卿不如楚，其大夫則賢，皆卿材也。如杞梓、皮革，自楚往也。雖楚有材，晉實用之。」子木曰：「夫獨無族姻乎？」對曰：「雖有，而用楚材實多。歸生聞之：善為國者，賞不僭而刑不濫。賞僭，則懼及淫人；刑濫，則懼及善人。若不幸而過，寧僭，無濫。與其失善，寧其利淫。無善人，則國從之。《詩》曰：『人之云亡，邦國殄瘁』，無善人之謂也。故夏書曰『與其殺不辜，寧失不經』，懼失善也。商頌有之曰：『不僭不濫，不敢怠皇。命于下國，封建厥福 | 成功 |

』，此湯所以獲天福也。古之治民者，勸賞而畏刑，恤民不倦。賞以春夏，刑以秋冬。是以將賞，為之加膳，加膳則飫賜，此以知其勸賞也。將刑，為之不舉，不舉則徹樂，此以知其畏刑也。夙興夜寐，朝夕臨政，此以知其恤民也。三者，禮之大節也。有禮無敗。今楚多淫刑，其大夫逃死於四方，而為之謀主，以害楚國，不可救療，所謂不能也。子儀之亂，析公奔晉，晉人寘諸戎車之殿，以為謀主。繞角之役，晉將遁矣，析公曰：『楚師輕窕，易震蕩也。若多鼓鈞聲，以夜軍之，楚師必遁。』晉人從之，楚師宵潰。晉遂侵蔡，襲沈，獲其君，敗申、息之師於桑隧，獲申麗而還。鄭於是不敢南面。楚失華夏，則析公之為也。雍子之父兄譖雍子，君與大夫不善是也，雍子奔晉，晉人與之鄐，以為謀主。彭城之役，晉、楚遇於靡角之谷。晉將遁矣，雍子發命於軍曰：『歸老幼，反孤疾，二人役，歸一人。簡兵蒐乘，秣馬蓐食，師陳焚次，明日將戰。』行歸者，而逸楚囚。楚師宵潰，晉降彭城而歸諸宋，以魚石歸。楚失東夷，子辛死之，則雍子之為也。子反與子靈爭夏姬，而雍害其事，子靈奔晉，晉人與之邢，以為謀主，扞禦北狄，通吳於晉，教吳叛楚，教之乘車、射御、驅侵，使其子狐庸為吳行人焉。吳於是伐巢、取駕、克棘、入州來，楚罷於奔命，至今為患，則子靈之為也。若敖之亂，伯賁之子賁皇奔晉，晉人與之苗，以為謀主。鄢陵之役，楚晨壓晉軍而陳。晉將遁矣，苗賁皇曰：『楚師之良在其中軍王族而已，若塞井夷灶，成陳以當之，欒、范易行以誘之，中行、二郤必克二穆，吾乃四萃於其王族，必大敗之。』晉人從之，楚師大敗，王夷師熸

| | | | | |
|---|---|---|---|---|
| | | | ，子反死之。鄭叛、吳興，楚失諸侯，則苗賁皇之為也。」子木曰：「是皆然矣。」聲子曰：「今又有甚於此。椒舉娶於申公子牟，子牟得戾而亡，君大夫謂椒舉：『女實遣之。』懼而奔鄭，引領南望，曰：『庶幾赦余。』亦弗圖也。今在晉矣。晉人將與之縣，以比叔向。彼若謀害楚國，豈不為患？」子木懼，言諸王，益其祿爵而復之。聲子使椒鳴逆之。 | |
| 125 | 襄公二十六年 | 許靈公如楚，請伐鄭。 | 許靈公如楚，請伐鄭，曰：「師不興，孤不歸矣。」八月，辛于楚。楚子曰：「不伐鄭，何以求諸侯？」冬，十月，楚子伐鄭，鄭人將禦之。子產曰：「晉、楚將平，諸侯將和，楚王是故昧於一來。不如使逞而歸，乃易成也。夫小人之性釁於勇、嗇於禍、以足其性求名焉者，非國家之利也，若何從之？」子展說，不禦寇。十二月乙酉，入南里，墮其城。涉於樂氏，門于師之梁。縣門發，獲九人焉。涉于氾而歸。而後葬許靈公。 | ※ |
| 126 | 襄公二十六年 | 晉韓宣子聘于周，王使請事。 | 晉韓宣子聘于周，王使請事。對曰：「晉士起將歸時事於宰旅，無他事矣。」王聞之，曰：「韓氏其昌阜於晉乎！辭不失舊。」 | ※ |
| 127 | 襄公二十七年 | 齊慶封聘魯，不知賦。 | 齊慶封來聘，其車美。孟孫謂叔孫曰：「慶季之車，不亦美乎！」叔孫曰：「豹聞之：『服美不稱，必以惡終。』美車何為？」叔孫與慶封食，不敬。為賦＜相鼠＞，亦不知也。 | 失敗 |
| 128 | 襄公二十七年 | 宋向戌弭兵，晉楚爭先。 | 晉、楚爭先。晉人曰：「晉固為諸侯盟主，未有先晉者也。」楚人曰：「子言晉、楚匹也，若晉常先，是楚弱也。且晉、楚狎主諸侯之盟也久矣，豈專在晉？」叔向謂趙孟曰：「諸侯歸晉之德只，非歸 | ※ |

293

| | | | | |
|---|---|---|---|---|
| | | | 其尸盟也。子務德,無爭先。且諸侯盟,小國固必有尸盟者,楚為晉細,不亦可乎?」乃先楚人。書先晉,晉有信也。 | |
| 129 | 襄公二十七年 | 宋公兼享晉、楚之大夫。 | 壬午,宋公兼享晉、楚之大夫,趙孟為客,子木與之言,弗能對;使叔向侍言焉,子木亦不能對也。乙酉,宋公及諸侯之大夫盟于蒙門之外。子木問於趙孟曰:「范武子之德何如?」對曰:「夫子之家事治,言於晉國無隱情,其祝史陳信於鬼神無愧辭。」子木歸以語王。王曰:「尚矣哉!能歆神、人,宜其光輔五君以為盟主也。」子木又語王曰:「宜晉之伯也,有叔向以佐其卿,楚無以當之,不可與爭。」晉荀盈遂如楚涖盟。 | ※ |
| 130 | 襄公二十七年 | 趙軼請鄭六卿賦詩言志。 | 鄭伯享趙孟于垂隴,子展、伯有、子西、子產、子大叔、二子石從。趙孟曰:「七子從君,以寵武也。請皆賦,以卒君貺,武亦以觀七子之志。」子展賦＜草蟲＞,趙孟曰:「善哉,民之主也!抑武也,不足以當之。」伯有賦＜鶉之賁賁＞,趙孟曰:「床第之言不踰閾,況在野乎?非使人之所得聞也。」子西賦＜黍苗＞之四章,趙孟曰:「寡君在,武何能焉!」子產賦＜隰桑＞,趙孟曰:「武請受其卒章。」子大叔賦＜野有蔓草＞,趙孟曰:「吾子之惠也。」印段賦＜蟋蟀＞,趙孟曰:「善哉,保家之主也!吾有望矣。」公孫段賦＜桑扈＞,趙孟曰:「『匪交匪敖』,福將焉往?若保是言也,欲辭福祿,得乎?」卒享,文子告叔向曰:「伯有將為戮矣。詩以言志,志誣其上而公怨之,以為賓榮,其能久乎?幸而後亡。」叔向曰:「然,已侈,所謂不及五稔者,夫子之謂矣。」文子曰:「其餘皆數世之主也。子展其後亡者也,在上不忘降。印氏其 | 成功 |

294

| | | | | |
|---|---|---|---|---|
| | | | 次也，樂而不荒。樂以安民，不淫以使之，後亡，不亦可乎！」 | |
| 131 | 襄公二十七年 | 楚薳罷如晉蒞盟。 | 　楚薳罷如晉蒞盟，晉侯享之。將出賦＜成功既醉＞。叔向曰：「薳氏之有後於楚國也，宜哉！承君命，不忘敏。子蕩將知政矣。敏以事君，必能養民，政其焉往？」 | 成功 |
| 132 | 襄公二十八年 | 鄭伯使游吉如楚，及漢，楚人請還之。 | 　蔡侯之如晉也，鄭伯使游吉如楚。及漢，楚人還之，曰：「宋之盟，君實親辱。今吾子來，寡君謂吾子姑還，吾將使馹奔問諸晉而以告。」子大叔曰：「宋之盟，君命將利小國，而亦使安定其社稷，鎮撫其民人，以禮承天之休，此君之憲令，而小國之望也。寡君是故使吉奉其皮幣，以歲之不易，聘於下執事。今執事有命曰：女何與政令之有？必使而君棄而封守，跋涉山川，蒙犯霜露，以逞君心。小國將君是望，敢不唯命是聽？無乃非盟載之言，以闕君德，而執事有不利焉，小國是懼。不然，其何勞之敢憚？　子大叔歸，復命。告子展曰：「楚子將死矣。不修其政德，而貪昧於諸侯，以逞其願，欲久，得乎？《周易》有之：在復之頤，曰『迷復，凶』，其楚子之謂乎！欲復其願，而棄其本，復歸無所，是謂迷復，能無凶乎？君其往也，送葬而歸，以快楚心。楚不幾十年，未能恤諸侯也，吾乃休吾民矣。」裨灶曰：「今茲周王及楚子皆將死。歲棄其次，而旅於明年之次，以害鳥帑，周、楚惡之。」　九月，鄭游吉如晉，告將朝于楚以從宋之盟。子產相鄭伯以如楚。舍不為壇。外僕言曰：「昔先大夫相先君適四國，未嘗不為壇。自是至今亦皆循之。今子草舍，無乃不可乎？」子產曰：「大適小，則為壇；小適大，苟舍而已，焉用壇？僑聞之，大適小有 | 失敗 |

| | | | | |
|---|---|---|---|---|
| | | | 五美：宥其罪戾，赦其過失，救其菑患，賞其德刑，教其不及。小國不困，懷服如歸，是故作壇以昭其功，宣告後人，無怠於德。小適大有五惡：說其罪戾，請其不足，行其政事，共其職貢，從其時命。不然，則重其幣帛，以賀其福而弔其凶，皆小國之禍也，焉用作壇以昭其禍？所以告子孫，無昭禍焉可也。」 | |
| 133 | 襄公二十八年 | 慶封不答賦。 | 慶封歸，遇告亂者。丁亥，伐西門，弗克。還伐北門，克之。入，伐內宮，弗克。反，陳于嶽，請戰，弗許，遂來奔。獻車於季武子，美澤可以鑑。展莊叔見之，曰：「車甚澤，人必瘁，宜其亡也。」叔孫穆子食慶封，慶封氾祭。穆子不說，使工為之誦〈茅鴟〉，亦不知。既而齊人來讓，奔吳。吳句餘予之朱方，聚其族焉而居之，富於其舊。子服惠伯謂叔孫曰：「天殆富淫人，慶封又富矣。」穆子曰：「善人富謂之賞，淫人富謂之殃。天其殃之也，其將聚而殲旃。 | 失敗 |
| 134 | 襄公二十九年 | 知悼子合諸侯之大夫以城杞。子大叔見大叔文子。 | 晉平公，杞出也，故治杞。六月，知悼子合諸侯之大夫以城杞，孟孝伯會之，鄭子大叔與伯石往。子大叔見大叔文子，與之語。文子曰：「甚乎其城杞也！」子大叔曰：「若之何哉！晉國不恤周宗之闕，而夏肄是屏，其棄諸姬，亦可知也已。諸姬是棄，其誰歸之？吉也聞之：棄同即異，是謂離德。《詩》曰：『協比其鄰，婚姻孔云。』晉不鄰矣，其誰云之？」 | ※ |
| 135 | 襄公二十九年 | 吳季札聘魯。 | 吳公子札來聘，見叔孫穆子，說之。謂穆子曰：「子其不得死乎！好善而不能擇人。吾聞君子務在擇人。吾子為魯宗卿，而任其大政，不慎舉，何以堪之？禍必及子！」請觀於周樂。使工為之歌周南、召南，曰：「美哉！始基之矣，猶未也，然勤而不 | ※ |

怨矣。」為之歌邶、鄘、衛，曰：「美哉淵乎！憂而不困者也。吾聞衛康叔、武公之德如是，是其衛風乎！」為之歌王，曰：「美哉！思而不懼，其周之東乎！」為之歌鄭，曰：「美哉！其細已甚，民弗堪也。是其先亡乎！」為之歌齊，曰：「美哉，泱泱乎！大風也哉！表東海者，其大公乎！國未可量也。」為之歌豳，曰：「美哉，蕩乎！樂而不淫，其周公之東乎！」為之歌秦，曰：「此之謂夏聲。夫能夏則大，大之至也，其周之舊乎！」為之歌魏，曰：「美哉，渢渢乎！大而婉，險而易行，以德輔此，則明主也。」為之歌唐，曰：「思深哉！其有陶唐氏之遺民乎！不然，何其憂之遠也？非令德之後，誰能若是？」為之歌陳，曰：「國無主，其能久乎！」自鄶以下無譏焉。為之歌小雅，曰：「美哉！思而不貳，怨而不言，其周德之衰乎？猶有先王之遺民焉。」為之歌大雅，曰：「廣哉，熙熙乎！曲而有直體，其文王之德乎！」為之歌頌，曰：「至矣哉！直而不倨，曲而不屈，邇而不偪，遠而不攜，遷而不淫，復而不厭，哀而不愁，樂而不荒，用而不匱，廣而不宣，施而不費，取而不貪，處而不底，行而不流。五聲和，八風平。節有度，守有序，盛德之所同也。」

　　見舞〈象箾〉、〈南籥〉者，曰：「美哉！猶有憾。」見舞〈大武〉者，曰：「美哉！周之盛也，其若此乎！」見舞〈韶濩〉者，曰：「聖人之弘也，而猶有慚德，聖人之難也。」見舞〈大夏〉者，曰：「美哉！勤而不德，非禹，其誰能修之？」見舞〈韶箾〉者，曰：「德至矣哉，大矣！如天之無不幬也，如地之無不載也。雖甚盛德，其蔑以加於此矣，觀止矣。若有他樂，吾不敢

| | | | 請已。」 | |
|---|---|---|---|---|
| 136 | 襄公二十九年 | 吳季札聘齊。 | 其出聘也，通嗣君也。故遂聘于齊，說晏平仲，謂之曰：「子速納邑與政。無邑無政，乃免於難。齊國之政將有所歸，未獲所歸，難未歇也。」故晏子因陳桓子以納政與邑，是以免於欒、高之難。 | ※ |
| 137 | 襄公二十九年 | 吳季札聘鄭。 | 聘於鄭，見子產，如舊相識。與之縞帶，子產獻紵衣焉。謂子產曰：「鄭之執政侈，難將至矣，政必及子。子為政，慎之以禮。不然，鄭國將敗。」適衛，說蘧瑗、史狗、史鰍、公子荊、公叔發、公子朝，曰：「衛多君子，未有患也。 | ※ |
| 138 | 襄公三十年 | 楚子使蓬罷來聘，穆叔問王子圍為政。 | 三十年，春，王正月，楚子使蓬罷來聘，通嗣君也。穆叔問王子圍之為政何如。對曰：「吾儕小人食而聽事，猶懼不給命，而不免於戾，焉與知政？」固問焉，不告。穆叔告大夫曰：「楚令尹將有大事，子蕩將與焉，助之匿其情矣。」 | ※ |
| 139 | 襄公三十年 | 子產相鄭伯以如晉，叔向問鄭國之政。 | 子產相鄭伯以如晉，叔向問鄭國之政焉。對曰：「吾得見與否，在此歲也。駟、良方爭，未知所成。若有所成，吾得見，乃可知也。」叔向曰：「不既和矣乎？」對曰：「伯有侈而慢，子晳好在人上，莫能相下也。雖其和也，猶相積惡也，惡至無日矣。」 | ※ |
| 140 | 襄公三十一年 | 子產壞晉館垣。 | 癸酉，葬襄公。公薨之月，子產相鄭伯以如晉，晉侯以我喪故，未之見也。子產使盡壞其館之垣而納車馬焉。士文伯讓之曰：「敝邑以政刑之不修，寇盜充斥，無若諸侯之屬辱在寡君者何，是以令吏人完客所館，高其閈閎，厚其牆垣，以無憂客使。今吾子壞之，雖從者能戒，其若異客何？以敝邑之為盟主，繕完葺牆，以待賓客。若皆毀之，其何以共命？寡君使匄請命。」對曰：「 | 成功 |

| | | | |
|---|---|---|---|
| | | | 以敝邑褊小，介於大國，誅求無時，是以不敢寧居，悉索敝賦，以來會時事。逢執事之不閒，而未得見；又不獲聞命，未知見時。不敢輸幣，亦不敢暴露。則輸之，則君之府實也，非薦陳之，不敢輸也。其暴露之，則恐燥濕之不時而朽蠹，以重敝邑之罪。僑聞文公之為盟主也，宮室卑庳，無觀臺榭，以崇大諸侯之館，館如公寢；庫廄繕修，司空以時平易道路，圬人以時塓館宮室；諸侯賓至，甸設庭燎，僕人巡宮；車馬有所，賓從有代，巾車脂轄，隸人、牧、圉各瞻其事；百官之屬各展其物；公不留賓，而亦無廢事；憂樂同之，事則巡之；教其不知，而恤其不足。賓至如歸，無寧菑患；不畏寇盜，而亦不患燥濕。今銅鞮之宮數里，而諸侯舍於隸人，門不容車，而不可踰越；盜賊公行，而天癘不戒。賓見無時，命不可知。若又勿壞，是無所藏幣以重罪也。敢請執事：將何所命之？雖君之有魯喪，亦敝邑之憂也。若獲薦幣，修垣而行，君之惠也，敢憚勤勞！」文伯復命。趙文子曰：「信。我實不德，而以隸人之垣以贏諸侯，是吾罪也。」使士文伯謝不敏焉。<br><br>晉侯見鄭伯，有加禮，厚其宴好而歸之。乃築諸侯之館。叔向曰：「辭之不可以已也如是夫！子產有辭，諸侯賴之，若之何其釋辭也？《詩》曰：『辭之輯矣，民之協矣；辭之繹矣，民之莫矣』，其知之矣。」 | |
| 141 | 襄公三十一年 | 吳使屈狐庸聘于晉，通路也。趙文子問。 | 吳子使屈狐庸聘于晉，通路也。趙文子問焉，曰：「延州來季子其果立乎？巢隕諸樊，閽戕戴吳，天似啟之，何如？」對曰：「不立。是二王之命也，非啟季子也。若天所啟，其在今嗣君乎！甚德而度。德不失民，度不失事。民親而事有序， | ※ |

| | | | 其天所啟也。有吳國者,必此君之子孫實終之。季子,守節者也,雖有國,不立。」 | |
|---|---|---|---|---|
| 142 | 昭公元年 | 楚公子圍聘于鄭,且娶於公孫段氏。鄭惡其入。楚令尹命大宰伯州犁對。 | 元年,春,楚公子圍聘于鄭,且娶於公孫段氏。伍舉為介。將入館,鄭人惡之,使行人子羽與之言,乃館於外。既聘,將以眾逆。子產患之,使子羽辭曰:「以敝邑褊小,不足以容從者,請墠聽命。」令尹命大宰伯州犁對曰:「君辱貺寡大夫圍,謂圍將使豐氏撫有而室。圍布几筵,告於莊、共之廟而來。若野賜之,是委君貺於草莽也,是寡大夫不得列於諸卿也。不寧唯是,又使圍蒙其先君,將不得為寡君老,其蔑以復矣。唯大夫圖之!」子羽曰:「小國無罪,恃實其罪。將恃大國之安靖己,而無乃包藏禍心以圖之。小國失恃,而懲諸侯,使莫不憾者,距違君命,而有所壅塞不行是懼。不然,敝邑,館人之屬也,其敢愛豐氏之祧?」伍舉知其有備也,請垂櫜而入。許之。 | 成功 |
| 143 | 昭公元年 | 諸國大夫論楚公子圍之娶。子羽論諸大夫。 | 三月甲辰,盟。楚公子圍設服離衛。叔孫穆子曰:「楚公子美矣,君哉!」鄭子皮曰:「二執戈者前矣。」蔡子家曰:「蒲宮有前,不亦可乎?」楚伯州犁曰:「此行也,辭而假之寡君。」鄭行人揮曰:「假不反矣。」伯州犁曰:「子姑憂子皙之欲背誕也。」子羽曰:「當璧猶在,假而不反,子其無憂乎?」齊國子曰:「吾代二子愍矣。」陳公子招曰:「不憂何成?二子樂矣。」衛齊子曰:「苟或知之,雖憂何害?」宋合左師曰:「大國令,小國共,吾知共而已。」晉樂王鮒曰:「<小旻>之卒章善矣,吾從之。」<br>退會,子羽謂子皮曰:「叔孫絞而婉 | ※ |

|  |  |  | ，宋左師簡而禮，樂王鮒字而敬，子與子家持之，皆保世之主也。齊、衛、陳大夫其弗免乎！國子代人憂，子招樂憂，齊子雖憂弗害，夫弗及而憂，與可憂而樂，與憂而弗害，皆取憂之道也，憂必及之。〈大誓〉曰：『民之所欲，天必從之。』三大夫兆憂，憂能無至乎？言以知物，其是之謂矣。」 |  |
|---|---|---|---|---|
| 144 | 昭公元年 | 季武子伐莒，莒人告於會，楚子請戮魯使。 | 季武子伐莒，取鄆。莒人告於會。楚告於晉曰：「尋盟未退，而魯伐莒，瀆齊盟，請戮其使。」樂桓子相趙文子，欲求貨於叔孫，而為之請。使請帶焉，弗與。梁其 曰：「貨以藩身，子何愛焉？」叔孫曰：「諸侯之會，衛社稷也。我以貨免，魯必受師，是禍之也，何衛之為？人之有牆，以蔽惡也；牆之隙壞，誰之咎也？衛而惡之，吾又甚焉。雖怨季孫，魯國何罪？叔出季處，有自來矣，吾又誰怨？然鮒也賄，弗與，不已。」召使者，裂裳帛而與之，曰：「帶其褊矣。」 | ※ |
| 145 | 昭公元年 | 楚令尹享趙孟。 | 令尹享趙孟，賦〈大明〉之首章。趙孟賦〈小宛〉之二章。事畢，趙孟謂叔向曰：「令尹自以為王矣，何如？」對曰：「王弱，令尹強，其可哉！雖可，不終。」趙孟曰：「何故？」對曰：「強以克弱而安之，強不義也。不義而強，其斃必速。《詩》曰：『赫赫宗周，褒姒滅之』，強不義也。令尹為王，必求諸侯。晉少懦矣，諸侯將往。若獲諸侯，其虐滋甚，民弗堪也，將何以終？夫以強取，不義而克，必以為道。道以淫虐，弗可久已矣。」 | 成功 |
| 146 | 昭公元年 | 趙孟請叔孫豹於楚。 | 趙孟聞之，曰：「臨患不忘國，忠也；思難不越官，信也；圖國忘死，貞也；謀主三者，義也。有是四者，又可戮乎？ | 成功 |

| | | | | |
|---|---|---|---|---|
| | | | 」乃請諸楚曰:「魯雖有罪,其執事不辟難,畏威而敬命矣。子若免之,以勸左右,可也。若子之群吏,處不辟污,出不逃難,其何患之有?患之所生,污而不治,難而不守,所由來也。能是二者,又何患焉?不靖其能,其誰從之?魯叔孫豹可謂能矣,請免之,以靖能者。子會而赦有罪,又賞其賢,諸侯其誰不欣焉望楚而歸之,視遠如邇?疆場之邑,一彼一此,何常之有?王、伯之令也,引其封疆,而樹之官,舉之表旗,而著之制令,過則有刑,猶不可壹。於是乎虞有三苗,夏有觀、扈,商有姺、邳,周有徐、奄。自無令王,諸侯逐進,狎主齊盟,其又可壹乎?恤大舍小,足以為盟主,又焉用之?封疆之削,何國蔑有?主齊盟者,誰能辯焉?吳、濮有釁,楚之執事豈其顧盟?莒之疆事,楚勿與知,諸侯無煩,不亦可乎?莒、魯爭鄆,為日久矣。苟無大害於其社稷,可無亢也。去煩宥善,莫不競勸。子其圖之。」固請諸楚,楚人許之,乃免叔孫。 | |
| 147 | 昭公元年 | 趙孟、叔孫豹、曹大夫入于鄭,鄭伯兼享之。 | 夏,四月,趙孟、叔孫豹、曹大夫入于鄭,鄭伯兼享之。子皮戒趙孟,禮終,趙孟賦〈瓠葉〉。子皮遂戒穆叔,且告之。穆叔曰:「趙孟欲一獻,子其從之。」子皮曰:「敢乎?」穆叔曰:「夫人之所欲也,又何不敢?」及享,具五獻之籩豆於幕下。趙孟辭,私於子產曰:「武請於家宰矣。」乃用一獻。趙孟為客。禮終乃宴。穆叔賦〈鵲巢〉,趙孟曰:「武不堪也。」又賦〈采蘩〉,曰:「小國為蘩,大國省穡而用之,其何實非命?」子皮賦〈野有死麇〉之卒章,趙孟賦〈常棣〉,且曰:「吾兄弟比以安,尨也可使無吠。 | 成功 |

| | | | | |
|---|---|---|---|---|
| | | | 」穆叔、子皮及曹大夫興，拜，舉兄爵，曰：「小國賴子，知免於戾矣。」飲酒樂，趙孟出曰：「吾不復此矣。」 | |
| 148 | 昭公元年 | 天王使劉定公勞趙孟於潁。 | 天王使劉定公勞趙孟於潁，館於雒汭。劉子曰：「美哉禹功！明德遠矣。微禹，吾其魚乎！吾與子弁冕端委，以治民、臨諸侯，禹之力也。子盍亦遠績禹功而大庇民乎？」對曰：「老夫罪戾是懼，焉能恤遠？吾儕偷食，朝不謀夕，何其長也？」劉子歸，以語王曰：「諺所謂老將知而耄及之者，其趙孟之謂乎！為晉正卿，以主諸侯，而偷於隸人，朝不謀夕，棄神、人矣。神怒、民叛，何以能久？趙孟不復年矣。神怒，不歆其祀；民叛，不即其事。祀、事不從，又何以年？」 | ※ |
| 149 | 昭公元年 | 晉平公疾，鄭使子產如晉聘。叔向問 | 晉侯有疾，鄭伯使公孫僑如晉聘，且問疾。叔向問焉，曰：「寡君之疾病，卜人曰『實沈、臺駘為祟』，史莫之知。敢問此何神也？」子產曰：「昔高辛氏有二子，伯曰閼伯，季曰實沈，居于曠林，不相能也，日尋干戈，以相征討。后帝不臧，遷閼伯于商丘，主辰。商人是因，故辰為商星。遷實沈于大夏，主參，唐人是因，以服事夏、商。其季世曰唐叔虞。當武王邑姜方震大叔，夢帝謂己：『余命而子曰虞，將與之唐，屬諸參，而蕃育其子孫。』及生，有文在其手曰虞，遂以命之。及成王滅唐，而封大叔焉，故參為晉星。由是觀之，則實沈，參神也。昔金天氏有裔子曰昧，為玄冥師，生允格、臺駘。臺駘能業其官，宣汾、洮，障大澤，以處大原。帝用嘉之，封諸汾川，沈、姒、蓐、黃實守其祀。今晉主汾而滅之矣。由是觀之，則臺駘，汾神也。抑此二者，不及君 | ※ |

| | | | | |
|---|---|---|---|---|
| | | | 身。山川之神,則水旱癘疫之災於是乎禜之;日月星辰之神,則雪霜風雨之不時,於是乎禜之。若君身,則亦出入、飲食、哀樂之事也,山川、星辰之神又何為焉?僑聞之,君子有四時:朝以聽政,晝以訪問,夕以修令,夜以安身。於是乎節宣其氣,勿使有所壅閉湫底以露其體,茲心不爽,而昏亂百度。今無乃壹之,則生疾矣。僑又聞之:內官不及同姓,其生不殖。美先盡矣,則相生疾,君子是以惡之。故志曰:『買妾不知其姓,則卜之。』違此二者,古之所慎也。男女辨姓,禮之大司也。今君內實有四姬焉,其無乃是也乎?若由是二者,弗可為也已。四姬有省猶可,無則必生疾矣。」叔向曰:「善哉!肸未之聞也,此皆然矣。」 | |
| 150 | 昭公元年 | 晉平公求醫於秦,秦使醫和視之。 | 晉侯求醫於秦,秦伯使醫和視之,曰:「疾不可為也,是謂近女室,疾如蠱。非鬼非食,惑以喪志。良臣將死,天命不佑。」公曰:「女不可近乎?」對曰:「節之。先王之樂,所以節百事也,故有五節;遲速本末以相及,中聲以降。五降之後,不容彈矣。於是有煩手淫聲,慆堙心耳,乃忘平和,君子弗聽也。物亦如之。至于煩,乃舍也已,無以生疾。君子之近琴瑟,以儀節也,非以慆心也。天有六氣,降生五味,發為五色,徵為五聲。淫生六疾。六氣曰陰、陽、風、雨、晦、明也,分為四時,序為五節,過則為菑:陰淫寒疾,陽淫熱疾,風淫末疾,雨淫腹疾,晦淫惑疾,明淫心疾。女,陽物而晦時,淫則生內熱惑蠱之疾。今君不節、不時,能無及此乎?」 | ※ |
| 151 | 昭公二 | 晉韓宣子聘魯,觀 | 二年,春,晉侯使韓宣子來聘,且告 | 成功 |

| | 年 | 書於大史氏。公享之。 | 為政，而來見，禮也。觀書於大史氏，見《易·象》與魯《春秋》，曰：「周禮盡在魯矣，吾乃今知周公之德s與周之所以王也。」公享之，季武子賦＜綿＞之卒章。韓子賦＜角弓＞。季武子拜，曰：「敢拜子之彌縫敝邑，寡君有望矣。」武子賦＜節＞之卒章。既享，宴于季氏。有嘉樹焉，宣子譽之。武子曰：「宿敢不封殖此樹，以無忘＜角弓＞。」遂賦＜甘棠＞。宣子曰：「起不堪也，無以及召公。」 | |
| 152 | 昭公二年 | 晉韓宣子聘衛。 | 宣子遂如齊納幣。見子雅。子雅召子旗，使見宣子。宣子曰：「非保家之主也，不臣。」見子尾。子尾見強，宣子謂之如子旗。大夫多笑之，唯晏子信之，曰：「夫子，君子也。君子有信，其有以知之矣。」自齊聘於衛，衛侯享之。北宮文子賦＜淇澳＞，宣子賦＜木瓜＞。 | 成功 |
| 153 | 昭公二年 | 魯叔弓聘晉，報宣子也。晉侯使郊勞。 | 叔弓聘于晉，報宣子也。晉侯使郊勞，辭曰：「寡君使弓來繼舊好，固曰『女無敢為賓』，徹命於執事，敝邑弘矣，敢辱郊使？請辭。」致館，辭曰：「寡君命下臣來繼舊好，好合使成，臣之祿也。敢辱大館！」叔向曰：「子叔子知禮哉！吾聞之曰：『忠信，禮之器也；卑讓，禮之宗也。』辭不忘國，忠信也；先國後己，卑讓也。《詩》曰：『敬慎威儀，以近有德。』夫子近德矣。」 | ※ |
| 154 | 昭公二年 | 晉少姜卒，魯昭公如晉，晉使士文伯辭。 | 晉少姜卒，公如晉，及河，晉侯使士文伯來辭，曰：「非伉儷也，請君無辱。」公還。季孫宿遂致服焉。 | 成功 |
| 155 | 昭公三年 | 鄭游吉如晉，送少姜之葬。梁丙與張趯見之。 | 三年，春，王正月，鄭游吉如晉，送少姜之葬。梁丙與張趯見之。梁丙曰：「甚矣哉，子之為此來也！」子大叔曰：「 | ※ |

| | | | 將得已乎！昔文、襄之霸也，其務不煩諸侯，今諸侯三歲而聘，五歲而朝，有事而會，不協而盟。君薨，大夫弔，卿共葬事；夫人，士弔，大夫送葬。足以昭禮、命事、謀闕而已，無加命矣。今嬰寵之喪，不敢擇位，而數於守適，唯懼獲戾，豈敢憚煩？少姜有寵而死，齊必繼室。今茲吾又將來賀，不唯此行也。」張趯曰：「善哉，吾得聞此數也！然自今子其無事矣。譬如火焉，火中，寒暑乃退。此其極也，能無退乎？晉將失諸侯，諸侯求煩不獲。」二大夫退。子大叔告人曰：「張趯有知，其猶在君子之後乎！」 | |
| 156 | 昭公三年 | 齊景公使晏嬰請繼室於晉。 | 　齊侯使晏嬰請繼室於晉，曰：「寡君使嬰曰：『寡人願事君朝夕不倦，將奉質幣以無失時，則國家多難，是以不獲。不腆先君之適以備內官，焜燿寡人之望，則又無祿，早世隕命，寡人失望。君若不忘先君之好，惠顧齊國，辱收寡人，徼福於大公、丁公，照臨敝邑，鎮撫其社稷，則猶有先君之適及遺姑姊妹若而人。君若不棄敝邑，而辱使董振擇之，以備嬪嬙，寡人之望也。』」韓宣子使叔向對曰：「寡君之願也。寡君不能獨任其社稷之事，未有伉儷，在縗絰之中，是以未敢請。君有辱命，惠莫大焉。若惠顧敝邑，撫有晉國，賜之內主，豈唯寡君，舉群臣實受其貺，其自唐叔以下實寵嘉之。」 | 成功 |
| 157 | 昭公三年 | 叔向、晏嬰論國政 | 　既成婚，晏子受禮，叔向從之宴，相與語。叔向曰：「齊其如何？」晏子曰：「此季世也，吾弗知齊其為陳氏矣。公棄其民，而歸於陳氏。齊舊四量，豆、區、釜、鍾。四升為豆，各自其四，以登於釜。釜十則鍾。陳氏三量皆登一焉，鍾乃大 | ※ |

| | | | | |
|---|---|---|---|---|
| | | | 矣。以家量貸，而以公量收之。山木如市，弗加於山；魚、鹽、蜃、蛤，弗加於海。民參其力，二入於公，而衣食其一。公聚朽蠹，而三老凍餒，國之諸市，屨賤踊貴。民人痛疾，而或燠休之。其愛之如父母，而歸之如流水。欲無獲民，將焉辟之？箕伯、直柄、虞遂、伯戲，<br><br>叔向曰：「然，雖吾公室，今亦季世也。戎馬不駕，卿無軍行，公乘無人，卒列無長。庶民罷敝，而宮室滋侈。道殣相望，而女富溢尤。民聞公命，如逃寇讎。欒、郤、胥、原、狐、續、慶、伯降在皁隸，政在家門，民無所依。君日不悛，以樂慆憂。公室之卑，其何日之有？讒鼎之銘曰：『昧旦丕顯，後世猶怠。』況日不悛，其能久乎？」晏子曰：「子將若何？」叔向曰：「晉之公族盡矣。肸聞之：公室將卑，其宗族枝葉先落，則公室從之。肸之宗十一族，唯羊舌氏在而已。肸又無子，公室無度，幸而得死豈其獲祀？」 | |
| 158 | 昭公三年 | 鄭罕虎如晉，賀夫人。 | 秋，七月，鄭罕虎如晉，賀夫人，且告曰：「楚人日徵敝邑以不朝立王之故。敝邑之往，則畏執事其謂寡君而固有外心；其不往，則宋之盟云。進退罪也。寡君使虎布之。」宣子使叔向對曰：「君若辱有寡君，在楚何害？修宋盟也。君苟思盟，寡君乃知免於戾矣。君若不有寡君，雖朝夕辱於敝邑，寡君猜焉。君實有心，何辱命焉？君其往也！苟有寡君，在楚猶在晉也。」張趯使謂大叔曰：「自子之歸也，小人冀除先人之敝廬，曰：『子其將來。』今子皮實來，小人失望。」大叔曰：「吉賤，不獲來，畏大國、尊夫人也。且孟曰而將無事，吉庶幾焉。」 | ※ |

| 159 | 昭公三年 | 鄭伯如楚，楚子享之，賦〈吉日〉。 | 十月，鄭伯如楚，子產相。楚子享之，賦〈吉日〉。既享，子產乃具田備，王以田江南之夢。 | ※ |
|---|---|---|---|---|
| 160 | 昭公四年 | 楚子使椒舉如晉求諸侯。 | 四年，春，王正月，許男如楚，楚子止之；遂止鄭伯，復田江南，許男與焉。使椒舉如晉求諸侯，二君待之。椒舉致命曰：「寡君使舉曰：日君有惠，賜盟于宋，曰：『晉、楚之從交相見也。』以歲之不易，寡人願結懽於二三君，使舉請間。君若苟無四方之虞，則願假寵以請於諸侯。」晉侯欲勿許。司馬侯曰……。乃許楚使。使叔向對曰：「寡君有社稷之事，是以不獲春秋時見。諸侯，君實有之，何辱命焉？」椒舉遂請昏，晉侯許之。 | 失敗 |
| 161 | 昭公四年 | 楚子問子產諸侯之志。 | 楚子問於子產曰：「晉其許我諸侯乎？」對曰：「許君。晉君少安，不在諸侯。其大夫多求，莫匡其君。在宋之盟又曰如一。若不許君，將焉用之？」王曰：「諸侯其來乎？」對曰：「必來。從宋之盟，承君之懽，不畏大國，何故不來？不來者，其魯、衛、曹、邾乎！曹畏宋，邾畏魯，魯、衛偪於齊而親於晉，唯是不來。其餘，君之所及也，誰敢不至？」王曰：「然則吾所求者無不可乎？」對曰：「求逞於人，不可；與人同欲，盡濟。」 | ※ |
| 162 | 昭公五年 | 晉韓宣子如楚送女，叔向為介。子大叔謂叔向楚王之侈。 | 晉韓宣子如楚送女，叔向為介。鄭子皮、子大叔勞諸索氏。大叔謂叔向曰：「楚王汏侈已甚，子其戒之！」叔向曰：「汏侈已甚，身之災也，焉能及人？若奉吾幣帛，慎吾威儀；守之以信，行之以禮；敬始而思終，終無不復。從而不失儀，敬而不失威；道之以訓辭，奉之以舊法，考之以先王，度之以二國，雖汏侈，若我何？」 | ※ |

| 163 | 昭公五年 | 吳蹶由犒楚師。 | 冬，十月，楚子以諸侯及東夷伐吳，以報棘、櫟、麻之役。………吳子使其弟蹶由犒師，楚人執之，將以釁鼓。王使問焉，曰：「女卜來吉乎？」對曰：「吉。寡君聞君將治兵於敝邑，卜之以守龜，曰：『余亟使人犒師，請行以觀王怒之疾徐，而為之備，尚克知之！』龜兆告吉，曰：『克可知也。』君若驩焉好逆使臣，滋敝邑休息，而忘其死，亡無日矣。今君奮焉震電馮怒，虐執使臣，將以釁鼓，則吳知所備矣。敝邑雖羸，若早修完，其可以息師。難易有備，可謂吉矣。且吳社稷是卜，豈為一人？使臣獲釁軍鼓，而敝邑知備，以禦不虞，其為吉，孰大焉？國之守龜，其何事不卜？一臧一否，其誰能常之？城濮之兆，其報在邲。今此行也，其庸有報志？」乃弗殺。 | 成功 |
| 164 | 昭公六年 | 季孫宿如晉拜莒田。 | 夏，季孫宿如晉，拜莒田也。晉侯享之，有加籩。武子退，使行人告曰：「小國之事大國也，苟免於討，不敢求賮。得賮不過三獻。今豆有加，下臣弗堪，無乃戾也？」韓宣子曰：「寡君以為驩也。」對曰：「寡君猶未敢，況下臣——君之隸也，敢聞加賮？」固請徹加，而後卒事。晉人以為知禮，重其好貨。 | 成功 |
| 165 | 昭公七年 | 齊景公伐北燕，燕人行成。 | 七年，春，王正月，暨齊平，齊求之也。癸巳，齊侯次于虢。燕人行成，曰：「敝邑知罪，敢不聽命？先君之敝器請以謝罪。」公孫晳曰：「受服而退，俟釁而動，可也。」二月戊午，盟于濡上。燕人歸燕姬，賂以瑤罋、玉櫝、斝耳。不克而還。 | 成功 |
| 166 | 昭公七年 | 楚蓮啓彊說魯公如楚。 | 楚子成章華之臺，願與諸侯落之。大宰蓮啟強曰：「臣能得魯侯。」蓮啟強來 | 成功 |

| | 年 | 楚。 | 召公，辭曰：「昔先君成公命我先大夫嬰齊曰：『吾不忘先君之好，將使衡父照臨楚國，鎮撫其社稷，以輯寧爾民。』嬰齊受命于蜀。奉承以來，弗敢失隕，而致諸宗祧。曰我先君共王引領北望，日月以冀，傳序相授，於今四王矣。嘉惠未至，唯襄公之辱臨我喪。孤與其二三臣悼心失圖，社稷之不皇，況能懷思君德？今君若步玉趾，辱見寡君，寵靈楚國，以信蜀之役，致君之嘉惠，是寡君既受貺矣，何蜀之敢望？其先君鬼神實嘉賴之，豈唯寡君？君若不來，使臣請問行期，寡君將承質幣而見于蜀，以請先君之貺。」 | |
| 167 | 昭公七年 | 楚蓮啓疆賀魯大屈。 | 楚子享公于新臺，使長鬣者相。好以大屈。既而悔之。蓮啓強聞之，見公。公語之，拜賀。公曰：「何賀？」對曰：「齊與晉、越欲此久矣。寡君無適與也，而傳諸君。君其備禦三鄰，慎守寶矣，敢不賀乎？」公懼，乃反之。 | 成功 |
| 168 | 昭公七年 | 鄭子產聘于晉，韓宣子私焉。 | 鄭子產聘于晉。晉侯有疾，韓宣子逆客，私焉，曰：「寡君寢疾，於今三月矣，並走群望，有加而無瘳。今夢黃熊入于寢門，其何厲鬼也？」對曰：「以君之明，子為大政，其何厲之有？昔堯殛鯀于羽山，其神化為黃熊，以入于羽淵，實為夏郊，三代祀之。晉為盟主，其或者未之祀也乎！」韓子祀夏郊。晉侯有間，賜子產莒之二方鼎。 | ※ |
| 169 | 昭公七年 | 子產為豐施歸州田於韓宣子。宣子辭，子產對。 | 子產為豐施歸州田於韓宣子，曰：「日君以夫公孫段為能任其事，而賜之州田。今無祿早世，不獲久享君德。其子弗敢有，不敢以聞於君，私致諸子。」宣子辭。子產曰：「古人有言曰：『其父析薪，其子弗克負荷。』施將懼不能任其先人之 | 成功 |

|   |   |   | 祿，其況能任大國之賜？縱吾子為政而可，後之人若屬有疆埸之言，敝邑獲戾，而豐氏受其大討。吾子取州，是免敝邑於戾，而建置豐氏也。敢以為請。」宣子受之，以告晉侯。晉侯以與宣子。宣子為初言，病有之，以原縣與樂大心。 |   |
|---|---|---|---|---|
| 170 | 昭公七年 | 衛襄公卒，王使郕簡公如衛弔，追命襄公。 | 秋，八月，衛襄公卒。晉大夫言於范獻子曰：「衛事晉為睦，晉不禮焉，庇其賊人而取其地，故諸侯貳。《詩》曰：『鴒在原，兄弟急難。』又曰：『死喪之威，兄弟孔懷。』兄弟之不睦，於是乎不弔；況遠人，誰敢歸之？今又不禮於衛之嗣，衛必叛我，是絕諸侯也。」獻子以告韓宣子。宣子說，使獻子如衛弔，且反戚田。衛齊惡告喪于周，且請命。王使郕簡公如衛弔，且追命襄公曰：「叔父陟恪，在我先王之左右，以佐事上帝，余敢忘高圉、亞圉？」 | ※ |
| 171 | 昭公八年 | 叔弓如晉賀虒祁，史趙見子大叔。 | 叔弓如晉，賀虒祁也。游吉相鄭伯以如晉，亦賀虒祁也。史趙見子大叔，曰：「甚哉其相蒙也！可弔也，而又賀之。」子大叔曰：「若何弔也？其非唯我賀，將天下實賀。」 | ※ |
| 172 | 昭公九年 | 周甘人與晉閻嘉爭閻田，王使詹桓伯辭於晉。 | 周甘人與晉閻嘉爭閻田。晉梁丙、張趯率陰戎伐潁。王使詹桓伯辭於晉曰：「我自夏以后稷、魏、駘、芮、岐、畢，吾西土也。及武王克商，蒲姑、商奄，吾東土也；巴、濮、楚、鄧，吾南土也；肅慎、燕、亳，吾北土也。吾何邇封之有？文、武、成、康之建母弟，以蕃屏周，亦其廢隊是為，豈如弁髦，而因以敝之。先王居檮杌于四裔，以禦螭魅，故允姓之姦居于瓜州。伯父惠公歸自秦，而誘以來，使偪我諸姬，入我郊甸，則戎焉取之。戎有 | 成功 |

| | | | | |
|---|---|---|---|---|
| | | | 中國，誰之咎也？后稷封殖天下，今戎制之，不亦難乎？伯父圖之！我在伯父，猶衣服之有冠冕，木水之有本原，民人之有謀主也。伯父若裂冠毀冕，拔本塞原，專棄謀主，雖戎狄，其何有余一人？」叔向謂宣子曰：「文之伯也，豈能改物？翼戴天子，而加之以共。自文以來，世有衰德，而暴滅宗周，以宣示其侈；諸侯之貳，不亦宜乎？且王辭直，子其圖之。」宣子說。王有姻喪，使趙成如周弔，且致閻田與襚，反潁俘。王亦使賓滑執甘大夫襄以說於晉，晉人禮而歸之。 | |
| 173 | 昭公十二年 | 宋華定來聘，通嗣君也。 | 夏，宋華定來聘，通嗣君也。享之，為賦〈蓼蕭〉，弗知，又不答賦。昭子曰：「必亡。宴語之不懷，寵光之不宣，令德之不知，同福之不受，將何以在？」 | 失敗 |
| 174 | 昭公十二年 | 晉侯以齊侯宴。 | 晉侯以齊侯宴，中行穆子相。投壺，晉侯先，穆子曰：「有酒如淮，有肉如坻。寡君中此，為諸侯師。」中之。齊侯舉矢，曰：「有酒如澠，有肉如陵。寡人中此，與君代興。」亦中之。伯瑕謂穆子曰：「子失辭。吾固師諸侯矣，壺何為焉，以其中俊也？齊君弱吾君，歸弗來矣。」穆子曰：「吾軍帥強禦，卒乘競勸，今猶古也，齊將何事？」公孫傁趨進，曰：「日旰君勤，可以出矣！」以齊侯出。 | ※ |
| 175 | 昭公十三年 | 叔鮒求貨於衛，衛人使屠伯饋叔向。 | 晉成虒祁，諸侯朝而歸者皆有貳心。為取鄲故，晉將以諸侯來討。叔向曰：「諸侯不可以不示威。」乃並徵會，告于吳。秋，晉侯會吳子于良，水道不可，吳子辭，乃還。<br>七月丙寅，治兵于邾南。甲車四千乘。羊舌鮒攝司馬，遂諸諸侯于平丘。子產、子大叔相鄭伯以會，子產以幄、幕九 | 成功 |

| | | | | |
|---|---|---|---|---|
| | | | 張行，子大叔以四十，既而悔之，每舍，損焉。及會，亦如之。次于衛地，叔鮒求貨於衛，淫芻蕘者。衛人使屠伯饋叔向羹與一篋錦，曰：「諸侯事晉，未敢攜貳；況衛在君之宇下，而敢有異志？芻蕘者異於他日，敢請之。」叔向受羹反錦，曰：「晉有羊舌鮒者，瀆貨無厭，亦將及矣。為此役也，子若以君命賜之，其已。」客從之，未退而禁之。 | |
| 176 | 昭公十三年 | 齊不與盟，晉使叔向說之。 | 晉人將尋盟，齊人不可。晉侯使叔向告劉獻公曰：「抑齊人不盟，若之何？」對曰：「盟以厎信，君苟有信，諸侯不貳，何患焉？告之以文辭，董之以武師，雖齊不許，君庸多矣。天子之老請帥王賦，『元戎十乘，以先啟行』，遲速唯君。」叔向告于齊曰：「諸侯求盟，已在此矣。今君弗利，寡君以為請。」對曰：「諸侯討貳，則有尋盟。若皆用命，何盟之尋？」叔向曰：「國家之敗，有事而無業，事則不經；有業而無禮，經則不序；有禮而無威，序則不共；有威而不昭，共則不明。不明棄共，百事不終，所由傾覆也。是故明王之制，使諸侯歲聘以志業，間朝以講禮，再朝而會以示威，再會而盟以顯昭明。志業於好，講禮於等，示威於眾，昭明於神。自古以來，未之或失也。存亡之道，恆由是興。晉禮主盟，懼有不治；奉承齊犧，而布諸君，求終事也。君曰『余必廢』，何齊之有？唯君圖之。寡君聞命矣。」齊人懼，對曰：「小國言之，大國制之，敢不聽從？既聞命矣，敬共以往，遲速唯君。」叔向曰：「諸侯有間矣，不可以不示眾。」八月辛未，治兵，建而不旆。壬申，復旆之。諸侯畏之。 | 成功 |

| 177 | 昭公十三年 | 平丘之會，邾莒愬魯。晉使叔向來辭。 | 　　邾人、莒人愬于晉曰：「魯朝夕伐我，幾亡矣。我之不共，魯故之以。」晉侯不見公。使叔向來辭曰：「諸侯將以甲戌盟，寡君知不得事君矣，請君無勤。」子服惠伯對曰：「君信蠻夷之訴，以絕兄弟之國，棄周公之後，亦唯君。寡君聞命矣。」叔向曰：「寡君有甲車四千乘在，雖以無道行之，必可畏也。況其率道，其何敵之有？牛雖瘠，僨於豚上，其畏不死？南蒯、子仲之憂，其庸可棄乎？若奉晉之眾，用諸侯之師，因邾、莒、杞、鄫之怒，以討魯罪，間其二憂，何求而弗克？」魯人懼，聽命。 | 成功 |
| 178 | 昭公十三年 | 平丘之會，子產爭承。 | 　　甲戌，同盟于平丘，齊服也。令諸侯日中造于除。癸酉，退朝。子產命外僕速張於除，子大叔止之，使待明日。及夕，子產聞其未張也，使速往，乃無所張矣。及盟，子產爭承，曰：「昔天子班貢，輕重以列。列尊貢重，周之制也。卑而貢重者，甸服也。鄭伯，男也，而使從公侯之貢，懼弗給也，敢以為請。諸侯靖兵，好以為事。行理之命，無月不至，貢之無藝，小國有闕，所以得罪也。諸侯修盟，存小國也。貢獻無極，亡可待也。存亡之制，將在今矣。」自日中以爭，至于昏，晉人許之。既盟，子大叔答之曰：「諸侯若討，其可瀆乎？」子產曰：「晉政多門，貳偷之不暇，何暇討？國不競亦陵，何國之為？」 | 成功 |
| 179 | 昭公十三年 | 子服惠伯私請歸季孫意如。 | 　　季孫猶在晉，子服惠伯私於中行穆子曰：「魯事晉，何以不如夷之小國？魯，兄弟也，土地猶大，所命能具。若為夷棄之，使事齊、楚，其何瘳於晉？親親與大，賞共罰否，所以為盟主也。子其圖之！ | 成功 |

| | | | |
|---|---|---|---|
| | | | 諺曰：『臣一主二。』吾豈無大國？」穆子告韓宣子，且曰：「楚滅陳、蔡，不能救，而為夷執親，將焉用之？」乃歸季孫。惠伯曰：「寡君未知其罪，合諸侯而執其老。若猶有罪，死命可也。若曰無罪而惠免之，諸侯不聞，是逃命也，何免之為？請從君惠於會。」宣子惠之，謂叔向曰：「子能歸季孫乎？」對曰：「不能。鮒也能。」乃使叔魚。叔魚見季孫，曰：「昔鮒也得罪於晉君，自歸於魯君，微武子之賜，不至於今。雖獲歸骨於晉，猶子則肉之，敢不盡情？歸子而不歸，鮒也聞諸吏，將為子除館於西河，其若之何？」且泣。平子懼，先歸。惠伯待禮。 |
| 180 | 昭公十五年 | 晉荀躒如周，葬穆后，籍談為介。王問晉無鎮輔。 | 十二月，晉荀躒如周，葬穆后，籍談為介。既葬，除喪，以文伯宴，樽以魯壺。王曰：「伯氏，諸侯皆有以鎮撫王室，晉獨無有，何也？」文伯揖籍談。對曰：「諸侯之封也，皆受明器於王室，以鎮撫其社稷，故能薦彝器於王。晉居深山，戎狄之與鄰，而遠於王室，王靈不及，拜戎不暇，其何以獻器？」 ※ |
| | | | 王曰：「叔氏，而忘諸乎！叔父唐叔，成王之母弟也，其反無分乎？密須之鼓與其大路，文所以大蒐也；闕鞏之甲，武所以克商也，唐叔受之，以處參虛，匡有戎狄。其後襄之二路，鏚鉞、秬鬯、彤弓、虎賁，文公受之，以有南陽之田，撫征東夏，非分而何？夫有勳而不廢，有績而載，奉之以土田，撫之以彝器，旌之以車服，明之以文章，子孫不忘，所謂福也。福祚之不登，叔父焉在？且昔而高祖孫伯黶司晉之典籍，以為大政，故曰籍氏。及辛有之二子董之晉，於是乎有董史。女， |

315

| | | | 司典之後也，何故忘之？」籍談不能對。賓出，王曰：「籍父其無後乎！數典而忘其祖。」 | |
|---|---|---|---|---|
| | | | 　籍談歸，以告叔向。叔向曰：「王其不終乎！吾聞之：所樂必卒焉。今王樂憂，若卒以憂，不可謂終。王一歲而有三年之喪二焉，於是乎以喪賓宴，又求彝器，樂憂甚矣，且非禮也。彝器之來，嘉功之由，非由喪也。三年之喪，雖貴遂服，禮也。王雖弗遂，宴樂以早，亦非禮也。禮，王之大經也。一動而失二禮，無大經矣。言以考典，典以志經。忘經而多言，舉典，將焉用？」 | |
| 181 | 昭公十六年 | 韓起求鄭環，子產止之。 | 　宣子有環，其一在鄭商。宣子謁諸鄭伯，子產弗與，曰：「非官府之守器也，寡君不知。」子大叔、子羽謂子產曰：「韓子亦無幾求，晉國亦未可以貳。晉國、韓子不可偷也。若屬有讒人交鬥其間，鬼神而助之以興其凶怒，悔之何及？吾子何愛於一環，其以取憎於大國也？盍求而與之？」子產曰：「吾非偷晉而有二心，將終事之，是以弗與，忠信故也。僑聞君子非無賄之難，立而無令名之患。僑聞為國非不能事大字小之難，無禮以定其位之患。夫大國之人令於小國，而皆獲其求，將何以給之？一共一否，為罪滋大。大國之求，無禮以斥之，何饜之有？吾且為鄙邑，則失位矣。若韓子奉命以使而求玉焉，貪淫甚矣，獨非罪乎？出一玉以起二罪，吾又失位，韓子成貪，將焉用之？且吾以玉賈罪，不亦銳乎？」　韓子買諸賈人，既成賈矣。商人曰：「必告君大夫！」韓子請諸子產曰：「日起請夫環，執政弗義，弗敢復也。今買諸 | 成功 |

| | | | 商人，商人曰『必以聞』，敢以為請。」子產對曰：「昔我先君桓公與商人皆出自周，庸次比耦以艾殺此地，斬之蓬、蒿、藜、藋，而共處之；世有盟誓，以相信也，曰：『爾無我叛，我無強貫，毋或匄奪。爾有利市寶賄，我勿與知。』恃此質誓，故能相保以至于今。今吾子以好來辱，而謂敝邑強奪商人，是教敝邑背盟誓也，毋乃不可乎！吾子得玉，而失諸侯，必不為也。若大國令，而共無藝，鄭鄙邑也，亦弗為也。僑若獻玉，不知所成。敢私布之。」韓子辭玉，曰：「起不敏，敢求玉以徵二罪？敢辭之。」 | |
| 182 | 昭公十六年 | 鄭六卿餞韓宣子，宣子使請六子賦詩以知鄭志。 | 夏，四月，鄭六卿餞宣子於郊。宣子曰：「二三君子請皆賦，起亦以知鄭志。」子齹賦＜野有蔓草＞。宣子曰：「孺子善哉！吾有望矣。」子產賦鄭之＜羔裘＞。宣子曰：「起不堪也。」子大叔賦＜褰裳＞。宣子曰：「起在此，敢勤子至於他人乎？」子大叔拜。宣子曰：「善哉，子之言是！不有是事，其能終乎？」子游賦＜風雨＞。子旗賦＜有女同車＞。子柳賦＜蘀兮＞。宣子喜，曰：「鄭其庶乎！二三君子以君命貺起，賦不出鄭志，皆昵燕好也。二三君子，數世之主也，可以無懼矣。」宣子皆獻馬焉，而賦＜我將＞。子產拜，使五卿皆拜，曰：「吾子靖亂，敢不拜德！」宣子私覲於子產以玉與馬，曰：「子命起舍夫玉，是賜我玉而免吾死也，敢不藉手以拜！」 | 成功 |
| 183 | 昭公十七年 | 小邾穆公朝魯。 | 十七年春，小邾穆公來朝，公與之燕。季平子賦＜采叔＞，穆公賦＜菁菁者莪＞。昭子曰：「不有以國，其能久乎？」 | 成功 |
| 184 | 昭公十 | 鄭火，子產授兵登 | 七月，鄭子產為火故，大為社，祓禳 | ※ |

| | 八年 | 陣，晉之邊吏讓鄭。 | 於四方，振除火災，禮也。乃簡兵大蒐，將為蒐除。子大叔之廟在道南，其寢在道北，其庭小，過期三日，使除徒陳於道南廟北，曰：「子產過女，而命速除，乃毀於而鄉。」子產朝，過而怒之。除者南毀。子產及衝，使從者止之曰：「毀於北方。」<br><br>火之作也，子產授兵登陣。子大叔曰：「晉無乃討乎？」子產曰：「吾聞之：小國忘守則危，況有災乎？國之不可小，有備故也。」既，晉之邊吏讓鄭曰：「鄭國有災，晉君、大夫不敢寧居，卜筮走望，不愛牲玉。鄭之有災，寡君之憂也。今執事撊然授兵登陣，將以誰罪？邊人恐懼，不敢不告。」子產對曰：「若吾子之言，敝邑之災，君之憂也。敝邑失政，天降之災，又懼讒慝之間謀之，以啟貪人，薦為敝邑不利，以重君之憂。幸而不亡，猶可說也；不幸而亡，君雖憂之，亦無及也。鄭有他竟，望走在晉。既事晉矣，其敢有二心？」 | |
| 185 | 昭公十九年 | 子產答晉問駟乞之立。 | 是歲也，鄭駟偃卒。子游娶於晉大夫，生絲，弱，其父兄立子瑕。子產憎其為人也，且以為不順，弗許，亦弗止。駟氏聳。他日，絲以告其舅。冬，晉人使以幣如鄭，問駟乞之立故。駟氏懼，駟乞欲逃，子產弗遣；請龜以卜，亦弗予。大夫謀對，子產不待而對客曰：「鄭國不天，寡君之二三臣札瘥天昏，今又喪我先大夫偃。其子幼弱，其一二父兄懼隊宗主，私族於謀，而立長親。寡君與其二三老曰：『抑天實剝亂是，吾何知焉？』諺曰：『無過亂門』，民有亂兵，猶憚過之，而況敢知天之所亂？今大夫將問其故，抑寡君實 | 成功 |

| | | | | |
|---|---|---|---|---|
| | | | 不敢知，其誰實知之？平丘之會，君尋舊盟曰：『無或失職！』若寡君之二三臣，其即世者，晉大夫而專制其位，是晉之縣鄙也，何國之為？」辭客幣而報其使，晉人舍之。 | |
| 186 | 昭公二十年 | 齊公孫青聘衛，聞衛亂，使請所聘。 | （衛齊豹之亂）<br>　齊侯使公孫青聘于衛。既出，聞衛亂，使請所聘。公曰：「猶在竟內，則衛君也。」乃將事焉，遂從諸死鳥。請將事。辭曰：「亡人不佞，失守社稷，越在草莽，吾子無所辱君命。」賓曰：「寡君命下臣於朝曰：『阿下執事。』臣不敢貳。」主人曰：「君若惠顧先君之好，照臨敝邑，鎮撫其社稷，則有宗祧在。」乃止。衛侯固請見之。不獲命，以其良馬見，為未致使故也。衛侯以為乘馬。賓將掫，主人辭曰：「亡人之憂，不可以及吾子；草莽之中，不足以辱從者。敢辭。」賓曰：「寡君之下臣，君之牧圉也。若不獲扞外役，是不有寡君也。臣懼不免於戾，請以除死。」親執鐸，終夕與於燎。 | ※ |
| 187 | 昭公二十一年 | 楚費無極取貨於東國，而謂蔡人。 | 　蔡侯朱出奔楚。費無極取貨於東國，而謂蔡人曰：「朱不用命於楚，君王將立東國。若不先從王欲，楚必圍蔡。」蔡人懼，出朱而立東國。朱愬于楚，楚子將討蔡。無極曰：「平侯與楚有盟，故封。其子有二心，故廢之。靈王殺隱太子，其子與君同惡，德君必甚。又使立之，不亦可乎？且廢置在君，蔡無他矣。」 | ※ |
| 188 | 昭公二十二年 | 楚薳越使告于宋。 | 　楚薳越使告于宋曰：「寡君聞君有不令之臣為君憂，無寧以為宗羞，寡君請受而戮之。」對曰：「孤不佞，不能媚於父兄，以為君憂，拜命之辱。抑君臣日戰，君曰『余必臣是助』，亦唯命。人有言曰 | 成功 |

| | | | | |
|---|---|---|---|---|
| | | | ：『唯亂門之無過。』君若惠保敝邑，無亢不衷，以獎亂人，孤之望也。唯君圖之！」楚人患之。諸侯之戍謀曰：「若華氏知困而致死，楚恥無功而疾戰，非吾利也。不如出之，以為楚功，其亦無能為也已。救宋而除其害，又何求？」乃固請出之，宋人從之。己巳，宋華亥、向寧、華定、華䝏、華登、皇奄傷、省臧、士平出奔楚。宋公使公孫忌為大司馬，邊卬為大司徒，樂祁為司城，仲幾為左師，樂大心為右師，樂輓為大司寇，以靖國人。 | |
| 189 | 昭公二十三年 | 邾人愬魯。 | 　　邾人城翼，還，將自離姑。公孫鉏曰：「魯將御我。」欲自武城還，循山而南。徐鉏、丘弱、茅地曰：「道下，遇雨，將不出，是不歸也。」遂自離姑。武城人塞其前，斷其後之木而弗殊，邾師過之，乃推而蹶之，遂取邾師，獲鉏、弱、地。邾人愬于晉，晉人來討。叔孫婼如晉，晉人執之。書曰「晉人執我行人叔孫婼」，言使人也。晉人使與邾大夫坐，叔孫曰：「列國之卿當小國之君，固周制也。邾又夷也。」寡君之命介子服回在，請使當之，不敢廢周制故也。」乃不果坐。 | ※ |
| 190 | 昭公二十四年 | 晉士彌牟逆叔孫于箕。 | 　　晉士彌牟逆叔孫于箕。叔孫使梁其踁待于門內，曰：「余左顧而欬，乃殺之。右顧而笑，乃止。」叔孫見士伯。士伯曰：「寡君以為盟主之故，是以久子。不腆敝邑之禮，將致諸從者，使彌牟逆吾子。」叔孫受禮而歸。二月，「婼至自晉」，尊晉也。 | ※ |
| 191 | 昭公二十四年 | 子大叔言周王子朝之亂。 | 　　鄭伯如晉，子大叔相，見范獻子。獻子曰：「若王室何？」對曰：「老夫其國家不能恤，敢及王室？抑人亦有言曰：『嫠不恤其緯，而憂宗周之隕，為將及焉。 | 成功 |

| | | | | |
|---|---|---|---|---|
| | | | 』今王室實蠢蠢焉，吾小國懼矣；然大國之憂也，吾儕何知焉？吾子其早圖之！《詩》曰：『餅之罄矣，惟罍之恥。』王室之不寧，晉之恥也。」獻子懼，而與宣子圖之。乃徵會於諸侯，期以明年。 | |
| 192 | 昭公二十五年 | 魯叔孫婼聘于宋，宋公享昭子。 | 二十五年，春，叔孫婼聘于宋，桐門右師見之。語，卑宋大夫而賤司城氏。昭子告其人曰：「右師其亡乎！君子貴其身，而後能及人，是以有禮。今夫子卑其大夫而賤其宗，是賤其身也，能有禮乎？無禮，必亡。」宋公享昭子，賦＜新宮＞。昭子賦＜車轄＞。明日宴，飲酒樂，宋公使昭子右坐語相泣也。樂祁佐，退而告人曰：「今茲君與叔孫其皆死乎！吾聞之：『哀樂而樂哀，皆喪心也。』心之精爽，是謂魂魄。魂魄去之，何以能久？」 | 成功 |
| 193 | 昭公二十五年 | 黃父之會，趙簡子問游吉揖讓、周旋之禮。 | 夏，會于黃父，謀王室也。趙簡子令諸侯之大夫輸王粟、具戍人，曰：「明年將納王。」子大叔見趙簡子，簡子問揖讓、周旋之禮焉。對曰：「是儀也，非禮也。」簡子曰：「敢問，何謂禮？」對曰：「吉也聞諸先大夫子產曰：夫禮，天之經也，地之義也，民之行也。天地之經，而民實則之。則天之明，因地之性，生其六氣，用其五行。氣為五味，發為五色，章為五聲。淫則昏亂，民失其性。是故為禮以奉之：為六畜、五牲、三犧，以奉五味；為九文、六采、五章，以奉五色；為九歌、八風、七音、六律，以奉五聲。為君臣上下，以則地義；為夫婦外內，以經二物；為父子、兄弟、姑姊甥舅、婚媾姻亞，以象天明，為政事、庸力、行務，以從四時；為刑罰威獄，使民畏忌，以類其震曜殺戮；為溫慈惠和，以效天之生殖長育 | ※ |

| | | | | |
|---|---|---|---|---|
| | | | 。民有好惡、喜怒、哀樂，生于六氣，是故審則宜類，以制六志。哀有哭泣，樂有歌舞，喜有施舍，怒有戰鬥；喜生於好，怒生於惡。是故審行信令，禍福賞罰，以制死生。生，好物也；死，惡物也。好物，樂也；惡物，哀也。哀樂不失，乃能協于天地之性，是以長久。」簡子曰：「甚哉，禮之大也！」對曰：「禮，上下之紀、天地之經緯也，民之所以生也，是以先王尚之。故人之能自曲直以赴禮者，謂之成人。大，不亦宜乎！」簡子曰：「鞅也請終身守此言也。」 | |
| 194 | 昭公二十五年 | 黃父之會，趙簡子令諸侯輸粟，宋樂大心言不輸粟。 | 　宋樂大心曰：「我不輸粟。我於周為客，若之何使客？」晉士伯曰：「自踐土以來，宋何役之不會，而何盟之不同？曰『同恤王室』，子焉得辟之？子奉君命，以會大事，而宋背盟，無乃不可乎？」右師不敢對，受牒而退。士伯告簡子曰：「宋右師必亡。奉君命以使，而欲背盟以干盟主，無不祥大焉。」 | 成功 |
| 195 | 昭公二十五年 | 魯昭公欲去季平子。叔孫、孟孫助季氏，魯昭公孫于齊。齊侯將唁公于平陰。 | 　己亥，公孫于齊，次于陽州。齊侯將唁公于平陰，公先至于野井。齊侯曰：「寡人之罪也。使有司待于平陰，為近故也。」書曰「公孫于齊，次于陽州。齊侯唁公于野井」，禮也。將求於人，則先下之，禮之善物也。齊侯曰：「自莒疆以西，請致千社，以待君命。寡人將帥敝賦以從執事，唯命是聽。君之憂，寡人之憂也。」公喜。子家子曰：「天祿不再。天若胙君，不過周公。以魯足矣。失魯而以千社為臣，誰與之立？且齊君無信，不如早之晉。」弗從。 | ※ |
| 196 | 昭公二十六年 | 晉師克鞏，王子朝使告諸侯。 | 　冬，十一月辛酉，晉師克鞏。召伯盈逐王子朝，王子朝及召氏之族、毛伯得、 | ※ |

| 十六年 | 使告諸侯。 | 尹氏固、南宮嚚奉周之典籍以奔楚。陰忌奔莒以叛。召伯逆王于尸，及劉子、單子盟。遂軍圍澤，次于隄上。癸酉，王入于成周。甲戌，盟于襄宮。晉師使成公般戍周而還。十二月癸未，王入于莊宮。王子朝使告于諸侯曰：「昔武王克殷，成王靖四方，康王息民，並建母弟，以蕃屏周，亦曰：『吾無專享文、武之功，且為後人之迷敗傾覆而溺入于難，則振救之。』至于夷王，王愆于厥身，諸侯莫不並走其望，以祈王身。至于厲王，王心戾虐，萬民弗忍，居王于彘。諸侯釋位，以間王政。宣王有志，而後效官。至于幽王，天不弔周，王昏不若，用愆厥位。攜王奸命，諸侯替之，而建王嗣，用遷郟鄩—則是兄弟之能用力於王室也。至于惠王，天不靖周，生頹禍心，施于叔帶。惠、襄辟難，越去王都。則有晉、鄭咸黜不端，以綏定王家。則是兄弟之能率先王之命也。在定王六年，秦人降妖，曰：『周其有頿王，亦克能修其職，諸侯服享，二世共職。王室其有間王位，諸侯不圖，而受其亂災。』至于靈王，生而有頿。王甚神聖，無惡於諸侯。靈王、景王克終其世。今王室亂，單旗、劉狄剝亂天下，壹行不若，謂『先王何常之有，唯余心所命，其誰敢討之』，帥群不弔之人，以行亂于王室。侵欲無厭，規求無度，貫瀆鬼神，慢棄刑法，倍奸齊盟，傲很威儀，矯誣先王。晉為不道，是攝是贊，思肆其罔極。茲不穀震盪播越，竄在荊蠻，未有攸底。若我一二兄弟甥舅獎順天法，無助狡猾，以從先王之命，毋速天罰，赦圖不穀，則所願也。敢盡布其腹心及先王之經，而諸侯實深圖之。 |

| | | | | |
|---|---|---|---|---|
| | | | 昔先王之命曰：『王后無適，則擇立長。年鈞以德，德鈞以卜。』王不立愛，公卿無私，古之制也。穆后及太子壽早夭即世，單、劉贊私立少，以間先王。亦唯伯仲叔季圖之！」閔馬父聞子朝之辭，曰：「文辭以行禮也。子朝干景之命，遠晉之大，以專其志，無禮甚矣，文辭何為？」 | |
| 197 | 昭公二十七年 | 晉趙鞅使宋、衛弗納魯昭公。 | 秋，會于扈，令戍周，且謀納公也。宋、衛皆利納公，固請之。范獻子取貨于季孫，謂司城子梁與北宮貞子曰：「季孫未知其罪，而君伐之。請囚、請亡，於是乎不獲，君又弗克，而自出也。夫豈無備而能出君乎？季氏之復，天救之也。休公徒之怒，而啟叔孫氏之心。不然，豈其伐人而說甲執冰以游？叔孫氏懼禍之濫，而自同於季氏，天之道也。魯君守齊，三年而無成。季氏甚得其民，淮夷與之，有十年之備，有齊、楚之援，有天之贊，有民之助，有堅守之心，有列國之權，而弗敢宣也，事君如在國。故鞅以為難。二子皆圖國者也，而欲納魯君，鞅之願也，請從二子以圍魯。無成，死之。」二子懼，皆辭。乃辭小國，而以難復。 | 成功 |
| 198 | 昭公二十七年 | 魯昭公如齊，齊侯請饗之。 | 冬，公如齊，齊侯請饗之。子家子曰：「朝夕立於其朝，又何饗焉，其飲酒也。」乃飲酒，使宰獻，而請安。子仲之子曰重，為齊侯夫人，曰：「請使重見。」子家子乃以君出。 | ※ |
| 199 | 昭公二十八年 | 魯昭公如晉，晉使公復於竟，而後逆之。 | 二十八年，春，公如晉，將如乾侯。子家子曰：「有求於人，而即其安，人孰矜之？其造於竟。」弗聽，使請逆於晉。晉人曰：「天禍魯國，君淹恤在外，君亦不使一個辱在寡人，而即安於甥舅，其亦使逆君？」使公復于竟，而後逆之。 | ※ |

324

| 200 | 昭公三十年 | 晉頃公卒，鄭游吉弔，且送葬。魏獻子使士景伯詰。 | 夏，六月，晉頃公卒。秋，八月，葬。鄭游吉弔，且送葬。魏獻子使士景伯詰之曰：「悼公之喪，子西弔，子蟜送葬。今吾子無貳，何故？」對曰：「諸侯所以歸晉君，禮也。禮也者，小事大、大字小之謂。事大在共其時命，字小在恤其所無。以敝邑居大國之間，共其職貢，與其備御不虞之患，豈忘共命？先王之制：諸侯之喪，士弔，大夫送葬；唯嘉好、聘享、三軍之事於是乎使卿。晉之喪事，敝邑之間，先君有所助執綿矣。若其不間，雖士、大夫有所不獲數矣。大國之惠亦慶其加，而不討其乏，明厎其情，取備而已，以為禮也。靈王之喪，我先君簡公在楚，我先大夫印段實往——敝邑之少卿也。王吏不討，恤所無也。今大夫曰：『女盍從舊？』舊有豐有省，不知所從。從其豐，則寡君幼弱，是以不共；從其省，則吉在此矣。唯大夫圖之！」晉人不能詰。 | 成功 |
| 201 | 昭公三十一年 | 晉侯將以師納魯昭公。季孫意如會晉荀躒于適歷。 | 晉侯將以師納公。范獻子曰：「若召季孫而不來，則信不臣矣，然後伐之，若何？」晉人召季孫。獻子使私焉，曰：「子必來，我受其無咎。」季孫意如會晉荀躒于適歷。荀躒曰：「寡君使躒謂吾子：『何故出君？有君不事，周有常刑。子其圖之！』」季孫練冠麻衣，跣行，伏而對曰：「事君，臣之所不得也，敢逃刑命？君若以臣為有罪，請囚于費，以待君之察也，亦唯君。若以先臣之故，不絕季氏，而賜之死。若弗殺弗亡，君之惠也，死且不朽。若得從君而歸，則固臣之願也，敢有異心？」 | ※ |
| 202 | 昭公三十一年 | 荀躒以晉侯之命唁公。 | 夏，四月，季孫從知伯如乾侯。子家子曰：「君與之歸。一慙之不忍，而終身 | ※ |

| | | | | |
|---|---|---|---|---|
| | 十一年 | 公。 | 乎?」公曰:「諾。」眾曰:「在一言矣,君必逐之!」荀躒以晉侯之命唁公,且曰:「寡君使躒以君命討於意如,意如不敢逃死,君其入也!」公曰:「君惠顧先君之好,施及亡人,將使歸糞除宗祧以事君,則不能見夫人。己所能見夫人者,有如河!」荀躒掩耳而走,曰:「寡君其罪之恐,敢與知魯國之難?臣請復於寡君。」退而謂季孫:「君怒未怠,子姑歸祭。」子家子曰:「君以一乘入于魯師,季孫必與君歸。」公欲從之。眾從者脅公,不得歸。 | |
| 203 | 昭公三十二年 | 王使富辛與石張如晉,請城成周。 | 秋,八月,王使富辛與石張如晉,請城成周。天子曰:「天降禍于周,俾我兄弟並有亂心,以為伯父憂。我一二親昵甥舅不遑啟處,於今十年。勤戍五年。余一人無日忘之,閔閔焉如農夫之望歲,懼以待時。伯父若肆大惠,復二文之業,弛周室之憂,徼文、武之福,以固盟主,宣昭令名,則余一人有大願矣。昔成王合諸侯城成周,以為東都,崇文德焉。今我欲徼福假靈于成王,修成周之城,俾戍人無勤,諸侯用寧,蝥賊遠屏,晉之力也。其委諸伯父,使伯父實重圖之,俾我一人無徵怨于百姓,而伯父有榮施,先王庸之。」<br><br>范獻子謂魏獻子曰:「與其戍周,不如城之。天子實云,雖有後事,晉勿與知可也。從王命以紓諸侯,晉國無憂;是之不務,而又焉從事?」魏獻子曰:「善。」使伯音對曰:「天子有命,敢不奉承以奔告於諸侯?遲速衰序,於是焉在。」冬,十一月,晉魏舒、韓不信如京師,合諸侯之大夫于狄泉,尋盟,且令城成周。 | 成功 |
| 204 | 定公二 | 桐叛楚。吳子使舒 | 桐叛楚。吳子使舒鳩氏誘楚人,曰: | 成功 |

| | 年 | 鳩氏誘楚人。 | 「以師臨我，我伐桐，為我使之無忌。」秋，楚囊瓦伐吳，師于豫章。吳人見舟于豫章，而潛師于巢。冬，十月，吳軍楚師于豫章，敗之。遂圍巢，克之，獲楚公子繁。 | |
|---|---|---|---|---|
| 205 | 定公四年 | 劉文公合諸侯于召陵，謀伐楚。 | 四年，春，三月，劉文公合諸侯于召陵，謀伐楚也。………晉人假羽旄於鄭，鄭人與之。明日，或旆以會。晉於是乎失諸侯。將會，衛子行敬子言於靈公曰：「會同難，嘖有煩言，莫之治也。其使祝佗從！」公曰：「善。」乃使子魚。子魚辭，曰：「臣展四體，以率舊職，猶懼不給而煩刑書。若又共二，徽大罪也。且夫祝，社稷之常隸也。社稷不動，祝不出竟，官之制也。君以軍行，祓社釁鼓，祝奉以從，於是乎出竟。若嘉好之事，君行師從，卿行旅從，臣無事焉。」公曰：「行也。」<br><br>及皋鼬，將長蔡於衛。衛侯使祝佗私於萇弘曰：「聞諸道路，不知信否。若聞蔡將先衛，信乎？」萇弘曰：「信。蔡叔，康叔之兄也，先衛，不亦可乎？」子魚曰：「以先王觀之，則尚德也。昔武王克商，成王定之，選建明德，以蕃屏周。故周公相王室，以尹天下，於周為睦。分魯公以大路、大旂，夏后氏之璜，封父之繁弱，殷民六族，條氏、徐氏、蕭氏、索氏、長勺氏、尾勺氏，使帥其宗氏，輯其分族，將其類醜，以法則周公。用即命于周。是使之職事于魯，以昭周公之明德。分之土田陪敦、祝、宗、卜、史，備物、典策，官司、彝器；因商奄之民，命以伯禽而封於少皞之虛。分康叔以大路、少帛、綪茷、旃旌、大呂，殷民七族，陶氏、施 | 成功 |

327

| | | | 氏、繁氏、錡氏、樊氏、饑氏、終葵氏；封畛土略，自武父以南及圃田之北竟，取於有閻之土以共王職；取於相土之東都以會王之東蒐。聃季授土，陶叔授民，命以〈康誥〉而封於殷虛。皆啟以商政，疆以周索。分唐叔以大路、密須之鼓、闕鞏、沽洗，懷姓九宗，職官五正。命以〈唐誥〉而封於夏虛，啟以夏政，疆以戎索。三者皆叔也，而有令德，故昭之以分物。不然，文、武、成、康之伯猶多，而不獲是分也，唯不尚年也。管、蔡啟商，惎間王室，王於是乎殺管叔而蔡蔡叔，以車七乘、徒七十人。其子蔡仲改行帥德，周公舉之，以為己卿士，見諸王而命之以蔡。其命書云：『王曰：胡！無若爾考之違王命也！』若之何其使蔡先衛也？武王之母弟八人，周公為大宰，康叔為司寇，聃季為司空，五叔無官，豈尚年哉？曹，文之昭也；晉，武之穆也。曹為伯甸，非尚年也。今將尚之，是反先王也。晉文公為踐土之盟，衛成公不在，夷叔，其母弟也，猶先蔡。其載書云：『王若曰：晉重、魯申、衛武、蔡甲午、鄭捷、齊潘、宋王臣、莒期。』藏在周府，可覆視也。吾子欲復文、武之略，而不正其德，將如之何？」萇弘說，告劉子，與范獻子謀之，乃長衛侯於盟。 | |
| 206 | 定公四年 | 楚昭王奔隨，隨人辭吳人。 | 楚子涉雎，濟江，入于雲中。王寢，盜攻之，以戈擊王，王孫由于以背受之，中肩。王奔鄖。鍾建負季芊以從。由于徐蘇而從。鄖公辛之弟懷將弒王，曰：「平王殺吾父，我殺其子，不亦可乎？」辛曰：「君討臣，誰敢讎之？君命，天也。若死天命，將誰讎？《詩》曰：『柔亦不茹 | 成功 |

| | | | ，剛亦不吐。不侮矜寡，不畏強禦』，唯仁者能之。違強陵弱，非勇也；乘人之約，非仁也；滅宗廢祀，非孝也；動無令名，非知也。必犯是，余將殺女。」鬥辛與其弟巢以王奔隨。吳人從之，謂隨人曰：「周之子孫在漢川者，楚實盡之。天誘其衷，致罰於楚，而君又竄之，周室何罪？君若顧報周室，施及寡人，以獎天衷，君之惠也。漢陽之田，君實有之。」楚子在公宮之北，吳人在其南。子期似王，逃王，而己為王，曰：「以我與之，王必免。」隨人卜與之，不吉，乃辭吳曰：「以隨之辟小，而密邇於楚，楚實存之。世有盟誓，至于今未改。若難而棄之，何以事君？執事之患不唯一人，若鳩楚竟，敢不聽命？」吳人乃退。鑪金初官於子期氏，實與隨人要言。王使見，辭，曰：「不敢以約為利。」王割子期之心以與隨人盟。 | |
| 207 | 定公四年 | 申包胥如楚請師。 | （柏舉之役，楚人入郢）<br><br>　　初，伍員與申包胥友。其亡也，謂申包胥曰：「我必復楚國。」申包胥曰：「勉之！子能復之，我必能興之。」及昭王在隨，申包胥如秦乞師，曰：「吳為封豕、長蛇，以荐食上國，虐始於楚。寡君失守社稷，越在草莽，使下臣告急，曰：『夷德無厭，若鄰於君，疆場之患也。逮吳之未定，君其取分焉。若楚之遂亡，君之土也。若以君靈撫之，世以事君。」秦伯使辭焉，曰：「寡人聞命矣。子姑就館，將圖而告。」對曰：「寡君越在草莽，未獲所伏，下臣何敢即安？」立，依於庭牆而哭，日夜不絕聲，勺飲不入口七日。秦哀公為之賦〈無衣〉。九頓首而坐。秦師乃出。 | 成功 |

| 208 | 定公六年 | 孟懿子為陽虎取入於晉。 | 夏，季桓子如晉，獻鄭俘也。陽虎強使孟懿子往報夫人之幣，晉人兼享之。孟孫立于房外，謂范獻子曰：「陽虎若不能居魯，而息肩於晉，所不以為中軍司馬者，有如先君！」獻子曰：「寡君有官，將使其人，鞅何知焉？」獻子謂簡子曰：「魯人患陽虎矣。孟孫知其釁，以為必適晉，故強為之請，以取入焉。」 | ※ |
| --- | --- | --- | --- | --- |
| 209 | 定公七年 | 衛侯欲叛晉，私於齊侯。 | 秋，齊侯、鄭伯盟于鹹，徵會于衛。衛侯欲叛晉，諸大夫不可。使北宮結如齊，而私於齊侯曰：「執結以侵我。」齊侯從之，乃盟于瑣。 | 成功 |
| 210 | 定公八年 | 晉、衛鄟澤之盟。 | 晉師將盟衛侯于鄟澤，趙簡子曰：「群臣誰敢盟衛君者？」涉佗、成何曰：「我能盟之。」衛人請執牛耳。成何曰：「衛，吾溫、原也，焉得視諸侯？」將歃，涉佗捘衛侯之手，及捥。衛侯怒，王孫賈趨進，曰：「盟以信禮也，有如衛君，其敢不唯禮是事而受此盟也？」衛侯欲叛晉，而患諸大夫。王孫賈使次于郊。大夫問故，公以晉詬語之，且曰：「寡人辱社稷，其改卜嗣，寡人從焉。」大夫曰：「是衛之禍，豈君之過也？」公曰：「又有患焉，謂寡人『必以而子與大夫之子為質』。」大夫曰：「苟有益也，公子則往，群臣之子敢不皆負羈絏以從？」將行，王孫賈曰：「苟衛國有難，工商未嘗不為患，使皆行而後可。」公以告大夫，乃皆將行之。行有日，公朝國人，使賈問焉，曰：「若衛叛晉，晉五伐我，病何如矣？」皆曰：「五伐我，猶可以能戰。」賈曰：「然則如叛之，病而後質焉，何遲之有？」乃叛晉。晉人請改盟，弗許。 | 失敗 |
| 211 | 定公十年 | 齊、魯夾谷之會。 | 夏，公會齊侯于祝其，實夾谷。孔丘 | 成功 |

| | | | |
|---|---|---|---|
| | 年 | | 相，犁彌言於齊侯曰：「孔丘知禮而無勇，若使萊人以兵劫魯侯，必得志焉。」齊侯從之。孔丘以公退，曰：「士兵之！兩君合好，而裔夷之俘以兵亂之，非齊君所以命諸侯也。裔不謀夏，夷不亂華，俘不干盟，兵不偪好——於神為不祥，於德為愆義，於人為失禮，君必不然。」齊侯聞之，遽辟之。將盟，齊人加於載書曰：「齊師出竟而不以甲車三百乘從我者，有如此盟！」孔丘使茲無還揖對，曰：「而不反我汶陽之田，吾以共命者亦如之！」<br><br>　齊侯將享公。孔丘謂梁丘據曰：「齊、魯之故，吾子何不聞焉？事既成矣，而又享之，是勤執事也。且犧、象不出門，嘉樂不野合。饗而既具，是棄禮也；若其不具，用秕稗也。用秕稗，君辱；棄禮，名惡。子盍圖之！夫享，所以昭德也。不昭，不如其已也。」乃不果享。齊人來歸鄆、讙、龜陰之田。 | |
| 212 | 定公十年 | 魯武叔聘于齊，齊侯享之。 | 　武叔聘于齊，齊侯享之，曰：「子叔孫！若使郈在君之他竟，寡人何知焉？屬與敝邑際，故敢助君憂之。」對曰：「非寡君之望也。所以事君，封疆社稷是以，敢以家隸勤君之執事？夫不令之臣，天下之所惡也，君豈以為寡君賜？」 | ※ |
| 213 | 哀公四年 | 楚使謂陰地之命大夫士蔑。 | 　夏，楚人既克夷虎，乃謀北方。左司馬眅、申公壽餘、葉公諸梁致蔡於負函，致方城之外於繒關，曰：「吳將泝江入郢，將奔命焉。」為一昔之期，襲梁及霍。單浮餘圍蠻氏，蠻氏潰。蠻子赤奔晉陰地。司馬起豐、析與狄戎，以臨上雒。左師軍于菟和，右師軍于倉野，使謂陰地之命大夫士蔑曰：「晉、楚有盟，好惡同之。若將不廢，寡君之願也。不然，將通於少 | ※ |

| | | | | |
|---|---|---|---|---|
| | | | 習以聽命。」士蔑請諸趙孟。趙孟曰：「晉國未寧，安能惡於楚？必速與之！」士蔑乃致九州之戎，將裂田以與蠻子而城之，且將為之卜。蠻子聽卜，遂執之與其五大夫，以畀楚師于三戶。司馬致邑立宗焉，以誘其遺民，而盡俘以歸。 | |
| 214 | 哀公七年 | 吳徵魯百牢。 | 夏，公會吳于鄫。吳來徵百牢。子服景伯對曰：「先王未之有也。」吳人曰：「宋百牢我，魯不可以後宋。且魯牢晉大夫過十，吳王百牢，不亦可乎？」景伯曰：「晉范鞅貪而棄禮，以大國懼敝邑，故敝邑十一牢之，君若以禮命於諸侯，則有數矣。若亦棄禮，則有淫者矣。周之王也，制禮，上物不過十二，以為天之大數也。今棄周禮，而曰必百牢，亦唯執事。」吳人弗聽。景伯曰：「吳將亡矣，棄天而背本。不與，必棄疾於我。」乃與之。 | 成功 |
| 215 | 哀公七年 | 吳太宰嚭召季康子，康子使子貢辭。 | 大宰嚭召季康子，康子使子貢辭。大宰嚭曰：「國君道長，而大夫不出門，此何禮也？」對曰：「豈以為禮？畏大國也。大國不以禮命於諸侯，苟不以禮，豈可量也？寡君既共命焉，其老豈敢棄其國？大伯端委以治周禮，仲雍嗣之，斷髮文身，贏以為飾，豈禮也哉？有由然也。」反自鄫，以吳為無能為也。 | 成功 |
| 216 | 哀公七年 | 魯季康子伐邾，茅成子請吳師。 | 秋，伐邾，及范門，猶聞鐘聲。大夫諫，不聽。茅成子請告於吳，不許，曰：「魯擊柝聞於邾；吳二千里，不三月不至，何及於我？且國內豈不足？」成子以茅叛，師遂入邾，處其公宮。眾師晝掠，邾眾保于繹。師宵掠，以邾子益來，獻于亳社，囚諸負瑕，負瑕故有繹。 邾茅夷鴻以束帛乘韋自請救於吳，曰：「魯弱晉而遠吳，馮恃其眾，而背君之 | 成功 |

| | | | | |
|---|---|---|---|---|
| | | | 盟，辟君之執事，以陵我小國。邾非敢自愛也，懼君威之不立。君威之不立，小國之憂也。若夏盟於鄙衍，秋而背之，成求而不違，四方諸侯其何以事君？且魯賦八百乘，君之貳也；邾賦六百乘，君之私也。以私奉貳，唯君圖之！」吳子從之。 | |
| 217 | 哀公九年 | 齊侯使公孟綽辭師于吳。 | 九年，春，齊侯使公孟綽辭師于吳。吳子曰：「昔歲寡人聞命，今又革之，不知所從，將進受命於君。」 | 失敗 |
| 218 | 哀公十年 | 楚子期伐陳，吳延州季子救陳。 | 冬，楚子期伐陳，吳延州來季子救陳，謂子期曰：「二君不務德，而力爭諸侯，民何罪焉？我請退，以為子名，務德而安民。」乃還。 | 成功 |
| 219 | 哀公十二年 | 吳子使大宰嚭請尋盟。魯哀公使子貢對。 | 公會吳于橐皋，吳子使大宰嚭請尋盟。公不欲，使子貢對曰：「盟，所以周信也，故心以制之，玉帛以奉之，言以結之，明神以要之。寡君以為苟有盟焉，弗可改也已。若猶可改，日盟何益？今吾子曰『必尋盟』，若可尋也，亦可寒也。」乃不尋盟。 | 成功 |
| 220 | 哀公十二年 | 魯、宋、衛辭吳盟，吳人藩衛侯之舍。子貢說吳捨盟衛。 | 秋，衛侯會吳于鄖。公及衛侯、宋皇瑗盟，而卒辭吳盟。吳人藩衛侯之舍。子服景伯謂子貢曰：「夫諸侯之會，事既畢矣，侯伯致禮，地主歸餼，以相辭也。今吳不行禮於衛，而藩其君舍以難之，子盍見大宰？」乃請束錦以行。語及衛故，大宰嚭曰：「寡君願事衛君，衛君之來也緩，寡君懼，故將止之。」子貢曰：「衛君之來，必謀於其眾，其眾或欲或否，是以緩來。其欲來者，子之黨也；其不欲來者，子之讎也。若執衛君，是墮黨而崇讎也，夫墮子得其志矣。且合諸侯而執衛君，誰敢不懼？墮黨崇讎，而懼諸侯，或者難以霸乎！」大宰嚭說，乃舍衛侯。衛侯 | 成功 |

| | | | | |
|---|---|---|---|---|
| | | | 歸，效夷言。子之尚幼，曰：「君必不免，其死於夷乎！執焉而又說其言，從之固矣。」 | |
| 221 | 哀公十三年 | 黃池之會、吳、晉爭先。 | 秋，七月辛丑盟，吳、晉爭先。吳人曰：「於周室，我為長。」晉人曰：「於姬姓，我為伯。」趙鞅呼司馬寅曰：「日旰矣，大事未成，二臣之罪也。建鼓整列，二臣死之，長幼必可知也。」對曰：「請姑視之。」反，曰：「肉食者無墨。今吳王有墨，國勝乎？太子死乎？且夷德輕，不忍久，請少待之。」乃先晉人。 | ※ |
| 222 | 哀公十三年 | 吳人將以魯哀公見晉侯，子服景伯對使者。 | 吳人將以公見晉侯，子服景伯對使者曰：「王合諸侯，則伯帥侯牧以見於王；伯合諸侯，則侯帥子、男以見於伯。自王以下，朝聘玉帛不同；故弊邑之職貢於吳，有豐於晉，無不及焉，以為伯也。今諸侯會，而君將以寡君見晉君，則晉成為伯矣，弊邑將改職貢：魯賦於吳八百乘，若為子、男，則將半邾以屬於吳，而如邾以事晉。且執事以伯召諸侯，而以侯終之，何利之有焉？」吳人乃止。既而悔之，將囚景伯。景伯曰：「何也立後於魯矣，將以二乘與六人從，遲速唯命。」遂囚以還。及戶牖，謂太宰曰：「魯將以十月上辛有事於上帝、先王，季辛而畢，何世有職焉，自襄以來，未之改也。若不會，祝宗將曰『吳實然』，且請魯不共，而執其賤者七人，何損焉？」大宰嚭言於王曰：「無損於魯，而祗為名，不如歸之。」乃歸景伯。 | 成功 |
| 223 | 哀公十三年 | 吳申叔儀乞糧於魯國公孫有山氏。 | 吳申叔儀乞糧於公孫有山氏，曰：「佩玉繠兮，余無所繫；旨酒一盛兮，余與褐之父睨之。」對曰：「粱則無矣，麤則有之。若登首山以呼曰『庚癸乎』，則 | ※ |

| | | | | |
|---|---|---|---|---|
| | | | 諾。」王欲伐宋，殺其丈夫而囚其婦人。大宰嚭曰：「可勝也，而弗能居也。」乃歸。 | |
| 224 | 哀公十五年 | 陳公孫貞子使楚及良而卒，上介于尹蓋對。 | 夏，楚子西、子期伐吳，及桐汭，陳侯使公孫貞子弔焉，及良而卒，將以尸入。吳子使大宰嚭勞，且辭曰：「以水潦之不時，無乃廩然隕大夫之尸，以重寡君之憂，寡君敢辭。」上介芊尹蓋對曰：「寡君聞楚為不道，荐伐吳國，滅厥民人，寡君使蓋備使，弔君之下吏。無祿，使人逢天之慼，大命隕隊，絕世于良。廢日共積，一日遷次。今君命逆使人曰『無以尸造于門』，是我寡君之命委于草莽也。且臣聞之曰：『事死如事生，禮也。』於是乎有朝聘而終、以尸將事之禮，又有朝聘而有遭喪之禮。若不以尸將命，是遭喪而還也，無乃不可乎！以禮防民，猶或踰之，今大夫曰『死而棄之』，是棄禮也，其何以為諸侯主？先民有言曰：『無穢虐士。』備使奉尸將命，苟我寡君之命達于君所，雖隕于深淵，則天命也，非君與涉人之過也。」吳人內之。 | 成功 |
| 225 | 哀公十五年 | 齊陳瓘如楚，過衛。 | 秋，齊陳瓘如楚，過衛，仲由見之曰：「天或者以陳氏為斧斤，既斲喪公室，而他人有之，不可知也；其使終饗之，亦不可知也。若善魯以待時，不亦可乎！何必惡焉？」子玉曰：「然。吾受命矣，子使告我弟。」 | ※ |
| 226 | 哀公十五年 | 魯公孫成叛，子贛為介，見公孫成。 | 冬，及齊平，子服景伯如齊，子贛為介，見公孫成，曰：「人皆臣人，而有背人之心，況齊人雖為子役，其有不貳乎？子，周公之孫也，多饗大利，猶思不義。利不可得，而喪宗國，將焉用之？」成曰：「善哉！吾不早聞命。」 | ※ |

| 227 | 哀公十五年 | 子貢對齊陳成子。 | 陳成子館客，曰：「寡君使恆告曰：『寡人願事君如事衛君。』」景伯揖子贛而進之，對曰：「寡君之願也。昔晉人伐衛，齊為衛故，伐晉冠氏，喪車五百。因與衛地，自濟以西，禚、媚、杏以南，書社五百。吳人加敝邑以亂，齊因其病，取讙與闡，寡君是以寒心。若得視衛君之事君也，則固所願也。」成子病之，乃歸成，公孫宿以其兵甲入于嬴。 | 成功 |
| 228 | 哀公十六年 | 衛侯蒯聵使鄢武子告于周，請立。 | 衛侯使鄢武子告于周曰：「蒯聵得罪于君父、君母，逋竄于晉。晉以王室之故，不棄兄弟，寘諸河上。天誘其衷，獲嗣守封焉，使下臣肸敢告執事。」王使單平公對，曰：「肸以嘉命來告余一人，往謂叔父：余嘉乃成世，復爾祿次。敬之哉！方天之休。弗敬弗休，悔其可追？」 | ※ |
| 229 | 哀公十七年 | 晉伐衛，其國觀、陳救衛。晉趙鞅使告于衛。 | 晉趙鞅使告于衛，曰：「君之在晉也，志父為主。請君若太子來，以免志父。不然，寡君其曰志父之為也。」衛侯辭以難，太子又使椓之。夏，六月，趙鞅圍衛。齊國觀、陳瓛救衛，得晉人之致師者。子玉使服而見之，曰：「國子實執齊柄，而命瓛曰『無辟晉師』，豈敢廢命？子又何辱？」簡子曰：「我卜伐衛，未卜與齊戰。」乃還。 | 成功 |
| 230 | 哀公二十年 | 越圍吳，趙孟降於喪食，楚隆使吳。 | 十一月，越圍吳，趙孟降於喪食。楚隆曰：「三年之喪，親暱之極也，主又降之，無乃有故乎？」趙孟曰：「黃池之役，先主與吳王有質，曰：『好惡同之。』今越圍吳，嗣子不廢舊業而敵之，非晉所能及也，吾是以為降。」楚隆曰：「若使吳王知之，若何？」趙孟曰：「可乎？」隆曰：「請嘗之。」乃往，先造于越軍，曰：「吳犯間上國多矣，聞君親討焉， | 成功 |

| | | | 諸夏之人莫不欣喜，唯恐君志之不從，請入視之。」許之。 | |
|---|---|---|---|---|
| 231 | 哀公二十年 | 越圍吳。 | 　　告于吳王曰：「寡君之老無恤使陪臣隆，敢展謝其不共：黃池之役，君之先臣志父得承齊盟，曰『好惡同之』。今君在難，無恤不敢憚勞，非晉國之所能及也，使陪臣敢展布之。」王拜稽首曰：「寡人不佞，不能事越，以為大夫憂，拜命之辱。」與之一簞珠，使問趙孟曰：「句踐將生憂寡人，寡人死之不得矣。」王曰：「溺人必笑，吾將有問也。史黯何以得為君子？」對曰：「黯也進不見惡，退無謗言。」王曰：「宜哉！」 | ※ |
| 232 | 哀公二十一年 | 公及齊侯、邾子盟于顧。齊人責稽首。 | 　　秋，八月，公及齊侯、邾子盟于顧。齊人責稽首，因歌之曰：「魯人之皋，數年不覺，使我高蹈。唯其儒書，以為二國憂。」是行也，公先至于陽穀。齊闆丘息曰：「君辱舉玉趾，以在寡君之軍，群臣將傳遽以告寡君。比其復也，君無乃勤。為僕人之未次，請除館於舟道。」辭曰：「敢勤僕人？」 | ※ |
| 233 | 哀公二十三年 | 宋景曹卒，季康子使冉有弔，且送葬。 | 　　二十三年，春，宋景曹卒。季康子使冉有弔，且送葬，曰：「敝邑有社稷之事，使肥與有職競焉，是以不得助執紼，使求從輿人，曰：『以肥之得備彌甥也，有不腆先人之產馬，使求薦諸夫人之宰，其可以稱旌繁乎！』」 | ※ |
| 234 | 哀公二十四年 | 晉侯將伐齊，使來魯乞師。 | 　　二十四年，夏，四月，晉侯將伐齊，使來乞師，曰：「昔臧文仲以楚師伐齊，取穀；宣叔以晉師伐齊，取汶陽。寡君欲徼福於周公，願乞靈於臧氏。」臧石帥師會之，取廩丘。軍吏令繕，將進。萊章曰：「君卑政暴，往歲克敵，今又勝都，天奉多矣，又焉能進？是躗言也。役將班矣 | 成功 |

|  |  |  | 。」晉師乃還。饋臧石牛，大史謝之，曰：「以寡君之在行，牢禮不度，敢展謝之。」 |  |
|---|---|---|---|---|
| 235 | 哀公二十五年 | 魯哀公自越至魯。 | 六月，公至自越，季庚子、孟武伯逆於五梧。郭重僕，見二子，曰：「惡言多矣，君請盡之。」公宴於五梧，武伯為祝，惡郭重，曰：「何肥也？」季孫曰：「請飲彪也！以魯國之密邇仇讎，臣是以不獲從君，克免於大行，又謂重也肥。」公曰：「是食言多矣，能無肥乎？」飲酒不樂，公與大夫始有惡。 | ※ |
| 236 | 哀公二十六年 | 子贛辭衛出公之謀入。 | 衛出公自城鉏使以弓問子贛，且曰：「吾其入乎？」子贛稽首受弓，對曰：「臣不識也。」私於使者曰：「昔成公孫於陳，甯武子、孫莊子為宛濮之盟而君入。獻公孫於齊，子鮮、子展為夷儀之盟而君入。今君再在孫矣，內不聞獻之親，外不聞成之卿，則賜不識所由入也。《詩》曰：『無競惟人，四方其順之。』若得其人，四方以為主，而國於何有？」 | 失敗 |

說　明：

1、本表以事件為主，每一外交事件之外交辭令獨立列為一條。

2、本表摘錄原文資料以臺北：藝文印書館《十三經注疏》本之《左傳》為主，相關校勘資料則以楊伯峻《春秋左傳注》與竹添光鴻《左傳會箋》為輔。

3、本文取捨暫從寬，舉凡與外交相關之行人對話、賦詩、赴告、私人對話等皆列入表中。

*庚辰 季秋 成大*

## 語用學與《左傳》外交賦詩

| | |
|---|---|
| 著　　　者 | 陳致宏 |
| 發　行　人 | 許錟輝 |
| 出　版　者 | 萬卷樓圖書有限公司 |
| | 台北市羅斯福路二段 41 號 6 樓之 3 |
| | 電話(02)23216565・23952992 |
| | FAX(02)23944113 |
| | 劃撥帳號 15624015 |
| 出版登記證 | 新聞局局版臺業字第 5655 號 |
| 網 站 網 址 | http://www.wanjuan.com.tw/ |
| E　　-mail | wanjuan@tpts5.seed.net.tw |
| 經　銷　代　理 | 紅螞蟻圖書有限公司 |
| | 台北市內湖區文德路 210 巷 30 弄 25 號 |
| | 電話(02)27999490 |
| | FAX(02)27995284 |
| 承 印 廠 商 | 晟齊實業有限公司 |
| 定　　　價 | 320 元 |
| 出 版 日 期 | 民國 89 年 12 月初版 |

ISBN 957-739-318-7